ちくま学芸文庫

空海コレクションI

宮坂宥勝 監修

目次

空海コレクション　1

一　本巻収録の二作品の原文は漢文であるが、『秘蔵宝鑰』の底本には『弘法大師空海全集』第二巻（弘法大師空海全集編輯委員会編、筑摩書房、昭和五十八年）を用い、文庫版収録にあたって書き下し文を現代仮名遣いにあらためた。『弁顕密二教論』の底本には、『弘法大師全集』第一輯（祖風宣揚会編、六大新報社、明治四十三年。復刊、密教文化研究所編・発行、昭和五十三年）を用いている。ただし、必要に応じて『定本弘法大師全集』（密教文化研究所編、平成三年〜七年）を参照している。

一　なお、科段分けは、伝統説を考慮したが、体裁を整えるために、意識的に条項を改めた個所も少なくない。

序文

宮坂宥勝

司馬遼太郎『空海の風景』、陳舜臣『曼陀羅の人』、あるいは松岡正剛『空海の夢』などで、空海は人びとの注目の的となり、いろいろな意味で日本人の密教に対する認識が変ったのは、確かだといえよう。

同一人物でありながら二つの顔をもつ弘法大師空海。実に不可思議な存在だといわなければならない。

大師の方は「お大師さま」「弘法さん」「お大師さん」と呼んで親しまれている。四国八十八箇所霊場を巡拝する人びと——お遍路——や、全国各地に残る弘法伝説や民話の中の主人公として今日まで語り継ぐ庶民大衆の間では大師は極めて根強い民間信仰の王座を占めている。そうした大師に匹敵するのは聖徳太子くらいではないだろうか。

他方、人間空海の実像は、そうした信仰対象としての大師とは全く裏腹である。いわく、上代日本の代表的知性、万能の天才、日本文化の母もしくは大恩人等々。その評価は過大すぎるといってもいい。

空海はインド直伝の密教を初めてわが国に請来し、真言宗の開祖となった。また大陸の唐文化の精髄を全力投球して請来した。

これが空海に対する一般の通念である。確かに前記の小説などに描かれた空海像は、それなりに空海の実像を語り、また空海密教なるものを概念的にもせよ、一応、それらによって理解することはできるであろう。

しかし、空海密教の理論と実践については今の人びとにはまだまだ程遠い感じがする。それには空海が残した多数の著作を直接手にとってみるに越したことはない。

本文庫版『空海コレクション』（1・2）は空海の主要な著作を集成したものである。

中国およびわが国で一宗を創唱した宗祖たちは、いずれも「教相判釈」を行なっている。要するに釈尊が生涯に亘って説いた教え——経典論書——を整理して宗祖が釈尊の本真の教えとして確信したものを全仏教の中核に据えて位置づけた。

ところが空海の場合は他に類例のない教相判釈をした。第一には全仏教を顕密の二教に分類して密教の特色を明らかにした。これが『弁顕密二教論』である。

そして『秘密曼荼羅十住心論』ではあらゆる顕教も高次元の密教の立場からすればすべて密教であると見做されると説く。その姉妹篇の『秘蔵宝鑰』では顕教と密教とは次元が異なるとして両者の非連続性を明らかにする。

この双璧の主著によって顕密は矛盾的自己同一の関係にあることが認められ、密教のもつアンビヴァレンスが明確に看取されよう。たとえば『般若心経秘鍵』では『般若心経』

という最もポピュラーな顕教経典を空海は密教的に解釈して密典（密教経典）とする。

空海の密教的実践体系には即身成仏と済世利人という二本柱がある。即身成仏は宗教的な絶対的人格形成の実現であり、済世利人は密厳国土すなわち理想の仏国土の建設である。そのために『即身成仏義』『声字実相義』『吽字義』の三部書を著した。この中で『即身成仏義』は身密《しんみつ》（身体論）、『声字実相義』は口密《くみつ》（言語論）、『吽字義』は意密《いみつ》（精神論）に対応する。そして、われわれの身・口・意の秘密のはたらきは絶対者である大日如来のそれと、本来、均質性のものであるという密教独自の行為論を展開する。

空海は在唐中に顕密に亘る厖大な文献をはじめとして宗教的文化的な各種資料を悉くコレクションしたリスト『請来目録』を作成した。

英語には密教的な意味をもつ esoteric と顕教的な意味を含む exoteric という対照的な形容詞がある。それは世界のいかなる宗教も密教的な側面と顕教的な側面をもつという具有性のものであることを示唆している。これによってみても空海の顕密二分法が決して恣意的偶然的な思惟によるものでないというのが筆者の確信である。

多少感想的なもの言いになるかも知れないが、チベット仏教はインド後期密教のように各種の瞑想体系をもち極めて実践的である。かつてヘルマン・ベックが「キリスト教は祈りの宗教であり、仏教は瞑想の宗教である」と言ったのは、まさにこのことである。然るに一千四百年の歴史をもつ日本仏教に大きく欠落しているのは瞑想の仏教である。ところで、『秘蔵宝鑰』には阿字観と五相成身観という観法を密教の極意として説く。他の全著作も密教の瞑想（観法）を基調として書かれている。

顕教の最高位に配する華厳宗も理談すなわち哲学的な理論にとどまると言ったのは、空海である。もしそうだとすれば顕教と異なって密教には高度に発達した多様かつ組織的体系的な複雑系の瞑想があるということである。

ところが日本仏教の大きな流れの中に瞑想仏教としての密教の本質は埋没してしまったようである。解釈学的哲学的仏教か、行為的実践的仏教か。その問題は二十一世紀の日本仏教の命運に関わることになるかも知れない。

秘《ひ》蔵《ぞう》宝《ほう》鑰《やく》

宮坂宥勝訳注

【概要】

仏教には教相判釈《はんじゃく》（略称、教判）というのがある。各宗の祖師が一宗を開くに当り、仏教の教理を批判的に整理して最も勝れた経論と思われるものを所依とすることである。

空海密教では横《おう》と竪《しゅ》の二種の判釈がある。前者は顕教と密教とを対比して密教の教理的優位性を説いたもの。後者はあらゆる倫理道徳、諸宗教、仏教の諸教理を総合的に思想批判したもので、いわば一種の比較思想論であるといってよい。

空海は横の判釈として『弁顕密二教論』二巻を書き、また竪の判釈として『秘密曼荼羅十住心論』（略称『十住心論』または『住心論』）十巻と『秘蔵宝鑰』（略称『宝鑰』）三巻を書いた。後者は双璧の主著であるといってよい。

ともに天長七（八三〇）年に淳和帝が各宗に教義をまとめた撰述書を差し出すように勅命したときに撰進したもので、このときの撰進は「天長六本宗書」とよばれる。すなわち真言宗を含めて六宗の教義書が書かれたわけである。

空海は右の竪の判釈の著作を撰進した。『十住心論』は広本、『宝鑰』は略本とよばれる。広本が最初に書かれ、略本が次に書かれた。

両著の大きな相違は他でも言及してあるが、『十住心論』は九顕十密といい、あらゆる顕教すなわち密教以外の一般仏教を密教で包摂し、仏教はすべて密教であるとする。『宝鑰』は九顕一密の立場をとるといわれるように、顕教と密教とは次元的な相違がある点で断絶しているとみる。そのわけは本文の重要語の解説で触れている。

いずれにしても『宝鑰』は『十住心論』を要約したかたちをとっているので、空海密教の入門書として、最も手頃でコンパクトな著作であるといってよい。

しかし、その内容は単なる密教書ではない。わが国における最初の本格的な東洋思想論であり、仏教概論であり、かつまた比較思想学の嚆矢である。その意味で本書はわが国の思想史の中に正しく位置づけすべきであろう。

秘《ひ》蔵宝鑰《ぞうほうやく》　巻上　序《じょ》を幷《あわ》せたり

沙門遍照金剛撰《しゃもんへんじょうこんごうせん》

序論

〈1〉序詩

序

悠悠《ゆうゆう》たり悠悠たり太《はなは》だ悠悠たり
内外《ないげ》の縑緗《けんしょう》　千万の軸《じく》あり
杳杳《ようよう》たり杳杳たり　甚《はなは》だ杳杳たり
道をいい道をいうに百種の道あり
書死《た》え諷《ふう》死《た》えなましかば本何《もといかん》がなさん

知らじ知らじ吾《われ》も知らじ……（欠文）……

思い思い思うとも聖《しょう》も心《し》ることなけん

牛頭《ぎゅうとう》(1)　草を嘗《な》めて病者を悲しみ

断蓄《だんし》(2)　車を機《あやつ》って迷方を愍《あわれ》む

三界《さんがい》(3)の狂人は狂せることを知らず

四生《ししょう》(4)の盲者は盲なることを識《さと》らず

生まれ生まれ生まれ生まれて生《しょう》の始めに暗く

死に死に死に死んで死の終りに冥《くら》し

【語釈】（1）牛頭――古代中国の神農氏。牛頭といわれ、百草をなめて医薬をつくると伝える。（2）断蓄――周の文王の子、周公旦。（3）三界――欲望の世界（欲界）、物質の世界（色界）、精神の世界（無色界）。仏教の世界観で生きとし生けるものの止住する世界を三つに分類したもの。（4）四生――あらゆる生きものを四種類に分けたもので、胎内に宿って生まれる胎生、卵から生まれる卵生、湿り気から生まれる湿生、自らの行為の力によって忽然と生ずる化生をいう。

【要旨】迷いの世界にあって、古今東西に亘って数限りない程、聖人君子の残した典籍がある。が、それらの指針とするところを容易に理解せず、生死輪廻を繰り返しているのが、現実のわれわれの姿である。右の序詩は、それを次のように要約して詠んでいる。

限りなく限りなく、きわめて限りないことよ、ああ
仏典と仏典以外の書物とは千万巻もある
広く深く広く深くして、きわめて広く深いことよ、ああ
さまざまな道を説くのに百種の道がある
それらを書くこともなく暗記することもなければ、教えの根本をどうして伝えることができようか
もしも、そうしなければ、誰ひとりとして教えを知る者もなく、もちろん、わたしもそれを知らないであろう……(欠文)……
どんな教えのことを考えてみても、たとえ聖者だって、それを知ることはないであろう
神農氏《しんのうし》は病める者をあわれんで草木をなめてみて薬草をつくった

周公旦《しゅうこうたん》は方角の分からぬ者に指南車をつかって教えてやった
迷いの世界の狂えるひとは狂っていることを知らない
眼の見えない者にもひとしい生きとし生けるものは、自分が眼の見えない者であること
に気づかない
われわれは生まれ生まれ生まれ生まれて生のはじめに暗く
死に死に死に死んで死の終りに冥《くら》い

生まれ生まれ云々　『宝鑰』の序詩の結びの二句である。迷えるすべての者は永劫に輪廻転生してやまないという歎きである。その実相は『大疏』に、「先ず愚童凡夫の違理の心を説く。無始生死とは、（大）智度（論）に云く、世間の若しは衆生、若しは法、皆、始めあることなし。（中略）無明に覆われ、（渇）愛に繋がれて生死（界）に往来して（その）始め不可得なり」とあるとおりである。

空海の『教王経開題』に同じくいう。「それ生はわが願いにあらざれども、無明の父、我を生ず。死は我が欲するにあらざれども因業の鬼、我を殺す」と。これは「根源的無知を父として、わたしはこの世に生を享けたのである。ましてや、死はわたしの望むところ

ではないけれども、(死の報いをもたらす) 原因と行為という無情の鬼がやって来て、わたしを殺す」という意趣である。

また、空海の『理趣経開題』(生死之河)には、「父父母母、更に生じ更に死して、河水の相続するが如し。子々孫々に乍《たちま》ちに顕われ、乍ちに隠れて、空の雲の生滅するが如し」と。これもまた生死の輪廻を河の水に喩え、それは子々孫々に亘って繰り返すのを雲が生じたり消えるのと同じだといっている。

いずれも永遠の深い歎きのひびきをもった文言である。

これらは第一異生羝羊心の本文の序奏になっているといえよう。

(2) 序詩を基点とする十住心体系の概要

空華《くうげ》、眼《まなこ》を眩《たぶら》かし、亀毛《きもう》、情《こころ》を迷《まど》わして、実我に謬著《びゅうじゃく》し、酔心《すいしん》、封執《ふうしゅう》す、渇鹿野馬《かつろくやば》、塵《じん》郷《きょう》に奔《はし》り、狂象跳猨《きょうぞうちょうえん》、識都《しきと》に蕩《とらか》るが如くに至っては、ついんじて十悪(5)、心に快うして日夜に作り、六度(6)、耳に逆《さか》ろうて心に入れず。人を謗《ぼう》じ法を謗じて焼種の辜《つみ》を顧みず。酒に耽《ふけ》り色に耽って誰か後身の報をさとらん。閻魔獄卒は獄を構えて罪を断《ことわ》り、餓鬼禽獣は口を焰して体に挂《か》く。三界《さんがい》に輪廻《りんね》し、四生《ししょう》に跉跰《りょうひょう》す。大覚《だいかく》の慈父、これを観て何ぞ黙《もだ》したまわん。この故に、種種の薬を設けて種種の迷いを指す。意《こころ》、これに在るか。

ここに三綱五常[7]を修すればすなわち君臣父子の道、序あって乱れず。六行《ろくぎょう》四禅[8]を習えばすなわち厭下欣上《えんげごんじょう》の観、勝進して楽を得《う》。

【語釈】（5）十悪——殺生、偸盗、邪淫、妄語、綺語、悪口、両舌、貪欲、瞋恚、邪見。

（6）六度——布施、持戒、忍辱、精進、禅定、智慧。大乗菩薩の六つの宗教的な実践徳目。

（7）三綱五常——三綱は君臣、父子、夫婦のふむべき道。五常は仁、義、礼、智、信。

（8）六行四禅——外道の修道。六行は六行観をいい、これは現実世界を苦、粗、障とみてそれを厭い、天上界の浄、妙、離の世界を願う。四禅は四種の瞑想で初禅より第四禅にいたる。欲界を離れて色界に生ずるために修す。

【要旨】十住心体系では仏教的な世界観を世間と出世間との二つに分ける。まず世間における思想、哲学、宗教を概説的に紹介する。

眼を病む人が空中に花を見たり、亀の苔《こけ》を尻尾だと見あやまったりすることがあるものである。そのように、世のつねの人は自分の体をほんものの自我であると思いあやまって、それに執《とら》われ、本心を失い、かたくなに執著する。のどの渇《かわ》いた鹿や馬が陽炎《かげろう》を水と思いあやまるように、迷える者は感覚の世界を追いもとめ、象がたけり猿が飛びまわるように、体のままにまかせている。このようにして、日夜にもろもろの悪事をよいことにしており、善いことはかえりみない。人をそしり教えをそしって、それが目ざめたものとなる可能性を焼きほろぼすことになるのを考えない。いたずらに酒や色欲にのみ夢中になっていて、あとでどんな報いを受けるかということを知っていない。死の世界の主《あるじ》とその従者は牢獄をかまえて断罪する。そこで、餓鬼《がき》の世界に落ちた者は口から炎を吐《は》き、あるいは畜生の世界にいった者は重石《おもし》を体につけて、苦しむ。迷いの世界において生死をくりかえし、生きとし生けるものの世界にさまよう。慈しみ深い父《いっく》のような偉大な覚者《かくしゃ》（仏）はこれを見て、どうして黙っておられることがあろうか。だから、いろいろな教えをもうけて、さまざまな迷いを指摘されるのも、その本心はほかならぬここにあるのである。

そこで、儒教の人倫の道、個人道徳をおさめれば、君主と臣下、父子の道はととのって乱れない。六行《ろくぎょう》・四禅《しぜん》という瞑想を実行すれば、人間界を厭《いと》い、天上界をよろこぶところの観念がますます発達して心の安らぎがえられる。

〔(3) 序詩を基点とする十住心体系の概要〕

唯蘊《ゆいうん》(9)に我を遮《しゃ》すれば、八解《げ》六通(10)あり。

因縁《いんねん》(11)に身を修すれば、空智、種を抜く。

無縁に悲を起し、唯識《ゆいしき》、境を遣《や》ればすなわち二障(12)伏断し、四智(13)転得《てんどく》す。

不生(14)に心をさとり、独空慮絶《どくくうりよぜつ》すればすなわち一心寂静《じゃくじょう》にして不二無相なり。

一道(15)を本浄に観ずれば、観音(16)、熙怡《きい》し、法界《ほっかい》(17)を初心に念《おも》えば、普賢《ふげん》、微咲《みしょう》したもう。

心外《しんげ》(18)の礦垢《こうく》、ここにことごとく尽き、曼荼《まんだ》(19)の荘厳《しょうごん》、この時、漸《よう》く開く。摩吒《また》(20)の恵眼《えげん》は無明《むみょう》の昏夜《こんや》を破し、日月の定光《じょうこう》、有智《うち》(21)の薩埵《さった》を現ず。五部(22)の諸仏は智印を擎《ひっさ》げて森羅たり。四種(23)の曼荼は法体《ほったい》に住して駢塡《へんてん》たり。阿遮《あしゃ》(24)一睨《いちげい》すれば業寿《ごうじゅ》の風定《しず》まり、多隷三喝《たれいさんかつ》(25)すれば、無明《むみょう》の波涸《か》れぬ。八供《はっく》(26)の天女《てんにょ》は雲海を妙供《みょうく》に起し、四波(27)の定妃は適悦《ちゃくえつ》を法楽に受く。

十地(28)も窺窬《きゆ》すること能《あた》わず。三自《さんじ》(29)も歯接《ししょう》することを得ず。秘中の秘、覚中の覚なり。

吁吁《ああ》、自宝を知らず、狂迷を覚といえり。愚にあらずして何ぞ。考慈、心に切なり、教えにあらずんば何ぞ済《すく》わん。薬を投ずることこれに在り。服せずんば何ぞ療せん。徒《いたずら》に論じ徒に誦《じゅ》すれば、医王、呵叱《かしつ》したまわん。

爾《しか》ればすなわち九種(30)の心薬は外塵《げじん》を払って迷いを遮《しゃ》し金剛の一宮(31)は内庫を排《ひら》いて宝を授く。(32)楽と不楽と得と不得と自心能《よ》くなす。哥《か》にあらず社にあらず、我心、自ら証すのみ。求仏《ぐぶつ》の薩埵、知らずんばあるべからず。

摩尼《まに》と燕石《えんじゃく》と驢《ろ》乳牛《にゅご》醐《ご》と察せずばあるべからず。察せずばあるべからず。

住心の深浅、経論に明らかに説けり。具《つぶさ》に列《つら》ぬること後の如し。

【語釈】（9）唯蘊——五蘊すなわち色、受、想、行、識の五つの存在要素のみから、我々の現実生存はつくられているとするもの。（10）八解六通——八解は八解脱で、色界の貪愛などを捨棄するために修する八種の瞑想力。六通は六神通で六種の超自然的能力（神足通、天眼通、天耳通、他心通、宿命通、漏尽通）。（11）因縁——十二因縁（無明、行、識、名色、六入、触、受、愛、取、有、生、老死）を指す。（12）二障——さとりへの道をさまたげる煩悩を指す煩悩障と、正しい智慧の生ずるのをさまたげる煩悩を指す所知障。（13）四智——凡夫の八識を転じて得る仏の四智。すなわち、大円鏡智、平等性智、妙観察智、成所作智。（14）不生——八不生観の略。三論宗で説く観法。すべての対立、戯論を除くために、不生、不滅、不断、不常、不一、不異、不去、不来の八不を観ずること。（15）一道——大乗の最高の教えを指す一乗と同じで、絶対の真理。天台の教えを指す。（16）観音

――観世音菩薩の略。大慈大悲をもって衆生を救うことを本願とする菩薩。(17)法界――四種法界の略。すなわち、事法界、理法界、事理無礙法界、事事無礙法界。(18)心外――第十住心の心内に対して前の九種の住心を指す。(19)曼荼――曼荼羅を指す。マンダラ(maṇḍala)の音写略。曼荼羅とはさとりの眼に映るさとりの真実の世界のこと。普通は諸仏菩薩などの数限りない諸尊の集合図として描いた画で示される。(20)麼吒――麼(maの音写)は月の種子。吒(taの音写)は日の種子。真言行者が道場に入るとき、右目に麼字を、左目に吒字を想い、日月の明をもって煩悩即菩提の義を観ずる。(21)有智――体験の智を具えていること。(22)五部――真実の世界の諸仏を五部族に分けたもの。すなわち、金剛部、宝部、蓮華部、羯磨部、仏部の五つ。(23)四種――身と語と意と事業の四方面を指す。(24)阿遮――阿遮羅(Acala)の略。不動明王の梵名。(25)多隷三喝――トゥライローキヤヴィジャヤ(Trailokyavijaya)の音写。降三世明王の梵名。(26)八供――八供養菩薩のこと。金剛界の四仏(阿閦、宝生、弥陀、不空成就)が大日如来に供養するためにそれぞれから流出する嬉、鬘、歌、舞の四菩薩(内の四供養)と、大日如来が四仏を供養するために流出する香、華、燈、塗の四菩薩(外の四供養)。(27)四波――四波羅蜜菩薩。金剛界曼荼羅の大日如来を囲繞する四女菩薩を指す。東方は金剛波羅蜜、南方は宝波羅蜜、西方は法波羅蜜、北方は羯磨波羅蜜。(28)十地――菩薩の修行の五十二の段階の中の、第四十一より第五十まで。一、歓喜地・二、離垢地・三、発光地・四、焔慧地・五、難勝地・六、現前地・七、遠行地・八、不動地・九、善慧地・十、法雲地。(29)三自――八正道を自調、自浄、自度に分けたもの。自調は持戒で正語、正業、正命。自浄は修禅で正念、正定。

自度は智慧で正見、正思、正精進（『大智度論』第十九、大正二五・二〇三上）。（30）九種——第一住心より第九住心に至るまでの教え。（31）金剛の一宮——第十秘密荘厳心をたとえる。（32）楽——楽と得とは第十住心を予想する。

【要旨】 出世間すなわち世間を超越している仏教の人間観、世界像などについて概説し、密教が最勝であると説く。

ただ存在を構成する要素だけがあるとみて実体的な自我を否定すれば、八種の瞑想力を観想して、六つの不可思議な能力がえられる。

十二の因果関係を体得すれば、実体的な自我は存在しないとする智慧によって根源的な無知のもつ可能力をのぞくことができる。

絶対の慈愛の心をもって、万有はただ識《しき》のみとしてあらゆる認識の対象の実在を否定すれば、煩悩《ぼんのう》と所知との二つの障害を断ち、迷える者の心を仏の智慧にかえることができる。

心の絶対の本性をさとり、唯一の空無を知って思慮分別を絶つならば、心はしずまって絶対で現象を離れたものとなる。

天台で教える一道を本来きよらかなものと観想するならば、観自在菩薩《かんじざいぼさつ》はなごやかによろこばれるし、真理をもとめる心を起こしたとたんにさとりの世界を思念すれば、普賢菩薩《ふげんぼさつ》はほほえまれるにちがいない。

　ここにおいてか、心の外のけがれはすべてなくなり、荘厳な曼荼羅世界はようやく開示される。真言の教えの実践者がその右目に麼《ま》（ma）字を、左目に吒《た》（ṭa）字を観想するとき、その智慧の眼は根源的無知の闇黒をやぶり、日月にもたとうべき瞑想の光によって真実智をもった金剛薩埵《こんごうさった》が出現する。五つの部門の仏たちはさとりの智慧を象徴する印相《いんぞう》を結んでならびつらなり、四種の曼荼羅は万有本体としていっぱいに存在している。不動明王《ふどうみょうおう》が一たび流し目ににらめば、過去世の業因によって定まった輪廻の寿命もなくなり、降《ごう》三世明王《ざんぜみょうおう》が吽字《うんじ》を三たび唱えれば、根源的無知の波立ちはなくなる。曼荼羅の八供養菩薩《はっくようぼさつ》は雲の海のように限りない供養をささげ、四波羅蜜菩薩《しはらみつぼさつ》は真理の教えの楽しみを享受する。

　このようなさとりの世界は十地の菩薩もうかがい知ることができない。また三自一心大乗法を知る者もならび接することができない。これは最高の秘密であり、最高のさとりである。

　ところが、迷えるものはこの自らの宝を発見できない。狂い迷っているにもかかわらず、それをさとりだと思っている。これを愚かだといわずして何であろうか。慈悲ぶかい仏はこうした迷えるものたちを救おうとする心や切なるものがある。だから、仏の教えによらなければ、どうして生きとし生けるものを救済することができようか。教えの薬を投ずるのも、このゆえである。それを服用しなければ、どうして迷いを治《いや》すことができようか。しかし、仏の教えの浅い深いということをいたずらに議論し、いたずらに（経典を）読誦《どくじゅ》すれば、かえって医師の王ともいうべき仏のお叱りを受けるだけであろう。

そこで九種類の心の薬は心の外のけがれを除いて迷いをなくし、金剛不壊《こんごうふえ》の真実理法の宮殿にもたとうべきさとりの教えはその内なる庫《くら》を開示して、宝を与える。しかし、その宝を得て楽しむか、得ずして楽しまないかどうかは自らの心がなすところである。父母がこれをなすのではなく、わが心が自らさとるだけのものである。仏をもとめる者は、この理《ことわり》を知らなければならない。

宝珠とまがいもの、驢馬《ろば》の乳と牛の最上のバターとの区別をよく知らなければならない、よく知らなければならない。

深い心の世界、浅い心の世界のことは経典・論書に明らかに説いている。くわしく、それを列挙すれば、あとで述べるとおりである。

住心　空海は双璧の主著『秘密曼荼羅十住心論』十巻（広本）と『秘蔵宝鑰』三巻（略本）で十住心体系を説く。

十住心とは伝統的な解釈によれば真言行者の「心品転昇《しんぼんてんしょう》」すなわち心が低次元より高次元の精神世界へと次第に向上発展していく段階を十種に分けたものである（本文参照）。住心というのは、我々の心が止住するところ、心の世界といったらよいであろう。空海は心の世界は無慮無数にあるが、仮りに分類したのが十住心であるという。それは一種の弁証法的発展を遂げるところの極めてダイナミックな心のはたらきである。人間存在としての自覚が起こらない、いわば動物的な心の状態から倫理道徳の目覚め、そして倫理道徳を超えた宗教的世界の自覚、しかも宗教的自覚にも低次元より次第に高次元の段階にすすみ、最高位の曼荼羅世界に到達する。それは人間としての浅い自覚から最も深い自覚に至るプロセスといったらよいであろう。あるいは総括的な人間存在の自覚的世界観といってもよい。

さらに、この十住心体系のもつ重要な意義がある。各宗の宗祖は、一宗を開くに当って釈尊が生涯に説いた教えをアレンジして、その最勝と信ずる経典、論書を所依としている。

ところが、空海の十住心体系はそれらとは全く異なって思想の歴史を構成している。すなわち儒教（第二住心）、道教・インド哲学諸派（第三住心）、小乗仏教（第四、第五住心）、法相、三論およびインド大乗仏教の二大学派である唯識派と中観派（第六、第七住心）、中国仏教の二大宗派である天台、華厳（第八、第九住心）、インド大乗仏教の発展の最高段階に位置する密教（第十住心）と、思想史の展開をそのまま鳥瞰している。

曼荼羅　マンダラ（maṇḍala）の音写語。漫荼羅、曼陀羅など。善無畏が『大日経疏』入曼荼羅具縁真言品第二で曼荼羅の語義は、輪円具足、極無比味、無過上味、聚集、発生、壇、道場など。一般には輪円具足、聚集、壇などの意味に解される。

輪円具足は車輪がさまざまな部分で構成されているようにさとりの世界の円満無欠なるを表わす。聚集は諸尊の万徳の集合図だからであり、道場は釈尊成道の座（金剛座）に因む。

チベットにはインド後期密教の主として金剛頂経系の非常に多様な曼荼羅が伝存するが、わが国で空海が伝えたのはいわゆる両部曼荼羅で、大日経系と金剛頂経系のものである（別項、三六―三九ページ、胎蔵曼荼羅・金剛界曼荼羅を参照）。

曼荼羅は三種に分けられる。宇宙の全存在そのものを真実なるものとして実在をそのまま曼荼羅とする。

㈠自性《じしよう》曼荼羅。

㈡形像《ぎようぞう》曼荼羅。空海が「密蔵深玄にして翰墨に載せがたし。更に図画を仮りて悟らざるに開示す」(『請来目録』)と説くように、絵画的表現もしくは造型化したものによって諸尊の尊容を表現したもの。普通いう曼荼羅が、これである。それは観想し、観法の対象となる曼荼羅である。

㈢観想曼荼羅。真実在なる宇宙存在は宗教的実在として人格化されたものである。それを観法の対象とする。すなわち心中に現われる形象化された曼荼羅である。

〔4〕 曼荼羅世界を詠んだ詩句〕

頌《じゅ》にいわく、

金剛内外《こんごうないげ》(1)の寿と

離《り》言垢《ごんく》過《か》(2)等空の因と
作遷慢如真乗《させんまんにょしんじょう》(3)の寂《じゃく》と
制体籏《せいたいき》光蓮貝《こうれんばい》(4)の仁と
日幢華《にちどうけ》眼鼓《げんこ》の勃駄《ぼつだ》(5)と
金宝法業歌舞《こんぼうほうごうかぶ》の人(6)と
捏鋳刻業威儀《ねつじゅこくごうい ぎ》(7)等との
丈夫無碍《むげ》にして刹塵《せつじん》に過ぎたまえるを
帰命《きみょう》したてまつる

我、今、詔《みことのり》(8)を蒙《こうむ》って十住(9)を撰《せん》す
頓《とみ》に三妄(10)を越えて心真に入らしめん
霧を褰《かか》げて光を見るに無尽の宝あり
自他受用《じたじゅゆう》(11) 日に弥《いよいよ》、新《あらた》なり
軷祖《ばっそ》(12)して伽梵《がぼん》(13)を求む

幾郵《いくうまや》してか本床(14)に到る
如来《にょらい》明らかにこれを説きたまえり
十種にして金場《こんじょう》に入る
已《すで》に住心の数《しゅ》を聴きつ
請う彼の名相を開け
心の名は後に明らかに列ぬ
諷読《ふどく》して迷方を悟れ

【語釈】（1）金剛内外――宇宙生命。これを阿、ア（a）字地大で現わす。（2）離言垢過――離言はヴァ（va）字水大。垢過はラ（ra）字火大。（3）作遷慢如真乗――悉曇における五類声と遍口声との各行の初めの一字を挙げて、法曼荼羅を代表させたもの。（4）制体簸光蓮貝――これは如来を象徴するもの（三昧耶形）を挙げて、三昧耶曼荼羅を代表せしめたもの。（5）日幢華眼鼓の勃駄――日は大日。幢は宝幢。華は開敷華王。眼は蓮華眼で無量寿。鼓は天鼓雷音。勃駄は仏陀。（6）金宝法業歌舞の人――金、宝、法、業は四波羅蜜菩薩。歌、舞は内の四供の二菩薩。（7）捏鋳刻業威儀――羯磨曼荼羅を指す。（8）詔――淳和天皇の勅命。（9）十住――空海の主著である『秘密曼荼羅十住心論』の略で、以下に挙げる第一異生羝羊心、第二愚童持斎心、第三嬰童無畏心、第四唯蘊無我心、第五抜業因種心、第六他縁大乗心、第七覚心不生心、第八一道無為心、第九極無自性心、第十秘密荘厳心を明らかにしたもの。(10)三妄——三妄執のこと。密教で我執、法執、無明の惑をいう。(11)自他受用——自受用と他受用。(12)軷祖——軷は祭、祖は道祖神。すなわち旅へのいでたちに道祖神を祭る意味であるが、ここでは発心をいう。(13)伽梵——薄伽梵。バガヴァーン(Bhagavān)の音写。訳、世尊。仏の尊称。(14)本床——仏果すなわちさとりを指す。

【要旨】次に、この著作は淳和帝に献上するために書いたもので、密教の教理大系を十住心体系にまとめてあると言っている序詩——密教詩——である。

詩にいう。

生けるもの・非情すべてのものの永遠不滅の生命を示す阿《あ》字と言葉を離れたものを示す
縛《ば》字とけがれなきものを示す羅《ら》字と
業を遠離《おんり》したものを示す訶《か》字と虚空《こくう》にひとしいものを示す佉《きや》字の五字とその五つの意義

とをもって表徴する絶対の仏・大日如来《だいにちにょらい》に敬礼する

またはたらきを示す迦《きゃ》字と遷流《せんる》を示す左《さ》字とおごりたかぶることを示す吒《た》字とさとりを示す多《た》字と

最高真理を示す波《は》字と教えを示す也《や》字とをもって表徴される法曼荼羅の仏に敬礼する

大日如来と宝幢仏の幢《はた》と開敷華王仏《かいふけおうぶつ》の宝珠の光と無量寿仏《むりょうじゅぶつ》の蓮華と天鼓雷音仏《てんくらいおんぶつ》の法螺貝《ほらがい》とをもって表徴される三昧耶《さんまや》曼荼羅の仏に敬礼する

胎蔵法《たいぞうほう》曼荼羅の大日《だいにち》・宝幢《ほうどう》・開敷華王《かいふけおう》・（蓮華《れんげ》眼の）無量寿《むりょうじゅ》・天鼓雷音《てんくらいおん》の五仏、金剛界《こんごうかい》曼荼羅における金《こん》・宝《ほう》・法《ほう》・業《ごう》の四波羅蜜《しはらみつ》菩薩《ぼさつ》、嬉《き》・鬘《まん》・歌《か》・舞《ぶ》の八供《はっく》四摂《ししょう》をもって表徴する大曼荼羅の仏に敬礼する

乾漆《かんしつ》・鋳造・木彫で仏の像容を示した羯磨《かつま》曼荼羅と、（以上のすべての）絶対の自由をえた数限りない仏に敬礼する

わたくしは、今、淳和《じゅんな》帝のご命令を受けて、「十住心」についての著作を書いた

すみやかに、あらゆる迷いを克服して真実の心の世界に人びとをして入らしめたいと思う次第である

迷いの霧をのぞいて日の光を見ると、そこには無尽の宝がある
自分も他の者も共にこれを用いて、日々に新しく、尽きることがない

心を発《おこ》して仏を求めようとするが
本来のさとりの世界に達するのはどれだけ経《た》ってのことだろうか
如来はこのことを明らかにお説きになられた
心の世界を十種に分け、その階梯《かいてい》を経て永遠のさとりの世界に入ることができる
すでに住心の数は聞くことができた
願わくはその名称と内容について開示されたい
心の名称はすぐあとで明らかに列挙する
これをよく読んで、行方の迷いをさとっていただきたい

胎蔵曼荼羅（大悲胎蔵生曼荼羅とも）胎蔵は母胎（garbha）の意。菩提心が出生し成長する喩え。「菩提心を因とし、大悲を根とし、方便を究竟とす」（『大日経』十住心）。また、菩提心の開顕は蓮華が種子より生長し、開花するのにも喩えられる。

〔九顕一密〕

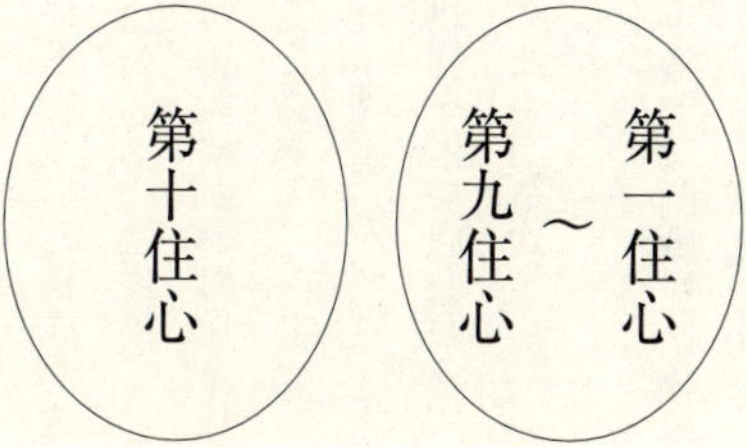
第一住心
〜
第九住心
第十住心

〔九顕十密〕

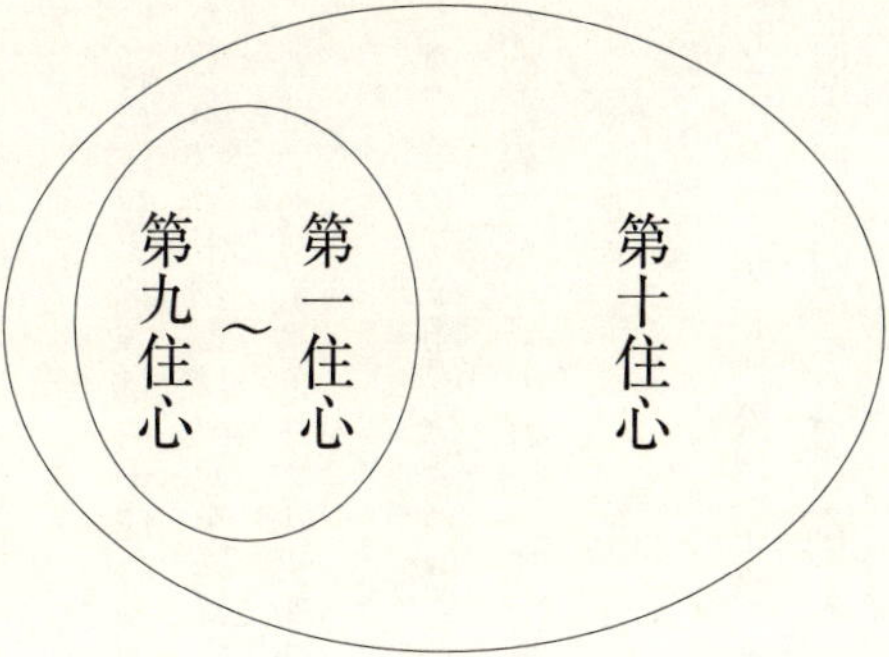
第十住心
第一住心
〜
第九住心

この曼荼羅は①胎蔵図像（阿闍梨所伝）。②胎蔵旧図様。③現図曼荼羅など、伝承によって構成の仕方を若干異にする。この中、空海が請来した現図曼荼羅は、台密の円珍、宗叡も請来した。

『宝鑰』は現図にもとづいた構成が説かれているが、特に注意すべきは『十住心論』が九顕十密であるのに対して、『宝鑰』は九顕一密であって顕教と密教とは次元を異にするとみること、前者は密教すなわち第十住心によって第一住心より第九住心までの顕教をすべて包摂していることである。

胎蔵曼荼羅は理（理法）の原理、平等の世界を示すのに対して金剛界曼荼羅は智（智慧）の原理、差別の世界を示す点からみても、九顕十密は金剛界的な、また九顕一密は胎蔵的な世界観とみることもできよう。

金剛界曼荼羅　『宝鑰』は胎蔵曼荼羅の構成を基礎にしている。が、帰敬頌（序詩）は金剛界と胎蔵の両部を巧みに組み合わせて両部曼荼羅の世界を要約的に示している。

金剛界曼荼羅は、金剛頂経系の経典儀軌に説く。

真言密教の大法を両部としてアンビヴァレンスに関係づけたのは中国の不空（七〇五―

七七四）であり、恵果（七四六―八〇五）、空海へと伝えられた。

地・水・火・風・空・識（六大体大）より縁起した諸法の差別相を四種曼荼羅という。四種曼荼羅が形像として表現されているのは金剛界曼荼羅である。金剛界の金剛は堅固不壊の大日如来の智慧を表わす、㈠大曼荼羅、㈡三昧耶曼荼羅、㈢法曼荼羅、㈣羯磨《かつま》曼荼羅を基とする。㈠は諸尊の全体像、㈡はそれらを象徴した世界、㈢は真言陀羅尼、種子などによって表わす世界、㈣は羯磨すなわち作用、活動の意で、諸尊の動作および造型の場合の、素振りである。

両部　空海は金剛界・胎蔵の二つの曼荼羅を両部という。金剛界は智、胎蔵は理を表わすというのは中国密教の理解の仕方である。

両部を不即不離の関係すなわち金胎不二、理智不二として明確に説いたのは覚鑁《かくばん》（一〇九五―一一四三）からであって、空海にはまだ不二思想は認められない。

また、覚鑁は金剛界曼荼羅に対して胎蔵界曼荼羅の語を用いる。したがって以後、両部不二と同義で金胎不二というが、これも中世密教以後のことである。

『十住心論』『宝鑰』の冒頭の帰敬頌には金胎の構成を組み合わせてあるが、両部曼荼羅を「天珠の如く渉入して虚空に遍じ、重々無礙にして刹塵に過ぎたるを帰命したてまつる」（『十住心論』）、あるいは「重々帝網なるを即身と名づく」（『即身成仏義』）とあるのみで、空海が両部不二の語を用いているという従来の説は訂正されなければならない。

(5) 十住心体系の詩句

第一異生羝羊心《いしょうていようしん》
凡夫狂酔して　吾が非を悟らず。
但し婬食《いんじき》を念ずること　彼の羝羊の如し。
第二愚童持斎心《ぐどうじさいしん》
外の因縁に由《よ》って　忽《たちま》ちに節食《せつじき》を思う。
施心萌動《ほうどう》して　穀《こく》の縁に遇うが如し。
第三嬰童無畏心《ようどうむいしん》
外道天に生じて　暫《しばら》く蘇息を得《う》。
彼の嬰児と　犢子《とくし》との母に随うが如し。

第四唯蘊無我心《ゆいうんむがしん》

ただ法有を解《げ》して　我人皆遮す。

羊車の三蔵（1）　ことごとくこの句に摂す。

第五抜業因種心《ばつごういんじゅしん》

身を十二に修して　無明、種《しゅ》を抜く。

業生、已《すで》に除いて　無言に果を得。

第六他縁大乗心《たえんだいじょうしん》

無縁に悲を起して　大悲初めて発《おこ》る。

幻影に心を観じて　唯識、境を遮す。

第七覚心不生心《かくしんふしょうしん》

八不《はっぷ》（2）に戯《け》を絶ち　一念に空《くう》を観《み》れば、

心原空寂にして　無相安楽なり。

第八一道無為心《いちどうむいしん》

一如本浄にして　境智倶《とも》に融す。

この心性を知るを　号して遮那《しゃな》（3）という。

第九極無《ごくむ》自性心《じしょうしん》

水は自性なし　風に遇うてすなわち波たつ。

法界は極にあらず　警を蒙《こうむ》って忽《たちま》ちに進む。

第十秘密荘厳心《ひみつしょうごんしん》

顕薬塵《ちり》を払い　真言《しんごん》、庫《くら》を開く。

秘宝忽ちに陳じて　万徳《まんどく》すなわち証す。

【語釈】（1）羊車――声聞の教えは自分ひとりのための小乗なので、力《ちから》の弱い羊の車にたとえる。（2）八不――一切の存在の実相を明らかにしたもので、不生、不滅、不断、不常、不一、不異、不去、不来。（3）遮那――毘盧遮那、ヴァイローチャナ（Vairocana）の略。訳、大日如来。ここでは報身仏を意味する。

【要旨】次に、十住体系を詩句にまとめてその趣旨、内容を示す。

第一住心　異生羝羊心《いしょうていようしん》

無知な者は迷って、わが迷いをさとっていない。雄羊のように、ただ性と食とのことを思いつづけるだけである。

第二住心　愚童持斎心《ぐどうじさいしん》

他の縁によって、たちまちに節食を思う。他の者に与える心が芽ばえるのは、穀物が播《ま》かれて発芽するようなものである。

第三住心　嬰童無畏心《ようどうむいしん》

天上の世界に生まれて、しばらく復活することができる。それはおさな児や子牛が母にしたがうようなもので、一時の安らぎにすぎない。

第四住心　唯蘊無我心《ゆいうんむがしん》

ただ物のみが実在することを知って、個体存在の実在を否定する。教えを聞いてさとる者の説は、すべてこのようなものである。

第五住心　抜業因種心《ばつごういんじゅしん》

一切は因縁《いんねん》よりなることを体得して、無知のもとをとりのぞく。このようにして迷いの世界を除いて、ただひとり、さとりの世界を得る。

第六住心　他縁大乗心《たえんだいじょうしん》

一切衆生に対して計らいない愛の心を起こすことによって、大なる慈愛がはじめて生ずる。すべての物を幻影と観じて、ただ心のはたらきのみが実在であるとする。

第七住心　覚心不生心《かくしんふしょうしん》

あらゆる現象の実在を否定することによって実在に対する迷妄を断ち切り、ひたすら空を観ずれば、心は静まって何らの相《すがた》なく安楽である。

第八住心　一道無為心《いちどうむいしん》

現象はわけへだてなく清浄であって、認識における主観も客観もともに合一している。そのような心の本性を知るものを称して、仏（報身としての大日如来）というのである。

第九住心　極無自性心《ごくむじしょうしん》

水にはそれ自体の定まった性《しょう》はない。風にあって波が立つだけである。さとりの世界はこの段階が究極ではないという戒めによって、さらに進む。

第十住心　秘密荘厳心《ひみつしょうごんしん》

密教以外の一般仏教は塵《ちり》を払うだけで、真言密教は庫《くら》の扉を開く。そこで庫の中の宝はたちまちに現われて、あらゆる価値が実現されるのである。

異生羝羊心　十住心体系の第一住心。『大日経』住心品に、「秘密主。愚童凡夫の類は猶《なお》し羝羊の如し」とあるのが、この住心の名称の根拠である。また、「秘密主。無始生死の愚童凡夫は我名・我有に執著して無量の我分を分別す」とある。

異生は凡夫すなわち愚かな者で、善業によって、人・天、悪業によって地獄・餓鬼・畜生などの迷いの世界に生まれるというように、生まれる場所が異なるので、そのように名づける。羝羊は牡羊《おひつじ》。食と性のみに耽る者を喩えたものである。

善悪の区別を弁《わきま》えず因果の道徳律を信じないので、倫理道徳が自覚されない段階の心の状態である。いわば人間でありながら人間存在以前であるといってよい。

『宝鑰』に、「凡夫、狂酔して善悪を辯《わきま》えず、愚童、癡暗にして因果を信ぜざるの名なり」、あるいは「凡夫狂酔して　吾が非を悟らず。但し婬食を念ずること　彼の羝羊の如し」とある。

愚童持斎心　十住心体系の第二住心。『大日経』住心品に、「愚童凡夫、ある時に一法の想生ずることあり。いわゆる持斎なり」とあるのによる。愚童は因果の理法を知らず生死に惑溺する者で、まだ物事がよく分からない子どもに喩えたもの。持斎は飽食を避けて節食すること。

何らかの機縁に触れてわが持てるものを他に施与する心が芽生える。こうした善心が倫理道徳に対する最初の目覚めである。すなわち六道（地獄・餓鬼・畜生・修羅・人・天）の中の人間としての自覚に達する段階である。

『宝鑰』に、次のように説く。

「物に定まれる性《しょう》なし。人、何ぞ常に悪ならん。縁に遇うときはすなわち庸愚も大道を庶《こい》幾《ねが》う。教えに順ずるときはすなわち凡夫も賢聖《けんじょう》に斉《ひと》しからんと思う。羝羊、自性《じしょう》なし。愚童もまた愚にあらず」

この住心は倫理道徳に目覚め、人間存在としての自覚が得られた最初の段階である。

嬰童無畏心　十住心体系の第三住心。『大日経』住心品に、「秘密主。これを愚童異生の生死に流転する無畏依の第八の嬰童心と名づく」とあるのによる。嬰童はみどり児。無畏は心が安らかなこと。幼児が母親に抱かれ、子牛が母牛の傍にいるときは心安らかである。それと同じように、死後、天界に生まれることを願う者が、その一時《いっとき》に安らかな心を得る世界である。

『宝鑰』に、「外道《げどう》（＝仏教以外の教えを奉ずる者）天に生じて　暫《しばら》く蘇息《そそく》を得。彼の嬰児と　犢子《とくし》（＝子牛）との母に随うが如し」と序詩にある。この段階は倫理道徳という現世の生活規範を超えて、死後、天界に生まれることを願うのであるから、宗教心の目覚めである。前掲六道の中の天に相当する。

以上はいずれも倫理道徳以前の動物的本能に生きる段階、倫理道徳の始発である施与の心が起こる段階、初めて宗教心に目覚める段階である。これら三つの心の世界はまだ世間世俗における段階にすぎない。

唯蘊無我心　十住心体系の第四住心。『大日経』住心品に、「いわくかくの如く唯蘊無我を解して根境界に淹流《えんりゅう》修行す」とあるのによる。唯蘊はただ五蘊（色・受・想・行・識）すなわち人間存在を構成する物心の集まりで、無我はそれらのみが実在して実体的な自我は存しないという意。

人間存在を分析的に認識するのは次の第五住心の立場と共通する。大乗仏教の中観派で説く空の哲学からすれば一切を分析することによって一切は空であると観ずる。それは小乗仏教における空の哲学にすぎない。

しかし、ここで我執を離れるために空を説いて仏教の初入の門とするのは注目される。この第四住心より出世間すなわち世間を超えた仏教の心の世界の段階に入るからである。実体的自我の存在を否定するのをもって仏教の第一義とする。歴史的にみれば初期仏教、部派仏教（アビダルマ仏教）すべてを含む声聞乗の段階である。声聞乗とは仏の教えを聞いてさとりを得る者である。

抜業因種心　十住心体系の第五住心。『大日経』住心品に、「業煩悩の株杌《しゅこつ》、無明の種子の十二因縁を生ずるを抜く」とあるのによる。縁覚乗に当てる。ふとした切っ掛けで一人でさとる者の教え。小乗・部派仏教である。

抜業の業とは悪業で、株杌はあらゆる煩悩を生ずる根源的な無知（＝無明《むみょう》）である。無明の種子とはあらゆる煩悩を生ずる可能力のことである。因種の因は十二因縁、種は無明という種子で、悪業の原因である十二因縁の種子すなわち根源的な無知を除去する心の段階である。因みに十二因縁とは①無明、②行（潜在的な形成力）、③識（認識作用）、④名色（名称と形態）、⑤六処（眼・耳・鼻・舌・身・意）、⑥触（感官と対象との接触）、⑦受（感受）、⑧愛（渇受）、⑨取（執着）、⑩有《う》（現実生存）、⑪生（生まれてあること）、⑫老死（老と死）。

これらを逆順に関連して観想すること。

第四、第五の二つの住心は自身の解脱のために仏道修行する。これを自利——自らのため——といって、小乗仏教の段階にとどまる心の世界である。

他縁大乗心　十住心体系の第六住心。『大日経』住心品に、「秘密主、大乗の行あり。無縁乗の心を発《おこ》して法に我性《がしょう》なし。何をもっての故に。彼、往昔にかくの如く修行せし者の如きは蘊の阿頼耶を観察して、自性《じしょう》は幻・陽燄《ようえん》・影・響《こう》・施火輪《せんかりん》・乾闥婆城《けんだつばじょう》の如しと知る」というのが、この住心名の根拠である。

この住心は法相宗、唯識派に相当する。第六住心より大乗仏教になるのは、自利の小乗に対して自利利他を行ずるからである。大乗の大乗たるゆえんは、ひとえに利他行にある。

他縁は他の一切衆生で無縁と同じ。無縁は一切衆生を平等に観じ、空観の立場にあって無条件なる絶対の慈悲を人びとに施すことである。

『宝鑰』に、「無縁に悲を起して大悲初めて発《おこ》る」と説く。具体的には一切衆生を対象とする四無量心（慈・悲・喜・捨）と四摂事（布施・愛語・利行・同事）を実践することである（本書、一七〇頁注（5）（6）参照）。

覚心不生心　十住心体系の第七住心。『大日経』住心品に、「秘密主、彼かくの如く無我を捨てて、心主自在にして自心の本不生をさとる」とあるのによる。

また、「謂ゆる空性は根と境とを離れ、無・無境界にして諸の戯論を超えたり。等虚空無辺の一切の仏法は、此に依って相続して生ず」とあるのによる。この住心は三論宗、中観派に相当する。あらゆるものは不生であるとさとる心の段階。

『宝鑰』に、「八不に戯(論)を絶ち一念に空《くう》を観《み》れば、心原空寂にして無相安楽なり」と説く。八不はナーガールジュナ(Nāgārjuna 龍樹)の『中論』の冒頭に説く不生・不滅・不断・不常・不一・不異・不去・不来の八つの否定、すなわち相関関係の縁起において一切の自己原因としての実体を否定した表現である。中国およびわが国ではこれを「八不中道」という。また、縁起的世界観からすれば、われわれの本来の心は不生つまり生滅等を超えているとさとる段階である。

一道無為心　十住心体系の第八住心。『大日経』住心品に、「いわゆる空性は根境を離れて相もなく境界もなし。もろもろの戯論を越えて、虚空に等同なり」とあるのによる。一道は唯一大乗であり、無為は有為に対する語で、さとりの境界をいう。この住心は天台宗（天台法華一乗）に相当する。

第六住心は法相宗、第七住心は三論宗に当てる。ところが、これら両宗は奈良の六宗（三論・成実・倶舎・華厳・法相・律）の中に数えられ、いずれも論書を教理の依りどころとし、前者は『解深密経』『成唯識論』を、後者は『中論』『十二門論』『百論』による。これに対して最澄は、『法華経』にもとづく天台宗を経宗としてその優位性を主張した。経は仏説だからである。

『宝鑰』に、「一如本浄にして　境智倶に融す。この心性を知るを　号して遮那（＝報身仏）という」とある。認識の対象と主観との対立を超えた真実の心の世界を『法華経』で説く。いわば絶対空を突破したところの真実在の風光が展開する段階である。

極無自性心　十住心体系の第九住心。『大日経』住心品に、「有為無為界を離れ、もろもろの造作《ぞうさ》を離れ、眼耳鼻舌身意を離れて、極無自性心を生ず」とあるのが、この住心名の典拠である。これは華厳宗に相当する。前述のように華厳宗は奈良六宗の中の一つだが、教理的には最高であるとみる。空海はこの住心の哲学的世界観は深遠であって、密教と相違がないとみる。

『宝鑰』は、「水は自性なし　風に遇うてすなわち波たつ」という。実在と現象を相即不離にあるとみる華厳は、重々無尽の法界縁起すなわち無限の相関関係にある関係性の宇宙的真理の世界観を説く。ただし、それは理談すなわち哲学的世界観であって、観照にとどまり実践にまですすまない。『宝鑰』で「法界は極にあらず　警《いましめ》を蒙って忽ちに進む」と批判するように、この第九住心の段階は、なるほど顕教としては究極ではあるが、哲学からさらに宗教へ、すなわち客観的世界観から密教の実修実践の世界観へとすすむ、と説く。

秘密荘厳心　十住心体系の第十住心。住心名の典拠は三説ある。まず、『大日経』住心品に、「毘盧遮那如来の加持の故に、身無尽荘厳蔵を奮迅示現し給う。是の如く語意平等の無尽荘厳蔵を奮迅示現し給う」と。次に同じく秘密曼荼羅品第十一の品名は秘密荘厳であるとみる。第三には第一、第二の胎蔵法によるのと異なり、不空の『金剛頂義訣』に「秘密荘厳内証大智」と説くのによるとする。

この住心は、真言密教に相当する。『宝鑰』に、「顕薬塵を払い　真言、庫を開く。秘宝忽ちに陳じて　万徳すなわち証す」とある。第一住心より第九住心の九段階の心の世界は要するに顕教に過ぎない。その顕教は塵を払うだけだが、密教は宝庫を開示するというのは、密教は顕教が説かない曼荼羅という宝物を開示するという意味である。

曼荼羅は諸尊の集合図であり、究極のさとりの世界である。イタリアの東洋学者ツッチ博士は曼荼羅を「宇宙的心理図」という。

I 本論——第一異生羝羊心

〔(1) 異生羝羊心とは何か〕

第一異生羝羊心《いしょうていようしん》

異生羝羊心とは何ぞ。凡夫《ぼんぶ》、狂酔して善悪を辯《わきま》えず、愚童、癡暗《ちあん》にして因果を信ぜざるの名なり。凡夫、種種の業を作って種種の果を感ず。身相万種にして生ず。故に異生と名づく。愚癡無智なること、彼の羝羊の劣弱なるに均《ひと》し。故にもってこれに喩《たと》う。

それ生は吾が好むにあらず。死はまた人の悪《にく》むなり。しかれども猶《なお》、生まれ之《ゆ》き生まれ之《ゆ》いて六趣(1)に輪転し、死に去り死に去って三途《さんず》(2)に沈淪《ちんりん》す。我を生ずる父母《ぶも》も生の由来を知らず。生を受くる我が身もまた、死の所去《しょこ》を悟《さと》らず。過去を顧みれば、冥冥《めいめい》としてその首《はじめ》を見ず。未来に臨めば、漠漠《ばくばく》としてその尾《おわり》を尋ねず。三辰、頂に戴《いただ》けども暗きこと狗《いぬ》の眼に同じく、五嶽(3)、足を載《の》すれども迷えること羊の目に似たり。日夕《じっせき》に営営として衣食《いいし》の獄に繋《つな》がれ、遠近《おんごん》に趁《はし》り逐《お》って名利の坑《あな》に墜《お》つ。

加以《しかのみならず》、磁石、鋼を吸えばすなわち剛柔、馳《は》せ逐《お》い、方諸(4)、水を招けばすなわち父子相《あい》親しむ。父子の親親《しんしん》たる、親の親たることを知らず。夫婦の相愛《あい》したる、愛の愛たることをさとらず。流水相続き、飛𦦨《ひいえん》相助く。徒《いたずら》に妄想《もうぞう》の縄に縛られて、空しく無明《むみょう》の酒に酔えり。既に夢中(5)に遇えるが如し。還《かえ》って逆旅《げきりょ》(6)に逢うに似たり。

一《いち》、二《じ》、道《どう》(7)より展生《てんせい》し、万物、三に因って森羅たり、自在(8)よく生《な》し、梵天の所作なりというが如くに泊《いた》っては、未だ生人の本《もとい》を知らず。誰か死者の起りを談ぜん。

遂《つい》にすなわち豺狼狻虎《さいろうさんこ》は毛物を咀嚼《そしゃく》し、鯨鯢摩竭《げいげいまかつ》(9)は鱗族を呑歠《どんせつ》す。金翅《こんし》(10)、龍を食《は》み、羅《ら》刹《せつ》(11)、人を喫《くら》う。人畜相《あい》呑み、強弱相噉《あいくら》う。況《いわ》んやまた、弓箭《きゅうせん》、野を亘《わた》れば、猪鹿《ちょろく》の戸《とぼそ》、種を絶ち、網罭《もうよく》、沢を籠《こ》むれば、魚鼈《ぎょべつ》の郷《さと》、族《やから》を滅す。鷹隼《ようじゅん》、飛べば鷩鵠《へっこく》、涙《なんだ》を流し、敖《ごう》犬《けん》、走れば、狐兎《こと》、腸《はらわた》を断つ。禽獣は尽くれども心には未だ飽かず。厨屋《ちゅうおく》には満つれども舌には厭《いと》わず。

【語釈】（1）六趣――地獄、餓鬼、畜生、修羅、人、天の迷いの世界。（2）三途――地獄、餓鬼、畜生の三悪道。（3）五嶽――中国の代表的名山で、嵩山、泰山、衡山、華山、恒山。（4）方諸――水晶。これを摩擦し熱を生じさせて、月光の下に置くと、水分を招くという。（5）夢中――楚の宋玉が雲夢の浦に遊び、夢で神女に遇うが、その美しさに寝ても寤《さ》めても忘れられなかったという。『文選』の「神女賦」に見える。（6）逆旅――旅宿。（7）一、二、道――混沌の一気より陰陽の二気を生じ、さらに天・地・人の三才を生成するという老荘の思想。（8）自在――自在天とか梵天とかの絶対の神が存して、世界を創造したとする説。（9）摩竭――マカラ（makara）の音写。インド人の想像した大魚。（10）金翅――迦楼羅、ガルダ（garuḍa）の音写。伝説上の鳥の名。（11）羅刹――悪鬼の総名。

【要旨】異生羝羊心という心の世界とはどういうものか。本能のままに生き弱肉強食の世界である動物の心が人間存在の根底にはひそむことを明らかにする。

「異生羝羊心《いしょうていようしん》」とはなにか。これは世のつねの者がはなはだしく無知の酒に酔って善悪の見さかいがつかず、愚かな者が暗く無知で、因果の理法を信じない心に名づけたものである。世のつねの者はさまざまな行為をなして、種々なる結果をもたらし、そしてその報いとして生まれた姿もさまざまであるから、これを「異生」と名づける。愚かで無知なさまは、かの雄羊がおとって力弱いのにひとしい。だから、「羝羊」をたとえとする。

だれでも人は好んで生まれてきたのではない。死もまた何びともこれを憎むところである。だが、なお、生まれかわり生まれかわって迷いの世界をへめぐり、いくたびも死をくりかえしてはあらゆる迷いの世界に沈んでいる。自分を生んだ父母も生の起源を知らず、その生を受けた自分も、死の行方をさとらない。過去をふりかえれば、暗くして、その初めを見ることができない。未来をのぞみ見れば、まったく不明でその終りを知らない。日・月・星辰は天空に輝くが、わが心は犬の目と同じようにまっくらであり、五山のような高い山に登っても、わが心は羊の目と同じように迷っている。朝夕にあくせくと衣食の牢獄につながれ、あちらこちらを走りまわっては名聞利養《みょうもんりよう》の穴に落ちこむ。

それだけでなく、磁石が鉄鉱石を引きつけるように、男女は相もとめあい、伝説にある水晶が月に向かうと水を生ずるように、相思う父子骨肉の情は切なるものがある。しかし、父子のきわめて密なる親愛も、それがはたして真実の親愛だろうか。また夫婦が愛し合うにしても、それははたして本当の愛情であるかどうかをさとらない。いわば、それらは水が絶えず流れており、火が絶え間なく炎をあげているように、はかないものである。いたずらに正しくない想念の縄にしばられ、むなしく根源的無知の酒に酔いしれているようなものである。すでにして夢の中で人に会うようなものであり、また宿舎で旅の者にめぐり合うようなものである。

老子は大道より混沌《こんとん》たる一気を生じ、それが陰陽の二気にわかれ、さらにまた天・地・人の三才となり、万物が、この三才によって創造されて数限りなくならびつながっているという。またバラモン教によれば、主宰神がこの宇宙を創造し、あるいは梵天《ブラフマン》が作り出したと説いている。だが、これらはわれわれ人間がどうして生じたかという根源を知らないものだ。どうして死者の起こりを説くことができようか。

けっきょく、豹・狼・獅子・虎などの野獣は他の動物を食い殺し、鯨やマカラ魚のような大魚は他の魚どもを呑みこんでいる。金翅鳥《こんじちょう》は龍を食い、悪鬼は人間を食う。人と他の畜類とは互いに食いあい、このようにして、すべて弱肉強食のありさまである。ましてやまた、弓矢をもって狩りをすれば、猪や鹿はいなくなり、沢に網を張れば魚類はいなくなる。狩猟で鷹や隼《はやぶさ》を飛ばせば、雉子《きじ》や鶴などは恐れて泣き、狩猟犬を放せば、狐や兎は悲しみにたえない。鳥やけだものを狩りつくしても心は満足しない。調理室には狩りの獲物がいっぱいになっても、なお食いたりない。

(2) 異生羝羊の人間存在と、まとめの詩句

強窃二盗は珍財に迷って戮《つみ》を受け、和強両姧《かん》は娥眉《がび》に惑って身を殺す。四種の口業《くごう》(12)は舌に任せて斧を作り、三箇の意過(13)は心に縦《ほしいまま》にして自《みずか》ら毒なり。無慚無愧《むざんむき》にして八万の罪、ことごとく作り、自作教他《じさきょうた》して塵沙《じんじゃ》の過《とが》常になす。すべて一一の罪業《ざいごう》、三悪《さんなく》(14)の苦を招き一一の善根《ぜんごん》、四徳(15)の楽に登ることを覚知せず。

あるがいわく、「人は死して気に帰り更に生を受けず」と。かくの如くの類をば断見と名づく。

あるがいわく、「人は常に人たり、畜は常に畜たり。貴賤、常に定まり、貧富恒《つね》に分れたり」と。かくの如くの類をば常見と名づく。

或いは牛狗《ごく》(16)の戒を持《たも》ち、或いは死を恒河《ごうが》に投ず(17)。かくの如きの類を邪見という。邪見外道、その数無量なり。

出要を知らず妄見を祖として習えり。かくの如き等類は皆ことごとく羝羊の心なり。

頌《じゅ》にいわく。四韻《いん》
凡夫は善悪に盲《めし》いて　因果あることを信ぜず
但し眼前の利を見る　何ぞ地獄の火を知らん
羞《は》ずることなくして十悪(18)を造り　空しく神我《しんが》ありと論ず
執著《しゅうじゃく》して三界《さんがい》(19)を愛す　誰か煩悩の鎖を脱れん

【語釈】（12）四種の口業――妄語、綺語、悪口、両舌の四種。（13）三箇の意過――慳貪、瞋恚、邪見をいう。（14）三悪――地獄、餓鬼、畜生。三悪道。（15）四徳――涅槃の四徳で、常、楽、我、浄。（16）牛狗――牛や犬のような生活をすることが、生天の因となるとするもの。牛戒、狗戒。この二つはトーテミズムである。（17）死を恒河に投ず――死体をガンジス河に投ずれば、その死者は天に生まれるとする俗信を指す。（18）十悪――殺生、偸盗、邪淫、妄語、綺語、悪口、両舌、貪欲、瞋恚、邪見。（19）三界――凡夫が迷い沈む世界を三つに分けたもので、欲界、色界、無色界。

【要旨】異生羝羊の詩句。

強盗や窃盗はめずらしい宝に目がくらんで死刑を受け、美人に迷って和姦《わかん》あるいは強姦《ごうかん》して身を滅ぼす。嘘・へつらい・悪口・二枚舌の四つの言葉のはたらきは口にまかせて他人を傷つけ、貪《むさぼ》り・瞋《いか》り・愚かさの三つの心の過失は心のおもむくがままに自らを毒する。このようにして自他に対して恥じることなく、数知れぬ罪をすべてつくり、自分で犯すだけでなく他人をして犯させ、つねに無数の罪過をなしている。

これらすべての一つひとつの罪業はあらゆる悪所の苦をまねき、一つひとつの善を生ずるもととなるはたらきは永遠・安楽・自由な自我・煩悩の汚れなき清浄という四つの価値をもつさとりの世界にみちびくことを知らない。

ある者はこういう。「人は死ぬと陰陽の二気に還元し、さらに後の生涯を受けない」と。このようなたぐいを断見という。

ある者はまたいう。「人はつねに人であり、畜類はつねに畜類である。また貴賤はつねに決定しており、貧富はつねに区別されている」と。このようなたぐいを常見という。あるいは牛戒《ごかい》や狗戒《くかい》をたもち、あるいはガンジス河に死体を投げる。このようなたぐいを邪見という。邪見論者の数は量《はか》り知れない。

これらはいずれも、この迷いの世界を出離する要《かなめ》を知らず、迷妄の見解をもとにして、それにしたがっている。このようなたぐいの者はすべて「羝羊」の心の世界に住する。

詩にいう。四韻

世のつねの人は善悪の見さかいがつかず　因果の理法が存在することを信じない
ただ目の前の利益を見るだけであるから　どうして地獄の火を知るわけがあろう
さまざまな悪業をなして、何ら恥じず　実在の自我の存在をいたずらに主張する
迷いの世界に執われて、それを愛している　どうして、煩悩の鎖をのがれることができよう

〔3〕問答による異生羝羊の論拠

問。何《いず》れの経に依《よ》ってかこの義を建立《こんりゅう》する。

答。『大日経』[20]なり。彼の経に何《いかん》が説く。経にいわく。「秘密主《ひみつしゅ》。無始生死の愚童凡夫は我名・我有に執著《しゅうじゃく》して無量の我分を分別す。秘密主。もし彼、我の自性を観ぜざれば、すなわち我・我所、生ず。余はまた、時と地等の変化《へんげ》と瑜伽《ゆが》の我と建立《こんりゅう》の浄と不建立《ふこんりゅう》の無浄となし声《しょう》と非声《ひしょう》とありと計《けい》す。秘密主。かくの如く等の我分は昔より以来《このかた》、分別と相応

して順理の解脱《げだつ》を希求《きぐ》す。秘密主。愚童凡夫の類は猶《なお》し羝羊の如し、と」。龍猛《りゅうみょう》(21)の『菩提心論《ぼだいしんろん》』(22)にいわく、「いわく、凡夫《ぼんぷ》は名聞利養資生《みょうもんりようししょう》の具に執著して、務《つと》むに安身《あんじん》をもってし、恣《ほしいまま》に三毒(23)五欲(24)を行ず。真言行人《しんごんぎょうにん》、誠に厭患《えんげん》すべし」。

【語釈】(20)大日経――『大毘盧遮那成仏神変加持経』住心品(大正一八・一上)の文。
(21)龍猛――ナーガールジュナ(Nāgārjuna)。真言密教の伝承によれば、真言宗の初祖。
(22)菩提心論――龍樹造、不空訳『金剛頂瑜伽中発阿耨多羅三藐三菩提心論』。諸経論にもとづき菩提心の行相を行願、勝義、三摩地の三種に分け、その実現のために精進すべきことを説く(大正三二・五七三上)。(23)三毒――貪、瞋、癡の三煩悩。(24)五欲――色、声、香、味、触の五つの認識対象。それは欲望を引き起こすもととなるもの。

【要旨】異生羝羊心の論拠としての『大日経』と『菩提心論』の援引。

問い。どの経典にもとづいてこの「異生羝羊心」のむねをたてるのか。

答え。『大日経』である。その経典にどのように説くかというと、経にいう。「秘密主よ。無限の過去から迷いの世界に生まれかわり死にかわりしてきている愚かな世のつねの者は、自我という名と自己所有の観念とに執われて量り知れない自我の領域をおもんぱかる。秘密主よ。もし、その者が自我の本来の性質をよく観察しなければ、自我の実在性と自己所有の観念が生ずる。その他にまた、時間を万有の根本原理であると説く者、地などの変化による世界創造を説く者、精神統一によって真実の実体我がえられると主張する者、あらゆる存在をたてて清浄としたり、それを否定する者、ないしはミーマーンサー学者やヴァイシェーシカ・ニヤーヤ学者などの立場がある。秘密主よ。このような自我の領域は古来、思慮分別に相応《あい》じて、それぞれの理論にしたがって説かれるさとりを求めるところのものである。秘密主よ。愚かな世のつねの者たちは、あたかも雄羊のようである云々と」。

龍猛菩薩の『菩提心論』にいう。「世のつねの者は世間の評判や利欲、生活用具に執われ、ただ自らの安逸につとめ、貪り・瞋り・愚かさ、あるいはあらゆる感覚の対象に対する欲望をほしいままにしている。真言を実践する者は、まさにこれらを厭《いと》い憎まなければならない、まさに捨て去らなければならない」。

Ⅱ　本論——第二愚童持斎心

〈1〉愚童持斎心とは何か

第二愚童《ぐどうじ》持斎心《さいしん》

それ禿《かぶろ》なる樹《き》、定《さだ》んで禿なるにあらず。春に遇《あ》うときはすなわち栄え華《はな》さく。増《かさ》なれる氷、何ぞ必ずしも氷ならん。夏に入るときはすなわち泮《と》け注《そそ》ぐ。穀牙《こくげ》、湿《うるお》いを待ち、卉菓《きか》、時に結ぶ。

戴淵《たいえん》(1)、心を改め、周処《しゅうしょ》(2)、忠孝あつしが如くに至っては、礦石《こうしゃく》、忽《たちま》ちに珍なり。魚珠(3)、夜を照す。

物に定まれる性なし。人《ひと》、何ぞ常に悪ならん。縁に遇うときはすなわち庸愚も大道を庶幾《こいねが》う。教えに順ずるときはすなわち凡夫も賢聖に斉《ひと》しからんと思う。羝羊、自性なし。愚童もまた愚にあらず。

この故に、本覚《ほんがく》、内《うち》に薫じ、仏光、外《ほか》に射して、欻爾《くつじ》に節食《せつじき》し、数数《そくそく》に檀那(4)す。牙種《げしゅ》疱葉《ひょうよう》の善、相続して生じ、敷華《ふけ》結実《けつじつ》の心、探湯《たんとう》不及なり。

【語釈】 （1） 戴淵——他人の船を襲い、掠奪しようとしたが、却って教誡され、改心して趙王に仕え予章太守となる（『晋書』）。（2）周処——初め暴悪乱行であったが、老父の訓誡によって改心し、呉王の忠臣となったという（『晋書』）。（3）魚珠——鯨の目。（4）檀那——ダーナ（dāna）の音写。布施すること。

【要旨】人間はいつまでも一般の動物と同じ状態にあるわけではない。人間存在の自覚の第一歩は樹木の発芽と同じであって時が来れば善心が芽ばえる。

そもそも冬枯れの樹木でも、いつまでも枯れているのではない。春になれば、芽ばえて花が咲く。厚氷でも、いつまでも氷っていることはない。夏になれば解けて流れ出す。穀物の芽も湿気《しめりけ》があれば発芽し、果実も時がくれば実をむすぶ。戴淵《たいえん》は陸機《りくき》にいましめられて改心して将軍になった。周処は老父にいましめられて忠孝をつくす人となった。これらは原石がみがかれて立派な宝石となり、鯨の目が夜を照らす明月珠となったという伝えにあるようなものである。

物にはきまった性質はない。どうして人はつねに悪人であることがあろうか。機縁にめぐりあえば、なみの者でもすばらしい道を願う。教えにしたがえば、世のつねの者もすぐれた人になろうと思う。「雄羊」とて、それ自体の一定した性質のものではない。愚かな者もまた愚かなままでいるわけではない。だから、本来のさとりがうちにもよおし、目ざめた者の光が外にかがやき出せば、たちまちに自らの欲望をおさえて、しばしば他の者に与えてやる。あたかも、樹木の芽が種子より芽ばえて蕾《つぼみ》となり葉がのびるように、善心の芽ばえは次第に生長する。花びらが開き、実をむすぶように、善心は発展する。そして善き行為の不十分なのを反省し、悪しき行為はこれを恐れいましめる。

(2) 儒教の五常、仏教の五戒・十善の教え

五常(5)漸く習い、十善(6)鑽仰《さんごう》す。五常といっぱ、仁・義・礼・智・信なり。仁をば不殺等に名づく。己《おのれ》を恕《ゆる》して物を施す。義はすなわち不盗等なり、積んでよく施す。礼はいわく、不邪等なり、五礼(7)、序《ついで》あり。智はこれ不乱等なり、審《つまび》らかに決しよく理《ことわ》る。信は不妄の称なり、言って必ず行ず。よくこの五を行ずるときはすなわち四序《しいしょ》(8)、玉燭し、五才(9)、金鏡なり。国にこれを行えばすなわち天下昇平なり。家にこれを行えばすなわち路に遺《ゆい》を拾わず。

名を挙げ、先を顕《あら》わすの妙術、国を保ち、身を安んずるの美風なり。外には五常と号し、内には五戒(10)と名づく。名、異にして、義、融し、行、同じうして、益、別なり。断悪《だんなく》修善の基漸《きざん》、脱苦得楽の濫觴《らんしょう》なり。

故に経(11)にいわく、「下品《げぼん》の五戒は贍部洲《せんぶしゅう》(12)に生じ、中品の五戒は勝身国(13)、上品は牛貨《ごけ》(14)、上上と及び無我とは鬱単越《うったんおつ》(15)なり」と広くこれを説けり。

四洲の人民に各《おのおの》王者あり。王に五種あり。粟散《ぞくさん》(16)と四輪王(17)となり。この五種の王は必ず十善に乗じて来御す。

故に、『仁王経《にんのうきょう》』(18)にいわく、「十善の菩薩、大心を発《おこ》して長く三界の苦輪海を別《はな》る。中下品の善は粟散王、上品の十善は鉄輪王《てちりんおう》、習種《じっしゅ》は銅輪にして二天下なり。銀輪は三天性種性なり。道種堅徳の転輪王は七宝の金輪四天下《てんげ》なり」と。

今、この文を案ずるに、王者及び民、必ず五戒十善を行じて人中に生ずることを得《う》。未《いま》だあらじこれを棄《す》ててよく得るものは。前生に善を修め、今生《こんじょう》に人を得。この生に修せずんば還《かえ》って三途《さんず》に墜ちなん。春の種を下さずんば秋の実、何《いかん》が獲《え》ん。善男善女《ぜんなんぜんにょ》、仰がずんばあるべからず、仰がずんばあるべからず。十悪十善の報、聖王凡王の治、具《つぶさ》には『十住心論』の如し。

【語釈】（5）五常――仁、義、礼、智、信。この一節は、善心の実践として第二住心の当分を述べる。（6）十善――不殺生、不偸盗、不邪淫、不妄語、不両舌、不悪口、不綺語、不貪欲、不瞋恚、不邪見。（7）五礼――吉、凶、軍、賓、嘉で、『周礼』の説。（8）四序――春夏秋冬の四季和順なることをいう。（9）五才――木、火、土、金、水の五行。この五行が各々その位を保って混乱せず、金鏡のように明了であること。（10）五戒――不殺生、不偸盗、不邪淫、不妄語、不飲酒。（11）経――未詳。一説には『起世経』という。（12）瞻部洲――須弥山の四方に四洲があり、その南にあたる南瞻部洲。（13）勝身国――須弥山の東に位置する洲。（14）牛貨――須弥山の西に位置する洲。（15）鬱単越――須弥山の北に位置する洲。瞿盧洲。（16）粟散――粟を散布したほど沢山ある小国の王。（17）四輪王――金輪王、銀輪王、銅輪王、鉄輪王。（18）仁王経――『仁王護国般若波羅蜜多経』上巻、菩薩行品（大正八・八三七中）。

【要旨】儒教で説く五常、仏教で説く五戒・十善に目覚めるのが、人倫のはじまりであること。

儒教に説く人の人たる道を次第に習い、仏教に教える善を慕い学ぶ。人の人たる道とは仁、義、礼、智、信である。仁を仏教では殺さないことと名づける。おのれの身になって他に与えてやる。義は他のものを取らぬことである。おのれのものを節約して他に与えてやる。礼は男女の道を乱さぬことである。人の世にはすべて礼儀によって秩序がある。智は酒に乱れぬことである。つまびらかに事柄を決定し、よく道理をとおす。信はうそをつかぬことである、いえば必ず実行する。この五つをよく行なえば四季は順和で、万物を構成する五つの元素が乱れざること鏡のように明らかである。国において、これを行なえば、ならわしとなり国家が治まる。家において、これを行なえば路上に落ちているものを隠匿しない。自分の名をあげ、祖先の名を顕わす妙策であり、天下を治め、人の身を安寧にする良いならわしでもある。これを儒教では「五常」といい、仏教では「五戒」という。名は違っても内容はひとつである。だが行為は同じでも得るところは同じではない。五戒は悪を断ち切り善をおさめる根本、苦悩をのがれ安楽をえるはじめである。

だから、経典にいう。「下位の五戒をたもつ者は南方贍部洲《せんぶしゅう》に生まれ、中位の五戒をたもつ者は東方勝身洲《しょうしんしゅう》に生まれ、上位の五戒をたもつ者は西方牛貨洲《ごかしゅう》に生まれ、上上位の五戒をたもち、また無我を観想する者は北方瞿盧洲《くるしゅう》に生まれる」と、これをくわしく説いている。

仏教神話にいう四洲の人びとにはそれぞれ国王がある。その王は五種ある。粟散王《ぞくさんのう》・金《きん》輪王《りんのう》・銀輪王《ぎんりんのう》・銅輪王《どうりんのう》・鉄輪王《てちりんのう》である。この五王は必ず過去世に十善を行なったために現在、国王として生まれてきた者である。

だから、『仁王経《にんのうきょう》』にこのようにいう。「十善の菩薩は大いなる心を発《おこ》して、迷いの世界の苦果が輪転してやまない世界をながく離れる。中下位の十善による粟散王、上位の十善による鉄輪王、十住の菩薩は銅輪王として二天下を治める。十行の菩薩は銀輪王として三天下を治める。さとりの可能性をもち堅固な徳を有する金輪王は七つの宝を所有して四天下を治める」と。

今、この文を考えてみるに、国王と人民とはこの五戒・十善を実行すれば、必ず人間の世界に生まれることができる。これを実行しなくて人間の世界に生まれることのできる者はかつていない。前の生涯で善をおさめれば今の生涯で人となることができる。この生涯に善をおさめなければ、また迷いの世界に退落しよう。春に穀物の種を播《ま》かなければ、どうして秋の収穫がえられようか。仏教を信仰する男女すべての者は、この五戒・十善の教えを敬わなければならない、敬わなければならない。あらゆる悪、あらゆる善の報い、すぐれた国王、凡庸な国王の政治については、くわしくは『十住心論』に述べてあるとおりである。

(3) 愚童持斎の詩句

頌にいわく。三韻

愚童、少しく貪瞋《とんじん》の毒を解して　欻爾《くつじ》に持斎《じさい》の美を思惟し
種子内《うち》に熏《くん》じて善心を発《おこ》す　牙疱《げほう》相続して英軌を尚《とうと》ぶ
五常十善漸く修習すれば　粟散輪王《ぞくさんりんのう》もその旨を仰ぐ

問。この住心はまた、何《いずれ》の経に依ってか説く。

答。『大日経』なり。彼の経に何《いかん》が説く。経[19]にいわく、「愚童凡夫、ある時に一法の想生ずることあり。いわゆる持斎なり。彼この少分を思惟して歓喜を発起し、数数《そくそく》に修習す。秘密主。これ初めの種子の善業の発生するなり。また、これをもって因となして六斎日《ろくさいにち》[20]に於て、父母《ぶも》男女親戚に施与する、これ第二の牙種《げしゅ》なり。また、この施をもって非親識の者に授与する、これ第三の疱種なり。また、この施をもって器量高徳の者に与う、これ第四の葉種なり。また、この施をもって歓喜して伎楽の人等に授与し、及び尊宿に献《こん》ずる、こ

れ第五の敷華《ふけ》なり。また、この施をもって親愛の心を発して而《しか》もこれを供養する、これ、第六の成果なり」。

【語釈】（19）経――『大日経』住心品（大正一八・二中）。（20）六斎日――月の八日、十四日、十五日、二十三日、二十九日、三十日の六日に一日不食の戒を持つ日のこと。

【要旨】愚童持斎心を樹木の生長に喩える詩句と問答。

詩にいう。三韻

愚かな者でも、わずかに貪《むさぼ》り・瞋《いか》り・愚かさの毒をなくして　生活の規律を守ることがよいことにまもなく気づき

目ざめた者となる可能性が内にきざして善心をおこす　樹木の芽が出て蕾《つぼみ》がふくらむように、すぐれたすじみちを尊重して、これにしたがう

五常・十善をだんだんに実行すれば　粟散王も金輪王も、その教えのむねを敬わないではおかない

問い。この心の世界はまた、どの経典にもとづいて説くのか。

答え。『大日経』である。その経典にどのように説くかというと、経にいう。「愚かな世のつねの者でも、ある時に一つの思いが生ずることがある。『持斎《じさい》』である。その者はこのことのわずかばかりを思念してよろこびを生じ、しばしば実行する。秘密主よ。これがはじめて善業の可能性が生ずることである。また、これをもとにして六斎日に父母をはじめとして親族たちに施しをする。これが第二の芽ばえである。また、この施しをもって親族でない他人に与えてやる。これが第三の蕾のふくらみである。またこの施しをもって徳のある立派な人に与える。これが第四の葉のひろがりである。また、この施しをもって、よろこんで芸能の人に与え、またすぐれた仏者にささげる。これが第五の花びらの開きである。また、この施しをもって親しみ愛する心を起こし、その心をもってあらゆる人びとに与える。これが第六の実りである」と。

Ⅲ　本論——嬰童無畏心

〔1〕嬰童無畏心とは何か〕

第三嬰童無畏心《ようどうむいしん》

嬰童無畏心とは、外道《げどう》、人を厭《いと》い、凡夫、天を欣《ねが》うの心なり。上《かみ》、非想(1)に生じ、下《しも》、仙《せん》宮《ぐう》に住して、身量四万由旬(2)寿命八万劫《こう》(3)にして、下界を厭うこと瘡疣《そうお》の如く、人間を見ること、蜉蝣《ふゆう》の如し。

光明、日月を蔽《かく》し、福報、輪王に超えたりといえども、しかれども猶《なお》、彼の大《だい》聖《しょう》に比すれば、劣弱愚矇《れつじゃくぐもう》なること、この孩児《がいに》に似たり。小分の厄縛を脱がるるが故に、無畏なり。未だ涅槃《ねはん》の楽を得ざるが故に、嬰童なり。

問。聞導《きくならく》、淮犬《わいけん》(4)、高く踏み、費龍《ひりょう》(5)、遠く飛ぶこと、並びにこれ薬力の致すところ、師術のなすところなり。今、この天等は何《いず》れの教えに依り、誰の師に就いてかよくかくの如くの自在光明の身、寿命長遠《じゅみょうじょうおん》の楽を得る。また、天に幾種《いくばくしゅ》かある。請う、その名を示せ。

高問来り叩く。鐘谷、何ぞ黙《もく》さん。嘗試《こころみ》にこれを論ぜん。

それ、狂毒、自ら解けず、医王《いおう》、よく治す。摩尼《まに》、自ら宝にせず、工人、よく瑩《みが》く。いわゆる医王と工人と豈《あに》異人ならんや。我が大師薄伽梵《ばがぼん》(6)、その人なり。如来の徳は万種《まんじゅ》を具せり。一一の徳はすなわち一法門の主なり。彼の一一の身より機根量に随って種種の法を説いて衆生を度脱したもう。

【語釈】(1)非想——無色界の最上天で正しくは非想非非想処天。(2)由旬——ヨージャナ(yojana)の音写。インドの帝王が一日に行軍する里程で三十里、あるいは四十里を意味する。(3)劫——劫波、カルパ(kalpa)の略。無限の時の単位をあらわす。(4)淮犬——漢の淮南王劉安が仙薬によって昇天した時、庭にいた鶏と犬がその残りの仙薬をなめて昇天した故事(『神仙伝』第四)。(5)費龍——費長房の竹杖が龍に化して昇天した故事(『神仙伝』第四)。(6)薄伽梵——世尊。仏の尊称。バガヴァーン(Bhagavān)の音写。

【要旨】愚童持斎心は倫理道徳の世界であるが、さらにその上の宗教心の目覚めについて問答して、これを明らかにする。

「嬰童無畏心《ようどうむいしん》」とは、非仏教者が人間の世界をきらい、世のつねの者が天上界をよろこぶ心である。上は非想非非想処天という天上界の最高所に生まれ、下は仙人の住む宮殿に住したいと思う。つまり、身体の大きさは四万由旬《ヨージヤナ》、寿命は八万劫といわれるのが天上界の世界のことだから、下界をあたかも腫《は》れものをきらうようにきらい、人間をカゲロウ虫のようにはかないものだとみる。

天上界の神の光は日月さえもおおいかくし、よきむくいは転輪聖王よりすぐれているといわれる。だけれど、かの偉大なる聖者すなわち仏にくらべれば、おとって愚かなことは赤子のようなものである。わずかばかりの悩みをのがれるから「無畏」すなわち安らぎという。しかし、まだほんとうのさとりの楽しみをえないから、「嬰童」すなわち子どもである。

問い。聞くところによると、淮南王《わいなんおう》が飼っていた犬は空に高くかけのぼり、費長房《ひちようぼう》がまたがった竹杖は青龍となって空遠く飛んでいったということである。これらの中の前者は仙人の薬を使ったのであり、後者は壺公《ここう》という先生の教えによったものである。今、これらの天上界にのぼった事跡は、どんな教えにより、どんな先生について、このように自由であって光明にかがやく身体をえ、すばらしい長寿の楽しみをえたのであるか。また、天上界にはどれだけの種類があるのか。その名前を教え示してほしい。

（答え。）ご質問うけたまわった。鐘はたたけばひびき、谷はこだまにこたえる。だから、ともかく、それについてお話しよう。

そもそも、はげしい毒は自分で消すことができない。これを治療することができるのは名医である。宝珠はそれ自体が宝にするのではない。職人がこれを磨いて宝にする。名医と職人とはどうして違いがあろうか。わが大師である仏はたとえていえば、その名医であり職人でもある。仏の徳は限りない。その一つひとつの徳は一つの教えの主となって現われている。そして、その一つひとつの身体から人びとの宗教的な素質にしたがって、さまざまな真理の教えを説いて生きとし生けるものを救済されている。

(2) 天界に生ずること（生天）を願うのが宗教心の目覚めの第一歩であること

故《ゆえ》に、『大日経』[7]にいわく、「如来応供《おうぐ》正遍知《しょうへんち》、一切智智を得て、無量の衆生のために広演分布し、種種の趣、種種の性欲《しょうよく》に随って、種種の方便道をもって一切智智を宣説したもう。或いは声聞《しょうもん》[8]乗道、或いは縁覚乗道[9]、或いは大乗道[10]、或いは五通智道[11]、或いは願って天に生じ、或いは人中及び龍・夜叉[12]・乾闥婆《けんだつば》[13]に生じ、ないし、摩睺羅伽《まごらが》[14]に生ずる法を説きたもう」と云云。

今、この文に依らば、三乗[15]及び人天《にんでん》乗[16]の教えは並びにみな、如来の所説なり。もし教えに依って修行する者は必ず天上に生ず。

問。もし然《しか》らばもろもろの外道《げどう》等の所行はみな、これ仏法か。

答。これに二種あり。一には合、二には違なり。合とは如来の所説に契合《かいごう》するが故に、違とは仏説に違乖《いかい》するが故に。元はこれ仏説なりといえども、しかれども無始の時より来《このかた》展転《てんでん》相承して本旨を遺失せり。或いは自見に随って午狗《ごく》等の戒を持《たも》ってもって生天を求む。かくの如くの類は並びに本意を失せり。

問。もしこれ仏説ならば宜《よろ》しく直ちに仏乗等を説くべし。何ぞ天乗等を説くことを用いる。(17)

〔答〕機根契当《かいとう》の故に。余の薬は益なきが故に。

問。已《すで》に師及び教えを聞きつ。請う、天の数を示せ。

〔答〕天に三種あり、いわく欲・色《しき》・無色界《むしきかい》、これなり。初めの欲界に六天あり。四天《してん》王《のう》・忉利《とうり》・夜摩《やま》・都史《とし》・楽変化《らくへんげ》・他化《たけ》、これなり。色界に十八あり。これに四つの別あり。四禅各別の故に。初禅に三つあり、梵衆《ぼんしゅ》・梵輔《ぼんぽ》・大梵《だいぼん》、これなり。二禅に三つあり、少光・無量光・極光浄、これなり。三禅にまた、三つあり、少浄・無量浄・遍浄、これなり。第四禅に九つあり、無雲・福生・広果・無想・無煩《むぼん》・無熱・善見・善現・色究竟《しきくきょう》、これなり。無色界に四あり、空無辺・識無辺・無処有処《むしょうしょ》・非想非非想、これなり。

これこの廿八種の天、海を去る遠近《おんごん》、身量の大小、寿命の長短等は、具《つぶさ》には『十住心論』の如し(18)。繁を恐れて述べず。

問。既に天の名数《みょうすう》を聞きつ。重ねて請う、彼の行相を示せ。

答。もろもろの外道等もまた、三宝(19)・三学(20)等の名を立つ。梵天等を覚宝とし、四吠陀《しべいだ》論《ろん》(21)等を法宝とし、伝授修行者を僧宝とし、十善等を戒とす。四禅那《しぜんな》(22)は、すなわち定《じょう》なり。この定は六行《ろくぎょう》に由《よ》って得《う》。六行とはいわく、苦・麤《そ》・障・浄・妙・離、これなり。下界を厭《いと》って苦・麤《そ》・障の想いを作《な》し、上天を欣《よろこ》んで浄・妙・離の観を作す。この観に由るが故に、展転《てんでん》上生し、他《た》主空三昧《しゅくうざんまい》(23)に由って、空恵《くうえ》発生《ほっしょう》す。

この三学に由って上天の妙薬を得《う》。然りといえども、道、究竟にあらざるが故に、生死を出でて涅槃《ねはん》を得ること能《あた》わず。上《かみ》、非想を射すれども、還《かえ》って地獄に墜《お》つること、譬《たと》えば箭《や》を虚空《こくう》に射るに力尽きてすなわち下るが如し。この故に、楽求《ぎょうぐ》すべからず。

【語釈】(7)大日経――『大日経』住心品(大正一八・一中)。(8)声聞――仏の教えの声を聞いてさとる人のこと。一乗三乗五乗の一つ。(9)縁覚乗道――仏の教えによらず、自ら真理をさとる者が説いたところの教え。声聞乗道の対。(10)大乗道――大乗は大きな乗物の意味。すべての者を救い、彼岸の世界に渡すことを理想とする教えで、生きとし生けるものはことごとく仏性を有することを確信する立場。（11）五通智道――天眼・天耳・他心・宿命・神境の五つの超自然的能力（五神通）をえるための教え。（12）夜叉――ヤクシャ（Yakṣa）の音写。人を傷害し暴悪する鬼類。八部鬼衆の一つ。（13）乾闥婆――ガンダルヴァ（Gandharva）の音写。天の音楽神。酒肉を食べず、ただ香を求める。緊那羅とともに帝釈に侍して伎楽を奏する。八部衆の一つ。（14）摩睺羅伽――マホーラガ（Mahoraga）の音写。人身蛇首の神で地龍ともいい、楽神の類。（15）三乗――声聞乗・縁覚乗・菩薩乗。（16）人天乗――人乗と天乗。人乗は不殺生などの五戒を守れば人間の世界に生まれると説く教え。天乗は死後、天に生まれるための種々なる宗教的行為をすすめる教え。（17）仏乗――一乗ともいい、一乗は大乗の最高の教えである。（18）具には『十住心論』の如し――同巻第三に見える。（19）三宝――仏宝・法宝・僧宝の総称。（20）三学――仏道修行者の学ぶべき三つの根本道法である戒学、定学、慧学。（21）四吠陀論――インド最古のバラモン聖典で、『リグ・ヴェーダ』『サーマ・ヴェーダ』『ヤジュル・ヴェーダ』『アタルヴァ・ヴェーダ』の四つの「ヴェーダ」を指す。（22）四禅那――四つの段階をたてる瞑想。初禅、第二禅、第三禅、第四禅。禅那はディヤーナ（dhyāna）の音写。その略は禅。（23）他主空三昧――自在天とか梵天とかの絶対神だけが実在であり、他の一切は虚妄であると観ずる瞑想。

【要旨】 天界の種類と天界に生まれることの限界。

だから、『大日経』にいう。「如来《にょらい》・阿羅漢《あらかん》・正等覚者《しょうとうかくしゃ》である仏は絶対の智慧をえられて、量り知れない生きとし生けるもののために教えをのべひろめ、さまざまの世界、さまざまの素質、傾向にしたがって、さまざまの救いの手だてをもって絶対智を説かれる。あるいは教えを聞いてさとる者の道、あるいはひとりでさとる者の道、あるいは大乗の道、あるいは超自然的能力をえるための天仙の道、あるいは天上界に生まれることを願い、あるいは人間の世界、および龍・夜叉《やしゃ》・乾闥婆《けんだつば》（音楽神）に生まれ、ないしは、大蛇（マホーラガ）に生まれる教えを説かれる」云云。

今、この文によれば、教えを聞いてさとる者の教え、ひとりでさとる者の教え、求道者の教え、人間界と天上界の者の教えは、すべて皆、仏の説かれるところである。もし、その教えによって修行する者はきっと天上界に生まれることができる。

問い。もしそうだとすれば、仏教以外のさまざまな教えを奉ずる者たちのなすところは、みな仏の真理の教えのとおりなのだろうか。

答え。これに二つある。一つには仏の教えにかなうもの、二つにはそれと違うものである。前者は仏の説くところとぴったりあうからであり、後者は仏の教えと違反するからである。もともと、これらは仏の教えではあるけれども、無限の過去から次第に伝わってきて、もとの趣旨をなくしたのである。あるいは自己の見解にしたがって、牛戒・狗戒をまもって天上界に生まれようと願う。このようなたぐいの者はすべて本来の意義をうしなっている。

問い。もし、これが仏の教えならば、直接仏の教えを説いたらよいだろう。どうして天上界に生まれる教えなどを説く必要があろうか。

（答え。）それは人びとの素質にあてがうためであり、またそのためには他の教えは効果がないからである。

問い。天上界に生まれることを説く者とその教えは聞いた。天上界はどれだけの数があるか示してほしい。

（答え。）天上界には三種類ある。欲界・色界・無色界がこれである。はじめの欲界に六天がある。四天王天・忉利《とうり》天・夜摩《やま》天・都史多《とした》天・楽変化《らくへんげ》天・他化自在《たけじざい》天がこれである。色界に十八ある。これに四つの区別がある。四禅天にそれぞれ分けられるからである。初禅天に三つある。梵衆天《ぼんしゅてん》・梵輔天《ぼんほてん》・大梵天がこれである。二禅天に三つある。少光天・無量光天・極光浄天がこれである。三禅天にまた三つある。少浄天・無量浄天・遍浄天がこれである。四禅天に九つある。無雲天・福生《ふくしょう》天・広果天・無想天・無煩《むぼん》天・無熱天・善見天・善現天・色究竟《しきくきょう》天がこれである。無色界に四つある。空無辺処・識無辺処・無処有《むしょう》処《しょ》・非想非非想処がこれである。

　これらの二十八種の天上界はどれだけ遠く海から離れているか、そこに住する者の身体の大きさ、寿命の長短などは、くわしくは『十住心論』に説くとおりである。わずらわしさをさけて省略する。

問い。天上界の名前・数について聞いた。その様子をまたもう一度示してほしい。

答え。仏教以外の教えを説く者たちも、三宝・三学などの名称を説く。梵《ブラフマン》天などの神を覚宝とし、四つのヴェーダ聖典などを法宝とし、それを伝授し修行する人を僧宝とし、十の善なる戒めなどを戒律とする。四種の瞑想は仏教の禅定《ぜんじょう》に相当する。この禅定は六《ろく》行《ぎょう》によってえられる。六つとは苦悩と粗雑と障害と清浄と殊妙と遠離とである。下界をきらって苦悩・粗雑・障害の想念をいだき、天上界をよろこんで清浄・殊妙・遠離の観想をする。この観想によるから、次第に天上界に生まれ、梵天などの創造主のみ実存し、一切の現象は空虚であるとする精神統一によって空を知る智慧が生ずる。

この戒・定・慧の三学によって天上界の妙《たえ》なる楽をえる。だが、この道は究極のものではないから、迷いを離れてさとりをえることができない。非想非非想処天をめがけても、かえって地獄に落ちる。それはたとえば矢を空中に放っても勢いがなくなって落ちるようなものである。だから、天上界などを願ってはならない。

(3) 天界に生まれることをめぐる問答とまとめの詩句

問。もろもろの外道《げどう》、同じく三学を修め、彼の三界に生じ、空三昧《くうざんまい》(24)を証して言亡慮絶《ごんもうりよぜつ》す。何に由ってか煩悩《ぼんのう》を断じ涅槃《ねはん》を証することを得ざる。

答。観、二辺(25)に著《じゃく》し、定《じょう》、二見(26)を帯するが故なり。

問。同じく非有非無《ひうひむ》を観ず。何ぞ二辺二見に堕《だ》するか。

〔答〕他主に繫属《けぞく》して因縁《いんねん》(27)の中道を知らざるが故なり。

〔問〕因縁の中道、その意、云何《いかん》。

〔答〕因縁の有を観ずるが故に、断見(28)に堕せず。自性空《じしょうくう》を観ずるが故に、常見に墜ちず。有空すなわち法界なりと観ずれば、すなわち中道正観《しょうかん》(29)を得《う》。この中道正観に由るが故に、早く涅槃《ねはん》を得。外道邪見の人はこの義を知らず。この故に真の円寂《えんじやく》(30)を得ず。もしこの理を聞かば、すなわち羅漢《らかん》を得てん。

問。戒を護《まも》って天に生ずるに幾種《いくばくしゅ》かある。

〔答〕生天に四種あり。一には外道、前の説の如し。二には二乗、また、天上に生ず。三には大乗の菩薩《ぼさつ》、必ず十天の王となるが故に。四には応化《おうけ》の諸仏菩薩、化して天王《てんのう》と作《な》るが故に。具《つぶさ》には『十住心論』に説くが如し。

頌《じゅ》にいわく。

外道、発心《ほっしん》して天の楽《らく》を願い　虔誠《げんじょう》に戒を持して帰依《きえ》を覓《もと》む

大覚円満者を知らず　豈梵天龍尊《あにぼんてんりゅうそん》の非を悟らんや

六行修観《ろくぎょうしゅかん》して無色《むしき》に生じ　身心《しんじん》五熱して徒《いたずら》に自《みずか》ら for 曦《いた》む

断常空有《だんじょうくうう》に勝住を願う　もし世尊《せそん》に遇《あ》いたてまつらば我が違をさとらん

【語釈】(24)空三昧——自在天とか梵天のような創造主以外のすべての被造物は空無であるとする瞑想。(25)二辺——断、常の二辺。すなわち人は死後に霊肉ともに断滅するという断辺、人は死後も霊魂だけは存続するという常辺。(26)二見——有、空の二見。有見は

宇宙万有は実際に存在するものとする執著。空見は諸法は実有にあらずとする執著。(27)因縁――因(直接原因)と縁(補助的原因)とによってものは存在しているから有《う》であり、また、そうした因縁より成立しているから、それ自体の存在としては空《くう》であるとする有空の中道の立場。(28)断見――『弘法大師全集』にある「断辺」を「断見」に改める。(29)中道正観――二辺の両極端を離れることによって得られる、かたよっていない中正なる道の観想。(30)円寂――般涅槃。パリニルヴァーナ(parinirvāṇa)の意訳。完全なるさとりの境地。

【要旨】バラモン教を例示して天界に生まれること(生天)の意義を問答体で明らかにする。

問い。バラモン教を奉ずる者たちは、みな、これらの三学をおさめ、かの色界または無色界に生まれ、創造主以外は空無なりとする精神統一を証《あか》して言葉を離れ思考を断つ。だが、どうして煩悩を断ちさとりをえることができないか。

答え。観想の点でも肯定と否定との二つの極端に執われ、瞑想の点では断見と常見とをもつからである。

問い。バラモン教でも同じように、すべては実在せず、神は存在しないのではないということを観想する。どうして二つの極端・二つの見解におちいるか。

(答え。)他の創造主にすべてのものを従属させて、因縁の中道を知らないからである。

(問い。)因縁の中道とは何か。

(答え。)原因と条件によって生じたものは存在すると観想するから、断見におちいらない。それ自体は空であると観想するから、常見におちいらない。また存在と空無がそのままさとりの世界であると観想すれば、肯定にも否定にも執われぬ中道の正しい観想がえられる。この中道の正しい観想によるから、すみやかにさとることができる。バラモンの邪《よこし》まな見解をもつ人は、この意義を知らない。だから、ほんとうの完全なさとりがえられない。もし、この理法を聞けば聖者となることができよう。

問い。戒律をまもって天上界に生ずる者にどれだけの種類があるか。

(答え。)天上界に生ずるのに四種ある。第一にはバラモン教を奉ずる者たちで、まえに説いたとおりである。第二には教えを聞いてさとる者とひとりでさとる者との二つの教えで、これもまた天上界に生まれる。第三には大乗仏教の求道者である。これはきっと欲界の六天と色界の四禅天の支配者となるからである。第四には人びとの素質に応じて姿をかえて現われる仏や求道者がかりに天上界の支配者となって現われ出るからである。くわしくは『十住心論』に説くとおりである。

詩にいう。

バラモンたちは心を発《おこ》して天上界の楽しみを願い　つつしんで戒律をまもり、神を信仰する
だが、偉大なる覚者、完全なる者である仏を知らない　どうして梵天《ブラフマン》や龍尊《りゅうそん》神の教えはほんものではないことを知ろうか
六行の観想を実修して無色界に生まれ身心を苦しめて　いたずらに自分をいためつける
断見と常見、虚無と実在との見解によってすぐれた住所を願う　もし仏にあうならば、自分の間違いをさとるであろう

(4)　嬰童無畏心の論拠になる経論

問。今、この住心はまた、何《いず》れの経論に依ってか解説する。

答。『大日経』『菩提心論』なり。彼の経に何《いかん》が説く。彼の経(31)にいわく、「秘密主。彼、

戒を護って天に生ずるはこれ第七の受用種子《じゅゆうしゅうじ》なり(32)。また、次に秘密主。この心をもって生死に流転《るてん》するに、善友のところに於てかくの如くの言を聞く。これはこれ天なり、大天なり、一切の楽を与うる者なり。虔誠《けんじょう》に供養《くよう》すれば一切の所願みな満つ。いわゆる自在天・梵天・那羅延天《ならえんてん》(33)・商羯羅天《しょうぎやらてん》(34)・自在天子・日天《にってん》・月天《がってん》・龍尊等、ないし、或いは天仙(35)・大囲陀《いだ》論師《ろんじ》(36)なり。各各に普《あまね》く供養すべし」と。「彼かくの如くなるを聞いて心に慶悦《きょうえつ》を懐いて慇重《おんじゅう》に恭敬《くきょう》し随順《ずいじゅん》し修行す。秘密主。これを愚童異生《いしょう》の生死に流転《るてん》する無畏依の第八の嬰童心と名づく」と。また、いわく、「また、次に殊勝の行あり、彼の所説の中に随って殊勝に住して解脱《げだつ》を求むる恵《え》、生ず。いわゆる常無常空なり。かくの如くの説に随順す。秘密主。彼、空と非空とを知解《ちげ》するにあらず。常と断となり。非有《ひう》・非無、倶《とも》に彼、分別を無分別とす。云何《いかん》が空を分別せん。諸法の空を知らざれば、彼よく涅槃《ねはん》を知るにあらず。この故に、空を了知して断常を離るべし」と〈解していわく、外道、出要を願って種種に身心を苦しむ。断常・空有の教えは角を搆《しぼ》って乳を求むるが如し。もし因縁の空を知らば、忽爾《こつに》に解脱を得てん〉。

また、いわく(37)、「秘密主。世間の因果及び業《ごう》もしは生、もしは滅、他主に繫属《けいぞく》して空三昧《くうざんまい》生ず。これを世間の三昧道と名づく」。また、いわく(38)、「もし諸天世間の真言法教の道、かくの如くの勤勇《ごんにゆう》は衆生を利せんがための故なり」と。

龍猛《りゆうみよう》菩薩の『菩提心論』(39)にいわく、「もろもろの外道等はその身命を恋《あわれ》んで、或いは助くるに薬物をもってして、仙宮《せんぐう》の住寿を得。或いはまた、天に生ずるを究竟《くきよう》と以為《おも》えり。真言行人《しんごんぎようにん》、応《まさ》しく彼等を観ずべし。業力《ごうりき》、もし尽きぬれば未だ三界《さんがい》を離れず、煩悩尚《なお》存し、宿殃《しゆくおう》、未だ殄《ほろ》びず、悪念、旋起《せんき》す。彼の時に当って苦海に沈淪《ちんりん》して出離すべきこと難し。当《まさ》に知るべし、外道《げどう》の法もまた、幻夢《げんむ》陽焔《ようえん》に同じ」。

秘蔵宝鑰　巻上

【語釈】(31)経――『大日経』住心品(大正一八・二中下)。(32)受用種子――第六の成果がまた種子となり、その果実を受用して起こる。(33)那羅延天――ナーラーヤナ(Nārāyaṇa)の音写。梵天またはヴィシヌ天の別名。(34)商羯羅天――シャンカラ(Śaṃkara)の音写。シヴァ神の異名。(35)天仙――天上の仙人。神仙。(36)大囲陀論師――偉大なるヴェーダ聖典の論師。バラモンを指す。(37)いわく……――『大日経』具縁品(大正一八・九下)。(38)いわく……――『大日経』具縁品(大正一八・九下)。(39)菩提心論――『金剛頂瑜伽中発阿耨多羅三藐三菩提心論』(大正三二・五七三上)。

【要旨】宗教心の目覚めである天界に生まれることを願うのは密教の立場からすれば、宗教の初歩の段階にすぎないとする。

問い。今、この心の世界はまた、どの経典論書によって解説するか。

答え。『大日経』『菩提心論』である。その経典にどのように説いているか。その経典にいう。「秘密主よ。人あって戒律をまもって天上界に生まれようとするのは、第六の結果をもとにする第七の受用種子《じゅゆうしゅうじ》である。また、次に秘密主よ。この心で迷いの世界をへめぐるとき、正しい道理を教える者からこうしたことを聞く。これはまさに神であり、偉大な神である。あらゆる安楽をあたえる者である。つつしんで敬えば、すべての願いが皆かなう。その神とは、自在天《じざいてん》・梵天《ぼんてん》・那羅延天《ならえんてん》・商羯羅天《しょうぎゃらてん》・自在天子《じざいてんし》・日天《にってん》・月天《がってん》・龍尊《りゅうそん》など、ないし、または天仙・偉大なヴェーダ論師である。それぞれをあまねく敬うがよい」と。「かれはそれを聞いて、心よろこび、ねんごろに敬い、したがって、修行する。秘密主よ。これを迷いの世界をへめぐる愚かな凡庸な者の恐れなきよりどころとする第八の児童の心と名づける」と。また、いう。「また、次にすぐれたものを願う実践がある。かれらの説にしたがってすぐれたもの（神）によって、さとりを求める智慧が生ずる。それは創造主は永遠であるが、一切万物は無常であり空虚であるという説である。そうした説にしたがう。秘密主よ。かれらはほんとうの空と空ならざるものとを理解していない。それは常見か断見である。有にあらず無にあらずとして、これらはともに分別思慮のはたらきであるにもかかわらず、かれらはこれをもって無分別とする。どうして、ほんとうの空を分別することができようか。もろもろの存在の空を知らなければ、その人はほんとうにさとりを知ることがない。だから、空を明らかに知って断見と常見とを離れなければならない」と〈注解していう。バラモンたちは、出離のかなめを願って、さまざまに身心を苦しめる。断見・常見、あるいは空見・有見といったもろもろの見解の教えでは牛の角をしぼって乳をえようとするようなものである。もし、原因と条件とによってすべては構成されているから空であると知るならば、たちまちにさとりをえるであろう〉。

また、(『大日経』具縁品に)いう。「秘密主よ。一般の教えによれば、因果と業とは、生じたり滅したりするというが、それは他の主体である創造主に属するものであるから、創造されたすべての存在は空であるとする瞑想が生ずる。これを一般の教えによる瞑想の実践という」。また、同じくいう。「一般の神々について真言の真理の教えの道の立場から説くのは、こうした仏は生きとし生けるものを利益しようとするがためだからである」と。

龍猛菩薩《りゅうみょうぼさつ》の『菩提心論《ぼだいしんろん》』にいう。「仏教以外の者たちは自分の命を惜しんで、あるいは薬のたぐいによって仙人の宮殿に住する寿命をえたり、あるいはまた天上界に生まれることをもって究極の宗教的理想だとしている。真言の実践者はかれらを観察しなければならない。善き行為の力が尽きれば、迷いの世界をまだ離れず、煩悩がなおあり、以前の罪過はまだなくならず、悪しき思念がめぐり起こる。そのときにはまた苦悩の海に沈んで脱れ出ることができない。だから、仏教以外の者の教えは幻や夢や陽炎《かげろう》のようにはかないものである」。

秘蔵宝鑰 巻上

秘蔵宝鑰　巻中

Ⅳ　本論──第四唯蘊無我心

〔(1)　唯蘊無我心とは何か〕

第四唯蘊無《ゆいうんむ》我《が》心《しん》

もしそれ、鉛刀、終《つい》に鏌耶《ばくや》が績《わざ》なし、泥蛇《でいち》、豈《あに》、応龍《ようりょう》の能あらんや。燕石《えんじゃく》、珠に濫《らん》し、璞鼠《はくそ》、名渉《わた》る。名実相濫《あいらん》すること由来尚《ひさ》し。

然ればすなわち勝数(1)が諦《たい》の名、梵延《ぼんえん》(2)が仏の号、長爪《ちょうそう》が実相、犢子《とくし》(3)が絶言《ぜつごん》、徒《いたずら》に解脱《げだつ》の智を労して未だ涅槃《ねはん》の因を知らず。この故に大覚世尊、この羊車《ようしゃ》(4)を説いて、三途《さんず》の極苦を抜《ばっ》出《しゅっ》し、八苦(5)の業縛《ごうばく》を解脱したまう。

その教えたらく、三蔵(6)、広く張り、四諦《したい》(7)、普《あまね》く観ず。三十七品《ぼん》(8)は道の助けたり、四向四果(9)はすなわち人の位なり。識《しき》をいえば唯し六つ(10)、七(11)・八(12)なし。成を告ぐれば三生六十《さんしょうろくじっ》劫《こう》(13)。

非を防ぐはすなわち二百五十、善を修すればすなわち四念八背(14)なり。半月に罪を説いて持犯《じぼん》、立《たちどころ》に顕《あら》われ、一夏《いちげ》意に随って凡聖《ぼんじょう》、乍《たちま》ちに別れ、禿頭《とくず》割衣し、鉄杖鋼盂《こうう》あり。行くときんば、すなわち安徐《あんじょ》して虫を護り、坐するときんば、すなわち低頭して息を数う。これすなわち身の標儀なり。殺をいい収をいうにすなわち知浄の語あり。行雲廻雪にはすなわち死尸《しし》の想いあり。これすなわち心口の灰屑《けせつ》なり。

塚間《ちょうけん》に目を閉じ、白骨に心を在《お》く。聚落《じゅらく》に分衛《ぶんえ》して、麤《そ》飯《ぼん》、想を吐く。樹葉、雨を遮《しゃ》す。誰か堊室《あくしつ》を願わん。糞掃《ふんぞう》、風を防ぐ、何ぞ必ずしも紈綺《がんき》ならん。

生空三昧《しょうくうざんまい》(15)に神我の幻陽を知り、無生尽智《むしょうじんち》(16)に煩悩《ぼんのう》の後有《ごう》を断ず。

その通はすなわち日月を虧蔽《きへい》し、天地を顛覆《てんぷく》す。目には三世に徹し身には十八(17)を現ず。石壁無碍《むげ》にして、虚空《こくう》によく飛ぶ。

その徳はすなわち輪王《りんのう》(18)頂接し、釈梵帰依し、八部(19)供承《くじょう》し四衆《ししゅ》(20)欽仰《きんぎょう》す。

遂《つい》にすなわち五蘊《ごうん》(21)の泡露を厭《あ》いて三途《さんず》の塗炭《とたん》を悪《にく》み、等持の清涼《しょうりょう》を欣《ねが》って、廓《かく》、大虚《たいこ》に同じ、湛然として無為なり。何ぞそれ楽なりや。

身智の灰滅《けめつ》を尚《とうと》ぶ。

乗の趣きたること、大体《あらまし》、かくの如し。法を存するが故に唯蘊なり。人を遮《しゃ》するが故に無我なり。簡持《けんじ》を義とするが故に唯なり。

【語釈】（1）勝数——勝論《かつろん》の六諦説と数論《すろん》の二十五諦説をいう。勝論はインドのヴァイシェーシカ学派で自然哲学を説く。数論は同じくサーンキヤ学派で純粋精神と根本物質の二元論を説く。（2）梵延——梵天、ブラフマン（Brahman）と那羅延天、ナーラーヤナ（Nārāyaṇa）。これらは他教においては覚宝とされているが、仏教のそれとは実質が異なる。（3）犢子——部派仏教の一派の犢子部（犢子外道）。ヴァーツィープトリーヤ（Vātsīputrīya）の音写略。この部派は一種の自我の実在説をたてる。（4）羊車——一乗（大乗）を大白牛車にたとえるのに対して、声聞乗を羊にひかせる車にたとえたもの。声聞とは仏の説法の声を聞いてさとる仏弟子のことで、声聞のさとりである阿羅漢果、すなわち聖者の位をえしめる教法を声聞乗という。（5）八苦——生、老、病、死、愛別離、怨憎会、求不得、五陰盛の八つの苦。（6）三蔵——すべての仏典の総称。経、律、論。（7）四諦——釈尊が成道の後、鹿野苑の初転法論において説かれた苦諦、集諦、滅諦、道諦という仏教の根本教義をいう。（8）三十七品——さとりに到達するまでの三十七の階梯。四念処、四正勤、四如意足、五根、五力、七覚支、八正道。（9）四向四果——声聞乗の向上過程を四種の段階（預流、一来、不還、阿羅漢）として、そのおのおのに向と果とを説いたもの。（10）六つ——眼、耳、鼻、舌、身、意の六つの認識器官のはたらき。（11）七——第七の末那識。

思量を本質とする識（意識のはたらき）。（12）八――第八阿頼耶識のこと。諸法の根本となる根源的意識。根本識とも。（13）三生六十劫――三生は前生（前世）、今生（現生）、後生（後世）。劫については七五頁注（3）参照。（14）四念八背――四念住と八解脱。四念住は、身体は不浄、感受は苦、心は無常、存在要素（法）は実体性がないこと、すなわち無我であると観想して、浄・楽・常・我の四つの顚倒した観念を破ること。八解脱については二四頁注（10）参照。（15）生空三昧――生空は我空とも人空ともいい、衆生の心身は色、受、想、行、識の五つの要素から構成されていて、実体はないということ。生空三昧とはそうした人空無我の瞑想をいう。（16）無生尽智――無生智と尽智。無学の聖者の八つの智慧をいう。尽智は四諦（苦、集、滅、道）の真理を体得しつくしたところに現われる智慧。無生智はすでにそれを体得しおわって、さらに体得すべきものなしと知る智慧。（17）十八――震動ないし放大光明の十八神変（十八変化）を指す。『瑜伽論』第三十七巻に見える（大正三〇・四九一下）。（18）輪王――転輪聖王の略。古代インドの理想の帝王。『仁王般若経』によると、金、銀、銅、鉄の四輪王。（19）八部――仏法を守護する八種の異類。天、龍、夜叉、乾闥婆、阿修羅、迦楼羅、緊那羅、摩睺羅伽。（20）四衆――比丘、比丘尼、優婆塞（男性信者）、優婆夷（女性信者）。（21）五蘊――色、受、想、行、識のことで、個体存在を構成する五つの要素。

【要旨】第四唯蘊無我心は出世間の仏教への初入の門である。この住心では小乗仏教（現在で言う初期仏教・部派仏教を含む）における声聞乗の説く心の世界をとりあげる。

そもそも、なまくら刀には名刀のはたらきがないし、土で作った龍に、どうして飛龍のような能力があろうか。贋玉《にせだま》と宝石と混同し、同じく璞《はく》と名づける点で、鉱石と日干しの鼠とを一緒にする。名と物とを混同することは、今にはじまったことではない。だから、ヴァイシェーシカ学派の六つの真理とサーンキヤ学派が説く二十五の真理の名は仏教の四つの真理と混同し、梵天《ブラフマン》や那羅延天《ナーラーヤナ》を目ざめた者というのは仏教の仏と混同し、長爪梵志《ちょうそうぼんし》が説く実相、犢子部《とくしぶ》が説く言語表現を離れた自我の存在などは、仏教のそれらと混同しやすい。にもかかわらず、いたずらにさとりの智慧を労するだけで、まだ真の心の安らぎに至るもとを知らない。だから、仏はこの羊の車に喩《たと》えられる声聞《しょうもん》の教えを説き、あらゆる迷いの世界のはなはだしい苦悩を救い、あらゆる不如意の業のきずなを脱れさせる。

その教えについていえば、経・律・論を広くひろめ、四つの真理をあまねく観想する。三十七の修行の段階はさとりに至る実践のたすけである。四向四果は実践する者の階位である。六つの認識のはたらきを説き、第七末那識《まなしき》、第八阿頼耶識《あらやしき》はない。聖者となるためには、素質のすぐれたものは三生、素質のおとったものは六十劫もかかる。

　悪を防ぐためには二百五十戒を守り、善を行なうためには四念処観《しねんじょかん》と八背捨観《はっぱいしゃかん》とをなす。半月ごとの反省会で罪過を長老が説いて、戒律を守っているか犯したかが、たちまち明らかになり、毎年夏九十日間の安居《あんご》が明ければ、罪過を反省して、すぐれない者と聖者とが直ちに区別される。髪を剃《そ》り、衣を着け、鉄鉢《てっぱつ》と錫杖《しゃくじょう》とをもつ。虫を殺さぬようにおもむろに歩き、坐るときには姿勢を正して数息観《すそくかん》を行なう。これが身体のふるまいである。「草木を切れ」とか「金銭を収受せよ」というときは、「知れ」という清らかな言葉を用いる。美しい女性の容姿を見るときは、屍《しかばね》を観想する。こうして、つまり心と言葉とを清らかにする。

　墓地において眼を閉じて白骨を観想する。村落に行乞《ぎょうこつ》するときは粗食に満足する。木蔭で雨をしのぐから、どうして立派な家を願おうか。ぼろ衣でも寒さを防ぐから、どうしてよい着物を用いなければならないことがあろうか。

　人間の存在は空虚であるとする精神統一に入って、実体的自我は幻や陽炎《かげろう》のようなものだと知り、無生智や尽智をえるから、煩悩によって引き起こされる未来の生を断つ。

　その超自然的能力は太陽や月をかくし、天地をひっくりかえすほどのものである。過去・未来・現在を見通し、十八種の超自然的変化を身に現わす。石の壁もさまたげなく、虚空を飛ぶことができる。

転輪聖王《てんりんじょうおう》も最高の礼を尽くすほどの徳をもち、梵天《ブラフマン》やインドラ神も帰依し、天・龍などの八部衆も供養し仕えて、すべての仏教者も敬い仰ぐ。

こうして、五つの存在要素からなる泡や露のように無常な人間存在をいとい、あらゆる迷いの世界をにくみ、すがすがしい瞑想を求めて、大空のように広びろとしてわだかまりなく、静まりかえってなすところがない。これ以上の安楽があろうか。

身心が完全に滅びるのが、さとりだとする。

声聞乗の教えの要旨はこのようなものである。この教えによると、存在要素は実在するから、「唯蘊《ゆいうん》」である。個体存在の実在を否定するから、「無我」である。あるものを選んで堅く保持するから「唯」という。

〈(2) 憂国公子と玄関法師とが議論する国家論〉

憂国公子、玄関法師に問うていわく、「今、声聞乗《しょうもんじょう》(1)の人及び法を聞くに、既に道、人天《にんでん》よりも妙《たえ》に、人、釈輪に超えたることを知んぬ。六通具足し、三明円満せり、人天の仰ぐところ、福田、これ馮《たの》みあり、理、誠に然るべし。所以《ゆえ》に前来の聖帝賢臣、広く伽藍《がらん》を建てて僧人を安置す。万戸を割って鐘を鳴らし、千頃《せんけい》を開いて、斲食《ていじき》す。馮《たの》み仰ぐこと他にあらず。ただ国家を鎮押《ちんおう》し黎元《れいげん》を利済《りさい》するに在り。

然るに今、在《あ》らゆる僧尼、頭《こうべ》を剃《そ》って欲を剃らず、衣を染めて心を染めず。戒・定・智慧は麟角《りんかく》よりも乏しく、非法濫行は龍鱗よりも鬱《さかん》なり。日夜に経営して頭を臣妾《しんしょう》の履《はきもの》に叩《たた》き、朝夕に苞苴《ほうしょ》して膝を僕婕《ぼくしょう》の足に屈す。釈風、玆《これ》に因《よ》って陵替《りょうたい》し、仏道、これに由って毀廃《きはい》す。

旱澇《かんろう》、荐《しき》りに至り、疫癘《えきれい》、年に起る。天下の版盪《はんとう》、公私の塗炭《とたん》、職《しき》としてこの由なり。しかじ一切に度を停《とど》めて供を絶たんには。もし、羅《ら》漢得道《かんとくどう》の者あらば、身を屈して頂敬《ちょうきょう》し、国を傾けて供給せんのみ」。

師のいわく、「善い哉《かな》、この問、多く利益あり。宜《よろ》しく子《なんじ》、伶倫《れいりん》が聡耳《そうじ》を開き、顔子《がんし》(2)が敏心を借りて諦《あき》らかに聴き善く思え。且《しばら》く一、二を挙げて子《なんじ》が迷を褰《かか》げん。

それ、蟭螟《しょうめい》(3)は大鵬《たいほう》の翼を見ず、蝘蜓《えんてい》、何ぞ難陀《なんだ》が鱗《うろくず》を知らん。蝸角《かかく》(4)は穹昊《きゅうこう》の頂を衝《つ》くことを得ず。僬僥《しょうぎょう》(5)、何ぞよく溟渤《めいぼつ》の底を践《ふ》まん。生盲《しょうもう》は日月を見ず、聾騃《ろうがい》(6)は雷鼓《らいく》を聞かず。愚少の分、けだしかくの如し。また、それ、物に善悪あり、人に賢愚殊《こと》なり。賢善の者は希《まれ》に、愚悪の者は多し。騏驎鸞鳳《きりんらんほう》は禽獣の奇秀たる者なり。摩尼《まに》金剛《こんごう》(7)は金石《きんせき》の霊異たる者なり。人の挺粋《ていすい》たるは賢聖《けんじょう》、帝の称首たるは尭舜《ぎょうしゅん》(8)。后の美なるは文母(9)、臣の歎ぜらるるは元凱《げんがい》(10)なり。麟鳳《りんほう》、一《ひと》たび見ゆればすなわち天下大平なり。摩剛、一たび目《み》ゆればすなわち万物声に応ず。聖君、世に出づれば四海無為なり。賢臣、機を輔《たす》くれば一人垂拱《すいきょう》す。然りといえども、聖君には遇うこと希《まれ》なり。千載《せんざい》に一たび御す。賢佐は得難し、五百に一たび執《と》る。摩尼《まに》は空《むな》しく名をのみ聞く、麟鳳《りんほう》、誰か実を見る。然ればすなわち麟鳳を見ざれども、羽毛の族《たぐい》を絶つべからず。如意を得ざれども、金玉《きんぎょく》の類を抛《なげう》つべからず。尭舜《ぎょうしゅん》、再び生れざれども、天下の主、何ぞなからん。元凱《げんがい》、更に出でざれども、率土《そつど》の臣、豈《あに》休せんや。孔麟《こうりん》(11)、既に摧《う》せしかども、好儒の輩、邦毎《くにごと》に袂《たもと》を連ね、李牛《りぎゅう》(12)已《すで》に西《にし》せしかども、求道の徒《やから》、県毎に肩を側《そばだ》つ。代《よ》に扁華《へんか》(13)なけれども、医道、何ぞ断えざる。時に羿《げい》養《よう》(14)絶たれども、武術、誰か廃《すた》るべき。師鍾《ししょう》(15)、天の糸綺《しき》に感じ、羲献《ぎけん》(16)、仙の龍管に応ず。その人既に往く、その術誰か得たる。然れども猶《なお》、弾指《だんし》が耳に聒《かまびす》しく、書札、目を汙《けが》す所以は、並びにみな、罷《や》むことを得ずしてこれを為すことの猶、賢なればなり。然ればすなわち羅《ら》漢《かん》の聖果《しょうか》は一生に得難し。この故に鈍根は六十劫《こう》、利智はすなわち三生なり。修練苦行して乃《いま》し聖位《しょうい》を証す。向果の賢聖なしといえども、その道何ぞ絶たんや」。

【語釈】(1)声聞乗――羊車。→九六頁注(4)参照。(2)顔子――顔回(前五二一頃―四九〇頃)。春秋時代の魯の人。孔子の高弟。(3)蟭螟――『晏子春秋』に説く、想像上の極めて小さい虫。(4)蝸角――蝸牛の触角。牛角に対するもので、小さなもののたとえ。(5)僬僥――大秦国の北方にあった国の名。この国の人は矮小で三尺といわれる。(6)聾騃――愚かな聾者。(7)摩尼金剛――摩尼宝珠、チンターマニ(cintāmaṇi)と金剛石。(8)尭舜――尭と舜。中国上代の模範的な帝王。(9)文母――周の祖である文王の母。文王は儒教の理想的人物とされる。(10)元凱――八元と八凱のこと。いずれも舜の時代の名臣。八元とは伯奮、仲堪、叔献、季仲、伯虎、仲熊、叔豹、季貍の八人の善人。八凱とは蒼舒、隤敱、檮戭、大臨、尨降、庭堅、仲容、叔達の八人の智者。凱は愷に作るを普通とする。(11)孔麟――孔子。(12)李牛――老子。(13)扁華――扁鵲と華佗。扁鵲は戦国時代、華佗は後漢の名医。(14)羿養――羿と養由基。羿は尭の頃の人、養由基は春秋時代の楚の人で、射術の名人。(15)師鍾――師曠と鍾子期。師曠は晋、鍾子期は春秋楚の名楽師。(16)羲献――王羲之と王献之。ともに東晋の時代の名筆家で、父子。

【要旨】次に、空海は憂国公子と玄関法師を登場させて十四の問答を行なっている。もちろん二人は架空の人物であるが、なぜ、ここで国家論が展開されているかということである。

ちなみに、この国家論は『十住心論』にはない。

ここに国家論を取りあげた理由は二つ考えられる。第一には第四住心は仏教の初入の門ともいうべきであって、出世間の最初の段階である。そこで問答の内容をみて特に注目を引くのは王法と仏法をめぐっての議論であり、政界と仏教界に共通する有為な人材の待望論ともいうべきものであろう。

ここで推測できるのは『十住心論』と共に『宝鑰』は淳和帝に撰進した著作であるということが一つである。すなわち密教の立場から国家論を帝に披露する意図があったのではないかと思われる。もう一つは、第四住心がいわば世間と出世間の結接点にあるところから、仏法を視点とした国家論という世俗的な問題を取りあげたのではないだろうか。

憂国公子と玄関法師との問答㈠

【要旨】 ㈠ 仏者の非法を非難する。

憂国公子が玄関法師に尋ねていう。「いま、声聞乗が説く個体存在および存在要素について聞いたわけですが、その教えは五戒を守って人間に生まれ、あるいは十善を行なって天上界に生まれることを説く教えよりもすぐれ、その教えを実践する者は帝釈天や転輪聖王にも勝《まさ》ることを知りました。六種の神通力をそなえ、三種の超越的な智慧をすべてもっています。人間や天上の神々が仰ぎ、人びとが幸福を生ずる田地として頼みとするのも、理として当然なことです。だから、昔から聖帝や賢臣が広く寺院を建立し、仏者をそこに住せしめ、広大な土地を寄進したのであるが、それもほかならぬただ国家を平和ならしめ、人びとを利益し救済せんがためなのであります。

ところで、いま多くの仏者を見るとどうでしょうか。頭を剃《そ》っても欲を剃らず、衣を染めても心を染めていません。戒・定・慧の三学はまことに乏しく、仏法に背《そむ》くことのみが多いのです。日夜に営々とし、朝夕に贈物して権力者のとりまき連中にまで取り入っているようなありさまです。これがために僧風は衰えかわり、仏道も、これによってすたれかけています。

日照りや洪水がしきりに起こり、疫病が毎年起こって、天下は乱れ、官民は塗《と》炭《たん》の苦しみにあります。これも仏者たちの非法に原因しています。それゆえ、すべて出家得度を禁止し、仏者に供養することをやめるにこしたことはありません。もし、今後、道をえた真の聖者が世に出れば、人びとは心から敬い、国を傾けても供養するでありましょう」。玄関法師のいうのに、「ごもっともです。このお尋ねは多くの利益があります。どうか、あなたは昔の伶倫のような聡《さと》い耳を開き、顔回のような賢い心をもって、よく聞いてよく考えてみて下さい。しばらく、一、二の例をあげて、あなたの質疑をはっきりさせてあげましょう。

そもそも、小さな羽虫はどうして大鳥の翼を見ようか、また守宮《やもり》は龍の鱗をどうして知ることができましょう。蝸牛《かたつむり》の角は天上をつくことができない。僬僥《しょうぎょう》の国の小人《こびと》はどうして大海の底をふむことができましょう。生まれながらの盲者は日月を見ず、愚かな聾者は雷の音を聞くことができません。愚かで不足している者は思うに、このようなものです。また、そもそも物事には善悪があり、人には賢愚の別があります。世に賢く善なる者はまれで、愚かで悪しき者は多いのです。麒麟《きりん》とか鸞鳥《らんちょう》、鳳凰《ほうおう》は動物の中でまれにいる秀れたものです。摩尼宝珠や金剛石は金石の中で不可思議でめったにないものです。人の中ですぐれてぬきんでている者は賢者聖者であり、帝王の第一は尭舜《ぎょうしゅん》です。よき皇后は文王の母であり、臣下として称讃されるのは八人の善人、八人の智者です。麒麟や鳳鳥のようなめでたい動物がひとたび現われると天下は太平になります。摩尼宝珠や金剛石がひとたびみつかると、万物がそれに応じます。聖天子が世に出ると世界はよく治まります。賢臣が政務を助ければ、天子は手をこまぬいていることができます。だが、聖天子が世に現われることはまれで、千年に一度出て統治します。賢い臣下は得がたく、五百年に一度出て政治にたずさわる。摩尼宝珠は不可思議なはたらきをするということを聞くだけであり、騏麟や鳳鳥とて誰がその実際を見るものがあろう。だからといって騏麟や鳳鳥は見なくても、動物の類を絶滅させてはなりません。如意宝珠をえなくても鉱物の類を棄ててしまってはいけません。尭や舜のようなすぐれた天子は再び世に出ないからといって、天下を治める君主がどうしてないことがありましょう。八人の善人、八人の智者は二度と世に現われなくても、全土の臣下はどうして官を辞《や》めさせることができましょう。孔子はすでになくなったが、その教えを好む者たちは国ごとに大勢おり、老子はすでにいないけれども、その道を求める連中は県ごとにいっぱいいます。いまの世に扁鵲《へんじゃく》や華佗《かだ》はいなくても、どうして医術の道が断えることがありましょう。現代は羿《げい》や養由基《ようゆうき》のような弓術の名人はいなくても、どうして武術がすたれるようなことがありましょう。師曠《しこう》や鍾子期《しょうしき》のような名楽師は神の音楽に感じ、王羲之《おうぎし》や王献之《おうけんし》のような名筆家は仙人のすぐれた筆に応ずるほどです。

それらの人びとはすでになく、その術は誰が継承したでしょうか。だがなお、今でも多くの人びとは弦楽器をつまはじき、書きつけに多く目をふれるのは、すべて皆やむをえずしてこれをなすものの、なお賢者（たらんことを求めて）こそであります。したがって（仏教も同じことで）阿羅漢といわれる真の聖者のえる聖道のさとりは、一生かかってもえがたいものです。だから、宗教的素質の劣った者は六十劫、それの勝れた者でも三生かかって、修練苦行の後に聖道の位を証《あか》すことができます。ところで、そうしたさとりに向かう賢者聖人が世にないからといって、どうしてその道を絶つことがありましょう」。

憂国公子・玄関法師の問答　憂国公子は国を憂える貴顕の身分の者。玄関法師の玄関は奥深い仏道の世界への入口。まだほんの僅かに仏教をのぞいただけの仏者。いずれも架空の人物である。

第四住心後半でこの両者の国家論をめぐっての問答があるのは本書だけで、姉妹篇の『秘密曼荼羅十住心論』にはない。

十四の問答が設けられている。問答㈠（1）仏者の非法を公子が非難する。（2）仏法がおこなわれる時期と人について。（3）果たして真の仏者はいないのか。（4）和光同塵《わこうどうじん》。

真の仏者はいるが世塵にまみれて見いだしがたい。（5）真の仏者を見いだすことの難易。（6）仏者と在家の者とについて。問答(二)（7）仏者と在家について。（8）読経と読書との同異について。（9）儒教と仏教の違い。（10）仏法を非難する罪（謗法罪）について。（11）人と法との種類。（12）仏書における謗法の問題。（13）仏法と王法について。(イ)仏法と王法。(ロ)仏者は国難を招くか。(ハ)仏法の国家に対する効用。（14）非法の仏者が多いのはなぜか。

本書は『秘密曼荼羅十住心論』とともに、天長七（八三〇）年に淳和帝に撰進した。空海はそのことを十分に意識して、ここで国家論を問答のかたちで開陳したものと思われる。

(3) 仏法興隆の時期と人材の待望

公子がいわく、「賢聖に遇い難きこと誠にそれ然《しか》なり。持戒智慧《じかいちえ》何ぞそれ未だ聞こえざる」。

師のいわく、「時に増減あり(17)、法に正像《しょうぞう》あり(18)、増劫の日は人はみな十善を思い、減劫の年は家ごとに十悪を好む。正法千年の内には持戒得道の者多く、像法千載《せんざい》の外《ほか》には護禁修徳の者の少なし。今に当って時はこれ濁悪《じょくあく》(19)、人は根劣鈍なり。その道に依《え》俙《き》たり、その風に髣髴《ほうふつ》たり、妙道鑽《き》り難く、軽毛風に随う。これすなわち蒼天西に傾く。群星何ぞ東せん。黄輿《こうよ》、震裂す、草木、何ぞ静かならん」。

公子がいわく、「もし、還《かえ》り答うるが如きは、時根に牽《ひ》かれて、逆流、猶《なお》難し。もし然らば、五濁悪世《ごじょくあくせ》には定《さだ》んで持戒定慧の人なしや」。

師のいわく、「何すれぞ、それ然らんや。それ、円蓋は西に転ずといえども、日月は東流す、南斗《なんと》は随い運《めぐ》れども、北極は移らず。冬天はことごとく殺せども、松柏は凋《しぼ》まず。陰気、水を凍らせども、潮酒は氷らず。紂民《ちゅうみん》、戸を編んで戮《ころ》すべし。然れども猶三人は仁と称せらる。尭戸《ぎょうこ》は屋《おく》を比べて封ずべし。然れども猶四凶(20)は殛《つみ》を受けたり。火、日《まこと》に物を焼けども、布鼠《ふそ》(21)、中に遊ぶ。水、よく人を溺《おぼ》らせども、龍鼈《りゅうべつ》(22)、内に泳ぐ。これをもってこれを観《み》れば、同じき者ありというといえども、また和せざる者あり。これに由《よ》っていわば、時には濁濫《じょくらん》なりといえども、何ぞその人なからん」。

【語釈】(17) 時に増減あり——世界には成、住、壊、空の四期があり、その四つの中の世界存続の住劫には二十増減がある。人寿十歳より八万歳までは増劫で、これに反するのが減劫（『倶舎論』）。（18）正像――仏教史観で、正法五百年、像法五百年、末法一万年が続くという。正法千年、像法千年の説もあり、ここでは、このほうを用いている。（19）濁悪――五濁悪世の略。避けがたい五つの汚れにみちた末世。劫濁、見濁、煩悩濁、衆生濁、命濁。『法華経』などの説。（20）四凶――驩兜、共工、鯀、三苗の四人で、すべて誅せられた。（21）布鼠――火中に住む鼠に似た動物。（22）龍鼈――龍と鼈《すっぽん》。

【要旨】㈡　時期と人について。

憂国公子がいう。「賢者聖人に遇えないことは本当にそのとおりです。だが、それにしても戒を持《たも》ちさとりの智慧をえた者をまだ聞いたことがないのはどうしてでしょうか」。

玄関法師がいう。「時に増減があり、仏法に正法千年像法千年があります。劫《こう》が増加してゆくときには人は皆十善を思い、劫が減少してゆく年は家毎に十悪を好みます。正法千年の中には戒を持《たも》ちさとりをえた者が多く、像法千年になれば戒禁を守り徳を修める者は少なくなります。当今は時まさに五つのけがれのある末世で、人は宗教的素質が劣りにぶっています。仏の道をたよりとし、その風にしたがおうとしても、すぐれた道には深く入ることができず、軽やかな毛が風に飛ぶように堕落しやすいのです。青空が西に傾くのに群星だけがどうして東に運行することがありましょう。大地が激しくゆれ動くのに、どうして草木だけが静かであることがありましょうか」。

【要旨】㈢　果たして人なきかどうか。

憂国公子がいう。「お言葉によると、時と人の素質が劣っていて、それには逆《さか》らいがたいようですね。もしそうならば、五つの汚濁のある末世には戒を持《たも》ち瞑想とさとりの智慧をえた人は全く出ないものでしょうか」。

玄関法師がいう。「どうして、そのようなことがありましょうか。そもそも天空は西に向かって動くが、日月は東に運行します。南方星宿の南斗は日月にしたがって運行するが北極は不動です。冬の天は万物を枯らすが、松柏はしぼみません。冬の時候は水をこおらせるが、海水や酒はこおりません。殷の紂王《ちゅうおう》の人民は戸ごとに殺すに足るほど狂悪であるが、微子と箕子《きし》と比干との三人は仁者と称讃され、尭王の人民は家ごとにことごとくの者を大名に任ずるほどに立派です。だが、驩兜《かんとう》と共工と鯀《こん》と三苗の四人はすべて罪を問われて殺されました。火は物を焼くが、布鼠という動物は火中で遊びます。水は人を溺《おぼ》らせるが、龍や鼈《すっぽん》は水中で泳ぎます。この例によってみると、同じようなものがあっても違和なものもあります。これによっていえば時には、濁り乱れがあっても、どうしてその人をえないことがありましょう」。

〈4〉 隠れた人材、仏者と在家との損益

公子がいわく、「既に人あることを知んぬ、その人、安《いず》んか在《あ》る」。

師のいわく、「大方は隅なし、大音は声希《まれ》なり。大白は辱《けが》れたるがごとし、大直《だいちょく》は屈《くじ》けたるがごとし。大成は欠けたるがごとし。大盈《たいえい》は沖《むな》しきがごとし。玄徳玄同、聖にあらずんば孰《たれ》か知らん。人を知ること病《かた》きこと古聖もまた難くせり」。

公子がいわく、「和光同塵は抑《そもそも》(1)、前聞することあり。然れども、猶《なお》山は玉を蔵して草木茂《も》し、嶽は剣《つるぎ》を収めて光彩、衝《つ》く。躅《ちょく》を尋ねて形を知り、煙を見て火を悟る、有智《うち》有行《うぎょう》、何ぞ必ずしも知り難からん」。

師のいわく、「物は心なきが故に、相を現ず。人は心を含むが故に、辯《わきま》え叵《がた》し」。

公子がいわく、「既に聖賢の辯え易《やす》からざることを聞きつ。然《しか》れども、猶《なお》仏法は国に蠹《きくいむし》たり。僧人、蚕食《さんしょく》す。その益、安《いずく》んか在るや」。

師のいわく、「有益《うやく》無益は後に更に陳答せん。且《しばら》く大綱を挙げて道俗の損益を示さん。今、子《なんじ》が問を聞くに、仏法の流伝《るでん》を思わず、ただ国家の損益を憂うるに在り。並びに忠臣義士は誠に然るべし。

それ国を建て職を設け、君を樹《た》て民を御《おさ》むる所以《ゆえん》は、本《もと》、天下を宰《つかさど》って君王に供し、海内《かいだい》を屠《ほふ》って臣佐《しんさ》に給わんがためにはあらず。当《まさ》に天下の父母《ぶも》と与《とも》んじて万人の塗炭《とたん》を漉《そそ》がんと以為《おも》えり。然ればすなわち馬を御《おさ》むる法、鑣策《ひょうさく》にあらざれば能《あた》わず。人を馭《おさ》むる道、教令にあらざれば得ず。この故に五常の法を垂れて四海の人を導き、五経三史《ごけいさんし》(2)、その正路を示し、金科玉条、その邪逸《じゃいつ》を防ぐ。もし主上、これを行えば、すなわち天下無為なり。黎下《れいか》、これに遵《したが》えば、すなわち宇内《うだい》無事なり。君臣父子の礼、序あり。上和下睦の義、欠けることなし。然れども、今、『詩』を誦《じゅ》する者の温恵淳和《じゅんわ》の心なく、『礼』を読む者の恭《きょう》倹揖譲《けんしゅうじょう》の志を忘れたり。悪を懲《こ》らし善を勧むるは『春秋』の宗とするところ、潔静精微《けつじょうせいび》は『周易』の尊《とうと》ぶ攸《ところ》なり。代を挙げて披誦《ひしょう》すれども、誰か孔丘(3)の誡《いまし》めに契《かな》い、周公(4)の勧めに合《かな》える。よく誦しよくいうこと、鸚鵡《おうむ》もよくなす。言って行ぜずんば、何ぞ猩猩《しょうじょう》に異ならん。また、それ百工、天に代り九牧、人を馭《おさ》む。七道五畿(5)の長、三百六十の守、県県の令尉、郷郷の里正、家家の父子、門門の百姓《ひゃくせい》、その数、無量にして貴賤無辺なり。然れども、猶《なお》仁義を行う者の幾何《いくばく》ぞ。忠孝を修する者の幾許《いくばく》ぞ。礼信を慎み守る者の幾《いくばく》かある。律令を犯さざる者の幾人ぞ。並びに、みな上下、文を読んでその行を慎まず。貴賤、口には是《ぜ》とすれども、心行はことごとく非なり。諺《ことわざ》にいわく、『孝経』(6)を撃《ひっさ》げて、母の頭《こうべ》を打つと。蓋《けだ》しこの謂《いい》か。かつて自己が法教を乖越《かいえつ》することを顧みず、還って他人の経法に違《い》犯《ぼん》することを談毀《だんき》す。いわゆる己《おの》が膿脚《うみあし》を蔽《かく》して他の腫足《はれあし》を発《あら》わす者なり。

【語釈】(1)和光同塵——光を和らげて塵に同ずるという意味。老子の語。仏菩薩が衆生を救済するためにさとりの智慧の光をかくして煩悩にまみれながら、次第に衆生をさとりの世界に導き入れること。(2)五経三史——儒教の基本的な典籍。五経は『易経』『詩経』『書経』『春秋』『礼記』。三史とは『史記』『漢書』『後漢書』の総称。(3)孔丘——孔子。(4)周公——周公旦。周の政治家。文王の子。武王の弟。(5)七道五畿——東海道、東山道、北陸道、山陰道、山陽道、南海道、西海道の七道と、山城、大和、河内、和泉、摂津などの畿内五カ国。(6)孝経——孔子がその門弟曾参に孝道を述べたのを、曾参の門人が記録したものといわれる。

【要旨】 (四) 和光同塵。

憂国公子がいう。「(末世でも)すでにその人がある理《ことわり》は分かりました。では、その人はどこにいるのですか」。

玄関法師がいう。「大なる方は隅がなく、大きな音は聞こえません。大白はかえって汚れているようであり、大直はかえって曲っているように見えるものです。また大成はかえって欠けているようであり、大盈《たいえい》はかえって何もないように見えます。おくぶかい徳、彼此《ひし》の区別なき玄妙の理は聖者でなければ誰が知っていましょうか。すぐれた人を知りがたいことは古《いにしえ》の聖者もまた知りがたいといっているとおりです」。

【要旨】 (五) その人を見いだすことの難易。

憂国公子がいう。「真の人物はその人格の光を和《やわ》らげて俗塵の中に入りまじっているということは、だいたい以前から聞いています。ですが、たとえば山は宝石を蔵して草木が繁茂し、高大な山岳は剣を収めて光彩をつけています。足跡をたずねてそれが何であるかを知り、煙を見てかしこに火があることが分かります。智あり行あるすぐれた人物はどうして知ることができにくいことがありましょう」。

玄関法師がいう。「物は心がないから、そのまま姿を現わします。ですが、人は心をもっていますから、賢愚はちょっと見ただけでは知りわけがたいのです」。

【要旨】㈥　仏者と在家の者とについて。

憂国公子がいう。「すでに聖人賢者は知りわけがたいということを聞きました。だが、仏法は国費を損失させ、仏者は徒食しています。それでも、その利益がどこにあるというのでしょうか」。

玄関法師がいう。「有益か無益かについては後に再び申しあげましょう。とりあえず、だいたいのことを数えあげて、仏者と在家との損益を示してみましょう。

今、あなたのご質問を聞いてみますと、仏法のひろまることをお考えにならず、ただ国家の損益だけをご心配になっているようです。忠臣義士たちは、みな、まことにそのとおりでありましょう。

そもそも国家を経営し、役職を設け、君主をいただいて人民を治めるゆえんはどこにあるのでしょうか。それはもと、天下を支配して君主にこれをささげ、国内をたいらげて補佐の臣にこれを給与しようとするためではありません。まさしく天下の父母とともに万人の極めて苦痛な境遇を救わんと考えてのことであります。このようなわけで、たとえば馬を御する方法は轡《くつわ》や鞭をもってしなければできません。同じように、人をおさめる道は教令をもってしなければできないことです。ですから、五常の法を示して天下の人を指導し、五経三史といわれる中国の古典は人としての正しい路を指示し、金玉の律法は邪《よこし》まにして誤りなるをふせぎます。もし、天子がこれを実行すれば天下は平穏です。臣下がこれに従えば国内は平和です。君臣父子の間には礼儀があり、秩序があります。上和《かみやわ》らぎ、下《しも》むつみ合ういわれは完全に備わっています（このように中国の儒典には教えています）。だが、いま、人びとは『詩経』を読む者のような温かく和らぐ心もなく、『礼記』を読む者のようなつつしみ深く謙遜するこころざしを忘れています。悪を懲《こ》らしめ善を勧めるのは『春秋左氏伝』の教えるところであり、清らかで落着き、こまやかであるのは『易経』の尊ぶところです。世をあげて古典をひらき読んでも、誰が孔子の戒めにかない、周公旦の教えにかなうものがありましょうか。よく読みよくいうだけならば、鸚鵡《おうむ》でもこれをすることができます。いって実行しなければ、猩々《しょうじょう》（大猿）とどうして違うことがありましょう。また、そもそも、もろもろの工人は天に代って細工をし、古代中国の九州におけるそれぞれの九人の長官は君主に代って人民を治めました。七道五畿の地方長官、三百六十州の太守、県ごとの役人、郷ごとの村長、家ごとの父子、門ごとの百姓はその数も限りなく貴賤も無限であります。だが、仁義を行なう者はどれだけいるでしょうか。忠孝をおさめる者はどれだけいるでしょうか。礼信をつつしみ守る者はどれだけいるでしょうか。律令をおかさない者はいったい何人いるでしょうか。上の者も下の者も古《いにしえ》の聖者の文を読んでも行為をつつしもうとしません。貴賤、いずれの者も口ではよいことをいっても、その心と行ないはすべてよくありません。諺《ことわざ》にも『孝経』をあげて、（子が）母の頭を打つ（行為と教えとが一致しない喩《たと》え）といっているのは思うにこのことをいうのでありましょうか。自分が教えに背《そむ》いていることを一度も反省したことがなく、かえって他人が聖典に説かれた理法に反していることをあげつらって、これをそしります。いってみれば、自分の足のはれものをかくして他人の足のはれものをあばき出すようなものです。

(5) 仏者と在家との損益（続）

公子が論ずるところの如きは天下にあらゆる百工令長、並びにみな、法に乖《そむ》ける者多く、率土《そつど》にあらゆる元元忠孝なるは聞こゆること希《まれ》なり。三教(7)は、みな、これ一人の弘伝《ぐでん》するところなり。何をもってか釈緇《しゃくし》の違犯《いぼん》をば毛を吹いて瑕《きず》を求め、儒素の邪非をば含弘して紕《ただ》さざる。また、それ諸寺の封戸は一万に出でず。僧尼の啜粒《せつりゅう》は一鉢に過ぎず。経を読み、仏を礼して、国家の恩を報じ、観念坐禅して四恩(8)の徳を答う。然るを今、俗素の衣食は或いは万戸の侯を食《は》み、或いは千乗の国を費やす。百里の宰、三公(9)の職、尸坐《しざ》渓壑《けいがく》し、碩鼠《せきそ》尾閭《びろ》なり。空しく人禄を食み、徒《いたずら》に人官を受く。八元(10)の美、五臣(11)の徳、伊尹《いいん》(12)、鼎《かなえ》を負い、公望(13)、釣《ちょう》を垂る。張良(14)が『三略』、陳平(15)が六奇、かくの如きの功、かくの如きの徳、何をもってか聞こえざる。もし僧尼の一鉢を責めば、何ぞ俗素の多くの費《つい》えを検《かんが》えざる」。

【語釈】（7）三教――仏教、儒教、道教。（8）四恩――父母の恩、衆生の恩、国王の恩、三宝の恩。『心地観経』巻二、報恩品に見える。『性霊集』巻七、「四恩の奉為に二部の大曼茶羅併せて十護像を図する願文」参照。（9）三公――太尉、司空、司徒（後漢以後、唐宋にいたるまでの称）。（10）八元――舜王の善臣八人。↓一〇三頁注（10）参照。（11）五臣――舜の名臣であった禹、稷、契、皐陶、伯益。（12）伊尹――殷の湯王の料理人となって王の改悛につとめた名臣。（13）公望――太公望。周代の斉の始祖。渭で釣をたれていたのを文王がみて、師として迎えられ、王に仕える。兵書『六韜《りくとう》』は太公望の著と伝えられる。（14）張良――前漢創業の功臣（?―前一六八）。高祖を補佐した。『三略』は張良が黄石公から授かったといわれる兵書。周の太公望の著述ともいう。が、今日では後代の偽書とみている。（15）陳平――前漢の政治家（?―前一七八）。高祖に仕えた名臣。

あなたが議論されるようなことは（実際にはそうでなく）、天下のあらゆる工人や役人の長官でも、みな法に背く者が多く、国内における人民で忠孝の者はめったに聞いたことがありません。仏教、儒教、道教はもとはといえば一人のひとが弘《ひろ》めたものです。どうして仏者の誤りについてわずかばかりの過失をさぐり出し、儒者の邪まにして非なるを大目にみて、これを正さないのですか。また、そもそも、多くの寺院の所有地は戸数一万を出ることがありません。仏者の食事は一鉢にすぎません。経典を読誦《どくじゅ》し仏を礼拝して、国家の恩に報じ、瞑想坐禅して四恩の徳に答えています。ところが今、俗人の生活はどうかというと、あるいは一万戸の土地を有し、あるいは車千台も出せるほどの国の費用を無駄使いしています。百里もあるほどの（一県の）村里を治める者や、三公の職にある者でもあたかも尸《しかばね》の坐するように坐食し、大鼠がものを齧《かじ》るように貪欲あくことを知りません。しかも、いたずらに人の禄を食み《は》、いたずらに人の官を受けています。だが、善美の八元、有徳の五臣、料理人となった伊尹《いいん》、釣をしていた太公望のような人もいます。また兵書『三略』を書いた張良、六奇の策をめぐらした陳平がいます。このような功績、このような徳はどうして世に伝えられないことがありましょう。もしも仏者の一鉢の衣食を責めるならば、どうして在家の者が多く浪費しているのを取締らぬのでしょう」。

憂国公子と玄関法師との問答(二)

ここに公子、忙然としていうことなし。喟然《きぜん》として、良《やや》、久しうしていわく、「俗官の俸禄は官位の当るところなり。加以《しかのみならず》星みえて出で星みえて入り、風に櫛《くしけず》り、雨に沐して日夜に公に在《こと》り。何をもってか辞譲《じじよう》せん。僧尼の経を読み仏を礼するが如きに至っては、堂上に宴坐して意に任せて修行す。何ぞよく一巻の般若を誦《よ》み、一仏の名号を礼して、国家の鴻恩《こうおん》を報じ、四恩の広徳を答《たっ》せん」。

師のいわく、「公子がいうことこれに似たりといえども、然れども、未だ妙を知らず。それ法をば諸仏の師と名づく。仏はすなわち伝法の人なり。一句の妙法は億劫にも遇い難く、一仏の名字は憂曇《うどん》も喩《たとえ》にあらず。この故に雪童、身を投げ(1)、精進皮を剝《は》ぐ(2)。満界の財宝は一句の法に如《し》かず。恒沙《ごうしゃ》の身命は(3)四句の偈に比《なら》びず。輪王《りんのう》、床となり(4)、喜見、身を焼く(5)。良《まこと》に以《ゆえ》あるかな。一仏の名号を称して無量の重罪を消し、一字の真言を讃じて無辺の功徳を獲《う》。何《いか》に況《いわ》んや一鉢の麤《そ》飯《ぼん》、四種の恩徳、何をもってか酬《むく》いざらん」。

公子がいわく、「この言、迂誕《うたん》なり。未だ信受するに足らず。吾《わ》が師、孔李、かって言を吐かず。もし経を誦《とな》うるを功とし、仏を礼するを績とせば、吾もまた五経三史の文を誦《じゅ》し、周旦《しゅうたん》孔丘の像を礼す。これと何ぞ別《こと》ならん。また、五経の文、三蔵の字、文字、これ同じ、誦持、何ぞ異ならん」。

師のいわく、「公子がいうこと、乍《たちま》ちに聞けばこれに似たれども熟《つらつら》思えば、天《はる》かに殊《こと》なり。深義《じんぎ》乍《たちま》ちに信じ難し。且《しばら》く譬《たとえ》をもってこれを説かん。それ勅詔の官符と臣下の往来と、文字、これ同じけれども、功用《くゆう》、太《はなは》だ別《こと》なり。勅書の一命の如きはすなわち天下奉行して賞を施し罰を施すに百姓喜懼《きく》す。如来の経法もまた、かくの如し。菩薩声聞天龍八部何《いず》れの人か信ぜざらん。当《まさ》に知るべし、外書《げしょ》は百姓の文の如く、仏経は天子の勅の如し。

この故に、釈帝《しゃくたい》、これを誦《じゅ》して修羅《しゅら》の軍《いくさ》を摧《くじ》き、閻王《えんのう》、これに跪《ひざまず》いて受持の人を礼す。未だあらず、五経を誦して罪を消し、三史を読んで灾《わざわい》を抜くこと」。

公子がいわく、「釈迦は辯《べん》にして功徳《くどく》を説き、孔丘は謙にして自ら伐《ほこ》らず」。

師のいわく、「遑《い》うこと莫《なか》れ、この言《こと》。(6)孔甫自ら西方の聖を称礼し、李老もまた、吾が師の談を吐けり。大聖、妄語したまわず。謗《ぼう》ずれば、すなわち深坑に堕《お》つ」。人を謗じ法を謗ずる、

公子がいわく、「十悪(7)五逆を作る者は理として地獄に塡《お》つべし。何に由ってか然るべき」。

師のいわく、「子《なんじ》、未だ療病の法を聞かず。身病を治《じ》するには必ず三の法に資《よ》る。一には医人、二には方経、三には妙薬なり。病人、もし医人を敬い、方薬を信じ、心を至して服餌《ぶくじ》すれば疾《やまい》、すなわち除愈《じょゆ》す。病人、もし医人を罵《ののし》り、方薬を信ぜず、妙薬を服せずんば、病疾、何に由ってか除くことを得ん。如来、衆生の心病を治したもうこともまた、かくの如し。仏は医王の如く、教えは方経の如く、理は妙薬の如し。理の如く思惟すれば、猶《なお》し薬を服するが如し。法に依って薬を服すれば罪を滅し、果を証す。然るを今、重罪の愚人、人《にん》を謗《ぼう》じ、法を謗ず。重罪、何ぞ脱れん。法は人に資《よ》って弘まり、人は法を待って昇る。人法一体にして別異なることを得ず。この故に、人を謗ずるはすなわち法なり、法

を毀《そし》るはすなわち人なり。人を謗じ法を謗ずれば定んで阿鼻獄《あびごく》(8)に堕して更に出づる期《ご》なけん。世人《せにん》、この義を知らず。舌に任せて輒《たやす》く談じて深害を顧みず、寧《むし》ろ日夜に十悪五逆を作るべくも、一言一語も人法を謗ずべからず。殺盗を行ずる者は現に衣食の利を得《う》。人法を謗ずる者、我に於て何の益かある」。

【語釈】(1)雪童、身を投げ――釈尊が苦行時代に雪山で修行していると、帝釈天が羅刹となって現われ、「諸行無常、是生滅法」の半偈を唱える。後半偈の「生滅滅已、寂滅為楽」を聞こうとして、飢えた羅刹に身を投げ与えたという故事。『涅槃経』第十四に見える。(2)精進皮を剝ぐ――愛法というバラモンが正法の一句を聞こうとして、みずからの骨を筆とし、みずからの血をもってその偈を写したという故事。『大智度論』第十六に見える。(3)四句――『涅槃経』にある「諸行無常、是生滅法、生滅滅已、寂滅為楽」の四句を指す。(4)輪王、床となり――輪王は転輪聖王の略。『法華経』提婆品に見える故事。↓九七頁注(18)参照。(5)喜見、身を焼く――喜見菩薩。『法華経』薬王品に見える故事。(6)孔甫――孔子。(7)十悪五逆――十悪は殺生、偸盗、邪淫、妄語、両舌、悪口、綺語、貪欲、瞋恚、邪見。五逆は害母、害父、害阿羅漢、出仏身血、破和合僧の五つの重罪。(8)阿鼻獄――阿鼻地獄。阿鼻はアヴィーチ(avici)の音写。無間地獄ともいい、五逆(前項注(7)参照)などの重罪を犯した者の死後にゆく地獄。

【要旨】 (七) 仏者と在家について。

そこで憂国公子はぼんやりとしていう言葉もなく、ため息をついて、しばらくたってから、こういった。

「官吏が俸禄を受けているのは官位に相当する当然の手当てです。それだけではありません。朝は星のあるうちに家を出て夕方は星の出る頃に帰り、風に当り雨にうたれるように労苦して日夜に勤めています。どうしてへりくだってあなたのお言葉にしたがえましょう。仏者が経典を読み仏を礼拝するようなことは、堂上に坐って思いのままに修行しています。どうして一巻の般若経典を読み、一仏の名号を礼拝しただけで国家の広大な恩に報じ、四恩の広い徳に答えることができましょう」。

玄関法師がいう。「あなたがいうことはもっともらしいようですが、まだ本当のことを知りません。そもそも法は諸仏の師といわれるものです。仏はその法を伝える人であります。一句の最もすぐれた法は一億劫《カルパ》の間にもあいがたく、一仏の名字は三千年に一度花を開くという、優曇華《うどんげ》も喩えにならぬほどまれにしか聞くことができません。ですからヒマラヤで苦行した雪山童子《せっせんどうじ》（釈尊）は無常偈の後半を聞くために羅刹《らせつ》に身を変じて現われた帝釈天に身を投げ与え、愛法梵士は法を求めるために精進して身の皮をはいで、それに経文を書写しました。世界中に満ちた宝でも一句の真理の教えに越したものはありません。ガンジス河の砂ほどもある無数の体と命でも、諸行無常云々の四句の偈には比べものになりません。釈尊が過去世において転輪聖王であったとき、道を求めるために聖仙の床座となって仕え、喜見菩薩が法を求めるために自らの身を焼いて燈明としたという故事も、ほんとうにいわれがありますよ。一仏の名号を唱えて無量の重罪を消滅し、一字の真言を称讃して無辺の功徳をえることができます。ましてや一鉢にいただいた粗飯、父母・国王・衆生・三宝の四恩にどうして報いずにいられましょう」。

【要旨】㈧　読経《どきょう》と読書との違いについて。

憂国公子がいう。「お言葉はどうもいつわりであります。また信用してお受取りするに至りません。わが師である孔子や老子もかつてこのようなことを口にしたことがありません。もし経典を読誦するのを手柄とし仏を礼拝するのをいさおとするならば、わたしもまた五経三史の文章を読み、周旦公や孔子の像を礼拝しています。これとどこに違いがあるというのでしょうか。また、五経の文と三蔵の字は、文字は全く同じです。読誦し受持《じゅじ》するのに、両者に何の違いがありましょう」。

玄関法師がいう。「あなたのおっしゃることは、ちょっと聞くと確かのようですが、よくよく考えてみると、全然違っています。深い意味合いはすぐには信じがたいものです。しばらく比喩をもって説きましょう。そもそも天皇の勅書と臣下の書翰とは文字は同じですが、はたらきは全く違っています。勅書はたった一つの命令であっても天下の人びとがこれをいただいて賞罰を行なえば、人民たちはあるいは喜び、あるいは恐れます。仏の経典に説かれた教義もまた、これと同じことです。菩薩、声聞、天龍八部いずれの者でも、この仏の教えを信じないものがありましょうか。仏教以外の典籍は一般の人びとの文のようなものであり、仏の経典に説かれた教えは天皇の勅《みことのり》のようなものであることを知るべきであります。ですから帝釈天はこの経典を読誦して阿修羅の軍を破り、閻魔《えんま》王《おう》はこれにひざまずいて経典を受持する人を礼拝いたしました。だが、五経を読んで罪をなくしたり、三史を読んで災いを除いたということはいまだございません」。

【要旨】㈨　儒教と仏教との同異。

憂国公子がいう。「釈迦は言葉たくみであって功徳を説くが、孔子は控え目であって、みずから誇りません」。

玄関法師がいう。「そんなことをおっしゃってはいけません。孔子はみずから西方の聖者である釈尊を讃《たた》えて礼拝し、老子もまたわが釈尊の所説を口にされました。偉大な聖者釈尊はいつわりを申しません。もし、あなたが仏法を非難すれば、その報いを受けます」。

【要旨】㈩　仏法を非難する罪（謗法罪《ぼうほうざい》）について。

憂国公子がいう。「十悪五逆を犯す者は当然地獄に落ちます。人をそしり法をそしるかといって、どうして同じような報いがありましょうか」。

玄関法師がいう。「あなたはまだ病気を治す法を聞いていませんね。体の病気を治療するのには三つの方法によらねばなりません。一つには医者、二つには処方、三つには薬です。病人がもしも医者を敬い、処方と薬を信じ、ほんとうに薬を服《の》めば病気はたちまちに治ります。病人がもしも医者を罵《ののし》り、処方と薬を信ぜず、すぐれた効目《ききめ》のある薬を服まなければ、どうして病気を治すことができましょうか。仏が生きとし生けるものの心の病気を治されるのも、これと同じことです。仏は医師の中の王のような、教えは処方のような、理法はすぐれた効目のある薬のようなものであります。この道理のとおりに考えめぐらすならば、(仏法というものは)あたかも薬を服《の》むようなものです。教えによって薬を服めば罪を滅ぼし、さとりをえます。ところが今、重罪の愚者は人をそしり法をそしっています。どうして重罪をまぬがれることができましょう。法は人によって弘まり、人は法をまって現われます。人と法とは一体であって分けることができません。ですから、人をそしることは法をそしることになり、法をそしることは人をそしることになります。人をそしり法をそしれば、きっと阿鼻地獄に落ちて再びそこから脱れるときがないでありましょう。世の人はこのわけを知っていません。口から出まかせに軽々しくいって深い災いを考えてみません。いっそのこと日夜に十悪五逆のような極悪罪を犯そうとも、一言一句たりとも人と法とをそしってはなりません。殺したり盗む者は現に衣食の利益をえることができます。だが、人と法とをそしる者は、いったい自分自身にどんな利益があるというのでしょうか」。

⑹ 顕密の二教（法）と菩薩（人）

公子がいわく、「謹んで示南《しなん》を承《うけたまわ》んぬ。今より以後《のち》、敢《あ》えて違犯《いぼん》せず」。

公子がいわく、「既に人法を謗ずべからざることを承んぬ。然れども未だ委《つまび》らかにせず。人法に幾種《いくばくしゅ》かある。為当《はた》、深浅ありや」。

師のいわく、「大にこれを論ずるに二種あり。一には顕教[9]の法、二には密教[10]の法なり。顕教の中にまた、二つあり。いわく、一乗[11]三乗[12]別なるが故に。一乗とは如来の他受用身[13]、十地より初地に至るまで現われたまうところの報身所説の一乗の法、これなり。三乗とは応化[14]の釈迦、二乗[15]及び地前[16]の菩薩等のために説きたもうところの経、これなり。密教とは自性法身大毗盧遮那如来《じしょうほっしんだいびるしゃなにょらい》、自眷属と自受法楽の故に説きたもうところの法、これなり。いわゆる真言乗とはこれなり。かくの如くのもろもろの経法はその機根に契当《かいとう》して並びに、みな妙薬なり。その経教に随って、菩薩、論を造り、人師、疏《しょ》を作る。末代の弟子、この経論に依って読誦し修行す。これすなわち、人法の差別《しゃべつ》なり。浅深福罰は『十住心論』の如し」。

公子のいわく、「今、師の説を聞くに已《すで》に人法の別なることを知んぬ。然るを今、もろもろの論疏を造る者、みな他を破して自を立つ。謗法と成らずや」。

師のいわく、「菩薩の用心は、みな慈悲をもって本《もとい》とし、利他をもって先とす。よくこの心に住して浅執を破して深教に入るるは利益《りやく》尤《もっと》も広し。もし名利の心を挟《はさ》んで浅教を執し深法を破せば、この尤《ゆう》を免れず」。

【語釈】（9）顕教――あらわに説かれた教え。釈迦の教説をいう。密教の立場からすれば、これは浅略であるという。（10）密教――顕教の対。普通は秘密とされている大日如来のさとりの世界の教え。「顕教の言は顕略（浅略ともいう）にして機にかない……密教の言は秘奥にして実説である」というのが空海の著『弁顕密二教論』による顕密の区別の説明である。（11）一乗――乗はのりものの意味で、さとりに至るための教え。一乗は、仏教の真実の教えは唯一で、その教えによって衆生がひとしく仏になると説くもの。（12）三乗――衆生の宗教的能力に応じて、声聞、縁覚、菩薩に固有な三種のさとりの道があることをいう。声聞乗、縁覚乗、菩薩乗。（13）他受用身――仏がそのさとりの楽しみを他の衆生に享受させるために現われたかたち。（14）応化――仏、菩薩が衆生を利益するためにそれぞれの類に応じて姿をかえて現われること。（15）二乗――声聞乗と縁覚乗で、大乗に対する小乗の教え。

（16）地前——地前の菩薩。菩薩の修行段階である五十二位の最初の初歓喜地の前にあるもの。

【要旨】㈩　人と法との種類。

憂国公子がいう。「謹んでお教えをうけたまわりました。今後決して違反いたしません」。憂国公子が（重ねて）いう。「人と法とをそしってはならないことをうけたまわりました。ですが、まだ詳しいことは分かりません。人と法にどれだけの種類があり、また深い浅いの区別がありましょうか」。

玄関法師がいう。「だいたいを申しますと、これに二種類あります。一つには顕教の法、二つには密教の法です。顕教の中にもまた二つあります。一乗と三乗との別があるからです。一乗というのは仏の他受用身（による教え）であって、つまり十地より初地までの段階において姿を現わされるところの報身仏がお説きになる一乗の法がこれであります。三乗というのは応化の釈迦が二乗および地前の菩薩たちのためにお説きになったところの経典がこれであります。密教というのは自性法身の大日如来がみずからの眷属の仏菩薩のため、および如来が自身で法の楽しみを受けるためにお説きになったところの法がこれであります。いうところの真言乗（＝真言の教え）がこれです。このようなもろもろの経典の法はその宗教的素質に当てがって説かれたもので、すべて皆すぐれた効目のある薬のようなものであります。その経典の教えに従って菩薩は論書を作り、師家はその経典や論書の注釈書を作りました。末の世の弟子は、こうした経論にもとづいて読誦し修行しています。これがすなわち人法の区別です。浅い深いとか福や罰については『十住心論』にのべたとおりです」。

【要旨】 ㈢ 仏書における謗法の問題。

憂国公子がいう。「今、あなたの説かれたのを聞いて、人と法との区別を知ることができました。ところが今、もろもろの論書や注釈書を作る者は、みな、他の者を論破して自己を主張しています。これは法をそしることになりませんか」。

玄関法師がいう。「菩薩が心を用いるのは、みな、慈悲をもととし、他の者を利益することをさきとしています。よくこの心に住して浅い執われを破り深い教えに入るならば、もっとも広い利益がえられます。もし名聞利養の心をもって浅い教えに執われ深い法を破るならば、この咎《とが》めをまぬがれません」。

(7) 仏法と王法

公子がいわく、「既に提撕《ていせい》を蒙《こうむ》って心霧《しんぶ》、忽《たちま》ちに消えぬ。然れども猶《なお》心中に未だ決せざる者あり。何となれば既に得道の者なしといえども、その道、絶つべからず、戒慧を具せる者は辱《じょく》のごとく昧《まい》のごとしと承んぬ。然るを今、世間を見るに逃役《とうえき》の者衆《おお》く、奸盗《かんとう》の者多し。代《よ》を御《おさ》むる聖皇、時を佐《たす》くる賢臣、この獼猴《びこう》を見て黙《もだ》し忍ぶこと能《あた》わず。仏教と王法と相和《あい》すること如何《いかん》」。

師のいわく、「これに二種あり。[1]一には悲門、二には智門。大悲の門には開《かい》して遮《しゃ》することなし。大智の門には制《せい》して開すことなし。制門は『涅槃』[2]『薩遮《さつしゃ》』[3]等の経の如し。悲門は『十輪』[4]等の経の如し。相和に与奪あり。坐贓《ざぞう》をも断《ことわ》るのみ。また、人王の法律と法帝の禁戒と事異にして義融せり。法に任せて控馭《こうぎょ》すれば利益《りやく》、甚《はなは》だ多し。法を枉《ま》げて心に随えば罪報、極めて重し。世人、この義を知らず。王法を細《くわ》しくせず、仏法を訪《とむら》わず。愛憎に随って浮沈し、貴賤に任せて軽重す。これをもって世《よ》を馭《おさ》む、後報、何ぞ免れん。慎まずんばあるべからず。慎まずんばあるべからず。

また公子が先に談ずるところの旱澇疫癘《かんろうえきれい》、天下の版盪《はんとう》、僧人の招くところの者はこれまた然らず。子《なんじ》、未だ大道を見ず、妄《みだり》にこの言《こと》を吐く。今、当《まさ》に秦鏡を攬《と》って子が面《おもて》に臨むべし。もし灾《わざわい》は非法の僧尼に由《よ》るといわば、尭《ぎょう》の代の九年の水(5)、湯の時の七載の旱《ひでり》、かくの如くの旱澇、誰の僧に由ってか興《おこ》りし。彼の時に僧なし。何ぞ必ずしも僧に由らん。夏《か》の運、顚覆し、殷《いん》の祚《そ》(6)、夷滅《いめつ》し、周の末、絶廃し(7)、秦の嗣《よつぎ》、早く亡《ぼう》ぜしこと(8)、並びにみな、禍《わざわい》、三女《さんじょ》より起り、運、天命に随う。その日、僧なかりき。豈《あに》仏法に預けんや。それ、灾禍《さいか》の興《おこり》に略して三種あり。一には時の運、二には天の罰、三には業感(9)なり。時の運とは、いわゆる陽九百六なり。尭の水、湯の旱《ひでり》、これに当れり。この故に聖帝、宸《しん》に出でて機を見て逆備《げきび》せり。減劫の五濁、またこれなり。天の罰とは教令、理に乖《そむ》くに由って天すなわちこれを罰す。孝婦、雨ふらざっし誅《とが》(10)、忠臣、霜を降《くだ》す囚《つみ》(11)、かくの如くの類、これなり。業感とは悪業の衆生、同じく悪時に生れて業感の故にかくの如くの灾《わざわい》を招く。かくの如きの論は具《つぶさ》には歴代の『五行志』(12)等、及び『守護国経』(13)『王法政論経』(14)等の如し。子《なんじ》、かつてこの義を知らずして横《よこさま》に狂言《きょうげん》を吐く。理、当るべからず」。

【語釈】（1）二種あり――『大智度論』巻四十に見える。（2）涅槃――『大般涅槃経』寿命品（大正一二・三六五）。（3）薩遮――『大薩遮尼乾子所説経』王論品（大正九・三三四）。（4）十輪――『大乗大集地蔵十輪経』無依行品（大正一三・七三六）、同有依行品（大正一三・七五六）。（5）湯――湯王。商（殷）の初代の王の名。（6）殷の祚――殷の紂王が周の武王に滅ぼされたこと。（7）周の末、絶廃し――周の幽王が西夷犬戎のために亡ぼされるに至ったこと。（8）秦の嗣、早く亡ぜしこと――秦の始皇帝の太子第二世となって三年、趙高に亡ぼされ、ついで子嬰を立てて王としたが、四十六日で沛公に亡ぼされたのをいう。（9）業感――善悪の業因によって、苦楽の果報を感ずること。（10）孝婦、雨ふらざっし誅――孝婦が無実の罪で死刑に処せられたため、天帝の怒りを蒙って三年間旱魃が続いたという（『漢書』）。（11）忠臣、霜を降す囚――燕の鄒衍《すうえん》が讒言によって投獄され、天を仰いで泣き悲しんだ。このため、盛夏に降霜があったという（『淮南子』）。（12）五行志等――『漢書』の「五行志」五巻、『後漢書』の「五行志」六巻、『晋書』の「五行志」三巻、『宋書』の「五行志」五巻等。これらによれば天下に災害あるは木、火、土、金、水の五行の不調和によるためであるという。（13）守護国経――『守護国界主陀羅尼経』阿闍世王授記品（大正一九・五七一下）。（14）王法政論経――『仏為優填王説王法政論経』（大正一四・七九七中下）。

【要旨】 (三) 仏法と王法について。

(イ)仏法と王法。

憂国公子がいう。「お教えいただいて、すっかりよく分かりました。ですが、まだ心の中ではっきりしないことがあります。なぜかというと、それは次のようなことです。まだ道をえた者がなくても、その道を絶ってはならないということ、戒律とさとりの智慧とをそなえた者は恥を受けた者のごとく、愚者のごとく（世間にまじりこんでいる）とうけたまわりました。ところで今、世間をみますと夫役《ぶやく》をのがれる者が多く、悪者や盗賊が多いのです。世を治める聖天子、治世を補佐する賢臣は猿のように似て非なる者たちをみて黙っているわけにはまいりません。どうすれば、仏法と王法とを調和させることができるでしょうか」。

玄関法師がいう。「これに二種類あります。一つには慈悲の部門、二つには智慧の部門です。大悲（慈悲）の部門ではなすことを許して、なすことを禁止することはありません。大智（智慧）の部門ではなすことを制限して、なすことを許すことがありません。制限する部門は『涅槃経』『薩遮経《さつしやきよう》』などに説かれてあるとおりです。慈悲の部門は『十輪経』などの経典にあるとおりです。与え与えられることによって相互の融和があります。（ですから）賄賂のために陥る罪などは全く否定されるのです。また世間の君主の法律と法の帝王である仏の制定したもう戒律とは、そのものは違っていても意味するところは通じるものがあります。法のままに制し治めれば得るところはたいへんなものです。法をまげて自分の思いに従えば罪過の報いはたいへん重いのです。世間の人はこのわけを知りません。王法をよくきわめず仏法をうかがおうとしません。愛憎に従って浮き沈みし、貴賤に従って、ものごとをおしはかっています。このようにして世を治めているのですから、後の報いをどうしてまぬがれることができましょう。つつしまなければなりません。よくよくつつしまなければなりません」。

(ロ)仏者は国難を招くか。

（玄関法師がつづけていう。）「また、あなたが前におっしゃったように、日照りや洪水や流行病、天下の叛乱は仏者がこれらを招くということは、これもまたそのようなことはありません。あなたはまだ大道をみないから、いたずらにこうしたことをいわれるのです。今、秦の始皇帝が人の善悪正邪を照らしみたという四角の鏡にあなた自身の顔を映してごらんなさい。もし、災禍は非法の仏者によるのだとおっしゃるなら、尭《ぎょう》の世の九年の洪水、湯王のときの七年の日照りといったような日照りや洪水はいかなる僧によって起こったのでしょうか。そのころはまだ僧はいなかったのです。どうして僧によってそうした災禍がきまってあることがございましょう。夏の国運がひっくり返り、殷の皇位が滅び、周の後継者がなくなり、秦の継承が早くになくなったことなどは、すべてみなその災禍は三人の女性より起こり、国運は天命に従ったまでです。そのときも僧はいませんでした。どうして仏法の責任でしょうか。いったい、災禍の起こるのを要略しますと三種類あります。一つには時の運、二つには天の罰、三つには悪業の報いです。時の運とは『五行志』に説く陽九百六であって、尭王のときの洪水、湯王のときの日照りがこれに当ります。ですから聖天子は御所をおでましになり、時期をみて事前にその備えをしました。劫（無限に近い時間）が減少してゆくときの五つの汚れがまたこれと同じです。天の罰とは天下の人民に下す命令が理法に背《そむ》くことによって天がこれを罰するものです。孝行の婦人が殺されたため天が怒って雨を降らせなかったという罪、忠臣が投獄されたために夏に霜が降ったという罪、こうしたたぐいのものが、天の罰であります。悪業の報いとは悪い行ないをする者たちが、同じく悪い時世に生まれて悪業の報いのために、こうした災禍を招きます。このようなことは詳しくは歴代の『五行志』など、『守護国界主経』『王法政論経』などに説いているとおりです。あなたはまだこうしたわけをご存じなくて、勝手気儘に理窟にあわないことを口にされます。正当なことではありません」。

〈8〉 仏教からみた国家論

師のいわく、「有益《うやく》無益は後に当《まさ》に陳答すべしとはそれ病なきときはすなわち薬なし。障《さわり》あるときはすなわち教えあり。妙薬は病を悲しんで興り、仏法は障を愍《あわれ》んで顕《あら》わる。この故に、聖人の世に出づること必ず慈悲に由《よ》る。大慈は楽を与え、[15]大悲は苦を抜く。抜苦与楽の本《もとい》、源を防ぐに如《し》かず。源を防ぐの基《もとい》、教えにあらざれば得ず。疫に軽重あれば薬すなわち強弱なり。障に厚薄あれば、教えすなわち浅深なり。増劫には病軽ければ、輪王、人を御《ぎょ》し、減劫には障《さわり》厚ければ、如来、教えを垂れたもう。五濁《ごじょく》悪世の衆生は病重うして三毒、鬱《しき》りに興って八苦、身に迫って、福徳薄少にして貧病、極めて多し。これすなわち前世《ぜんせ》悪因の報感なり。遂にすなわち味《あじわい》を嗜《たしな》む者は生命《しょうみょう》を殺して腹に塡《み》ち、財を貪《むさぼ》る者は他物を奪って衣食《いいし》す。色に耽《ふけ》る飛蛾は炎を払って身を滅ぼし、酒を好む猩猩《しょうじょう》は瓫《ほとぎ》の辺《ほとり》に縛せらる。かくの如くの邪見の行、勝《あ》げて計《かぞ》うべからず。この生に悪業を作って後に当に三途《さんず》に墜《お》つべし。三途の苦は劫を経ても免れ難し。如来の慈父、この極苦を見て、その因果を説きたもう、悪の因果を説きて、その極苦を抜き、善の因果を示してその極果を授く。その教えを修する者に略して二種あり。一には出家、二には在家なり。出家とは頭《こうべ》を剃り、衣を染むる比丘比丘尼等、これなり。在家とは冠《かんむり》を戴《いただ》き、纓《よう》を絡《まと》える優婆塞《うばそく》(16)・優婆夷《うばい》(17)等、これなり。上《かみ》、天子に達し、下《しも》、凡庶に及ぶまで、五戒十善等を持《じ》して仏法に帰依する者、みな、これなり。菩薩といっぱかくの如きの在家の人、十善戒を持して六度(18)の行を修する者、これなり。出家して大心を発《おこ》す者、またこれなり。悪を断ずるが故に苦を離れ善を修するが故に楽を得《う》。下、人天より、上、仏果に至るまで、みなこれ断悪修善《だんなくしゅぜん》の感得するところなり。この両趣を示さんがために大聖、教えを設けたもう。仏教、既に存せり、弘行、人に在り。この故に法を知る者は出家して燈《ともしび》を伝え、道を仰ぐ者は道に入って形を改む。『経』(19)にいわく、もし国王父母あって人民男女等を放して出家入道せしむる所得の功徳《くどく》無量無辺なりと。僧尼あるが故に、仏法絶えず。仏法存するが故に人みな、眼を開く。眼明らかにして正道《しょうどう》を行ず。正路《しょうろ》に遊ぶが故に涅槃《ねはん》に至る。加以《しかのみならず》、(20)経法の在る所は諸仏護念し、諸天守衛す。かくの如くの利益、勝《あ》げて計《かぞ》うべからず」。

【語釈】（15）大慈は楽を与え……――同文が『性霊集』巻第六にある。（16）優婆塞――ウパーサカ（upāsaka）の音写。在家の男で仏道に入り三宝に帰依し、五戒を受けたものをいう。（17）優婆夷――ウパーシカー（upāsikā）の音写。在家の女性で仏法に従うもの。（18）六度――六波羅蜜のこと。大乗の菩薩が実践修行しなければならない六種の行で、布施、持戒、忍辱、精進、禅定、智慧を指す。（19）経――『賢愚因縁経』出家功徳尸利苾提品（大正四・三七六中）。（20）経法――『大品般若経』『大智度論』巻第十八等による。

【要旨】(八) 仏教の国家に対する効用。

玄関法師がいう。「(仏法が国家にとって) 有益か無益かは後に述べましょう (といいましたが、それはつぎのとおりです)。そもそも、病気がなければ薬はありません。障害があるときには教えがあります。効目《ききめ》のある薬は病気を悲しんで世に起こり、仏法は障害をあわれんで世に現われたものです。ですから、聖人が世に出るのは、きまって慈悲にもとづいています。大慈は安楽を与え、大悲は苦悩を救います。その根本は源をふせぐにこしたことはありません。源をふせぐもとは教えによらなければ出来ないことです。病気に軽い重いがあれば薬にも強弱があります。障害に厚い薄いがあれば教えにも浅いものと深いものとがあります。劫が増加するときには、病気が軽いので転輪聖王は人民を治め、劫が減少するときには障害が厚いので、仏は教えをお示しになられます。五つの汚れのある末世の人びとは病気が重くて三毒煩悩がしきりに起こり、八つの苦悩が身にせまって、福徳がわずかで貧困や病気が非常に多くあります。これは前の世に悪業をなしたことの報いです。けっきょく、ものの味をたしなむ者は生きものの命を殺して腹いっぱい食べ、財を貪《むさぼ》る者は他人の物を奪って生活する。色に夢中になる蛾は火の中に飛びこんで身を滅ぼし、酒を好む猩々《しようじよう》（大猿）は酒壺の中に手を入れたまま抜けずに捕えられてしまいます。こうした邪《よこし》まな見解にもとづく行為は数えあげることができません。この世の生涯で悪業を作って来世では火途《かず》、血途《けちず》、刀途《とうず》の三途に落ちこみます。三途の苦はいつまでたってもまぬがれることができません。仏という慈悲の父はみそなわして、その因果の道理を説きたもうた。悪因によって悪果があることを説きたもうて、この非常な苦をなくし、善因善果の理法を示して、至極のさとりを与えて下さいました。その教えを実践する者におよそ二種あります。一つには出家、二つには在家です。出家というのは頭を剃《そ》り、衣を染めた比丘、比丘尼たちです。在家というのは冠をかぶり、冠の紐をつけた優婆塞《うばそく》、優婆夷《うばい》たちです。

上《かみ》は天子から下《しも》は一般庶民にいたるまで、五戒十善などの戒律を持《たも》って仏法に帰依する者は皆優婆塞、優婆夷たちです。菩薩というのは、このような在家の人であって十善戒を持《たも》って六度の行を実践する者のことです。出家して広大な心（さとりを求める心）を発《おこ》す者もまた菩薩であります。悪を絶ちきることによって苦悩を離れ、善をおさめることによって安楽をえることができます。下は人間や天より、上は仏のさとりにいたるまで、みな悪を絶ちきり善をおさめる結果、報われたところのものです。こうした二つの趣意を示そうとして偉大なる聖者である仏は教えを設けられました。仏の教えはすでにありますから、これを世に弘め行なうのは人にあります。ですから、法を知る者は出家して燈のように世の闇を照らす正法を伝え、道をいただく者は道に入って在家の姿を変えて出家いたします。『賢愚因縁経』にこうあります。もしも国王、父母があって人民の男女たちを解放して出家入道させてえるところの功徳は無量無辺である、と。仏者がいるから仏法が絶えないのです。仏法があるから、人はみな心の眼を開きます。眼が明らかであれば正道を行ないます。正路を行くから、さとりの世界に到達します。それだけではありません。経典に説く法があるところには仏たちはお守りになって念じられ、諸天は守護いたします。このような利益はいちいち数えあげることができません」。

〈9〉 仏法衰亡論

公子がいわく、「知法弘道《ぐどう》の者は利益灼然《しゃくぜん》たり。非法非経の者の何ぞそれ国に満つるや」。

師のいわく、「大山、徳広ければ、禽獣、争い帰し、薬毒、雑《まじ》り生《お》う。深海、道、大いなれば、魚鼈《ぎょべつ》、集まり泳ぎ、龍鬼、並び住む。宝珠の辺《ほとり》には必ず悪鬼あって囲繞《いにょう》し、宝蔵の側《かたわら》には定んで盗賊あって窺窬《きゆ》す。美女は招かざれども、好醜の男、争い逐《お》い、医門は召さざれども、疾病の人、投帰す。腥肉《せいにく》には蟻集まり、臭屍《しゅうし》には蠅聚《あつま》る。聖王、言《もの》のたまわざれども、万国、競うて王に帰し、巨壑《きょがく》、思わざれども、千流、各《おのおの》、朝宗す。富人は呼ばざれども、貧人集まり、智者はこれを黙せども、童矇《どうもう》聚る。明鏡、瑩《みが》いて浄《きよ》ければ、妍蚩《けんし》の像《ぞう》、これを現じ、清水《せいすい》、澄み湛《たた》うれば、大小の相《かたち》、これに影《やど》る。大虚、心なけれども、万有、これに容《い》る。大地、念《おも》いなけれども、百草、これより出づ。尭《ぎょう》(1)の子は不肖なっしかども、父は聖なりき。舜《しゅん》(2)の父は殺さんと欲せしかども、子は孝なりき。孔子の門徒はその数、三千なれども、達者はすなわち七十、その余は、すなわち誅さず。釈尊の弟子は無量無数なっしかども、六群(3)天授(4)善星《ぜんしょう》(5)比丘は濫行《らんぎょう》極めて多し。如来の在《いま》しし日すら純善なることを得ず。何《いか》に況《いわ》んや、末代の裔《えい》をや。然れども猶《なお》如来の慈悲は三界に父たり。賢愚善悪、何ぞ喁喁《ぎょうぎょう》せざらん。

物の理《ことわり》、かくの如し。何ぞ怪しむに足らんや。然りといえども毒を変じて薬とし、鉄を化して金となす。尭戸、封ずべく、栗《へい》民、誅《ちゅう》すべし。これすなわち時の運の致すところ、皇風の染むるところなり。迦葉《かしよう》如来、(6)明らかに所由を説きたもう。事、具《つぶさ》に『守護国経』に見えたり。(7)文煩《しげ》くして抄せず。要覧の者、閲《ひら》かんのみ」。

頌にいわく、

建立《こんりゅう》と無浄《むじょう》と　深しといえども未だ煩《ぼん》を断ぜず
空しく内外の我を談じて　生死の樊《ぼん》に輪転《りんでん》す
大聖、羊乗(8)を開きたまえり　修観すれば涅槃《ねはん》を得
五停《ごじょう》(9)・四念処(10)　六十三生に観ず
二百五十の戒　これを持《じ》すれば八難を離る
人空無漏《にんぐうむろ》の火　智を滅して身心《しんじん》を殫《だん》ず
儻《たまたま》如来の警《いましめ》に遇《あ》いぬれば　菩薩の寛に廻心《えしん》す

問。この心はまた何《いず》れの経論に依ってか建立するや。

答。『大日経』『菩提心論』なり。彼の経論に何《いかん》が説く。『経』(11)にいわく、「いわくかくの如く唯蘊《ゆいうん》無我を解《げ》して根境界に淹留《えんりゅう》修行す」。また、いわく、(12)「声聞衆は有縁地に住して生滅を識《し》り、二辺を除いて極観察智《ごくかんざっち》をもて不随順修行の因を得《う》。これを声聞の三昧道《さんまいどう》と名づく」。また、いわく、「もし声聞所説の真言は一一の句、安布せり」。『菩提心論』の証文は下の文と心、雑《まじ》え挙《あ》げたり。故に別に抄せず。行相、下に臨んで知んぬべし。

【語釈】(1) 尭の子……——尭帝の子である丹朱は愚かであったため王位を虞舜《ぐしゅん》に譲った。(2) 舜の父……——舜の父瞽叟《こそう》は象を偏愛し、舜を殺そうとしたが、舜は父に孝を尽くした。(3) 六群——闡陀、迦留陀夷、三文陀達多、摩醯沙達多、馬師、満宿の六人を指す。かれらは群衆を集めて非行をなしたという。(4) 天授——提婆達多、デーヴァダッタ(Devadatta)の訳名。かれは仏陀の教団を破壊しようと企てたことで有名。(5) 善星——邪見で常に非法を行じたという。善星比丘のことは『大般涅槃経』第三十三に見える。(6) 迦葉如来——迦葉仏。過去七仏中、釈尊以前に出世した第六番目の仏。(7) 守護国経に見えたり——同経の阿闍世王授記品を指す。(8) 羊乗——声聞乗のこと。→九六頁注(4)参照。(9) 五停——不浄観、慈悲観、因縁観、界分別観、数息観の五つの瞑想の仕方をいう。(10) 四念処——身、受、心、法の四つについて、身は不浄である、受は苦である、心は無常である、法は無我であると観想して、一切は浄、楽、常、我であるという四顚倒をうち破ること。(11)経——『大日経』住心品(大正一八・三中)。(12)いわく……——『大日経』具縁品(大正一八・九下)。

【要旨】㈣ 非法の仏者が多いのはなぜか。

憂国公子がいう。「法を知り道を弘める者が国家のためになることは極めてはっきりしています。法に背き経典の教えるとおりでない者が何と大勢国中にいることでしょう」。
玄関法師がいう。「大きな山は恵みが広いから鳥や動物はあらそってやってくるし、薬草も毒草もまじって生えています。深い海はゆくところが大きいから、魚類が集まって泳ぎ、龍や鬼もいっしょに住んでいます。宝玉のあるあたりにはきまって悪鬼がこれをとりかこみ、宝の庫《くら》のそばにはきっと盗賊がいてこれをうかがっているものです。美女は別に呼ばなくても好男子や醜男《ぶおとこ》が追いかけあい、医者の家は呼びよせなくても病人がやってくるものです。なまぐさい肉には蟻が集まり、くさい死体には蠅がたかります。聖王は何もいわれなくても万国があらそって、その王に帰服し、巨大な渓谷はそうしたいと思わなくても千もの流れがそれぞれに流れよってきます。富める者は呼ばなくても貧しい者が集まり、智慧ある者はだまっていても児童たちがやってきます。物をはっきり映す鏡はこれを研《と》いで清らかにすれば、美しいものもきたないものもすべて映し出し、清らかな水は澄みきれば、大小のかたちがこれに影をやどします。大空は心がないが万有を包容しています。大地は思うところがないが、百草がそこから生えて出ます。尭の子は出来がわるかったが、父は聖人でした。舜の父は舜を殺そうとしたが、その子の舜は孝をつくしました。孔子の弟子たちはその数三千人もいたが、道をきわめた者は七十人で、その他の者はいっていません。釈尊の弟子は無量無数でしたが、六群比丘、提婆達多、善星比丘はみだらな行ないがたいへん多かったのです。仏が世におわしましたときですら、（仏弟子は）極めて善であることが出来ませんでした。末世の後の者の場合には当然のことであります。だが、それでも仏の慈悲はあらゆる迷いの世界では父と仰ぐべきものです。賢者も愚者も善人も悪人も、どうしてこの仏の慈悲を仰がずにいられましょうか。

　物の道理とするところは以上のとおりであります。どうしてこれを疑うほどのことがありましょうか。ですが、毒を薬に変え、鉄を金にすることが必要であります。尭の人民は土地を与えて大名に任じてもよいほど立派であり、栗《へい》の人民は殺してもよいほどに悪者です。しかし、これも時の運というものであり、君主の感化によるところであります。迦葉《かしょう》仏は明らかに、こうしたゆえんをお説きになりました。そのことは詳しくは『守護国界主経』にみえています。文章がわずらわしいから、ぬき書きしません。肝要をごらんになりたい方は、それをみて下さい」。

詩にいう。

建立《こんりゅう》の常見外道《じょうけんげどう》と不建立《ふこんりゅう》の断見外道《だんけんげどう》とはその教えを深いとするけれども、まだ煩悩を断たない
内的な自我や外部の絶対我（神）をいたずらに説いて　生死《まよい》のちまたをへめぐる
仏は羊の車に喩えられる声聞乗《しょうもんじょう》をのべたもう　これを修習し観想すれば、さとりがえられる
六十劫《カルパ》または三生にわたって五停心観《ごじょうしんかん》や四念処観《しねんじょかん》を観想する
二百五十戒を守れば八難をのがれる
個人存在は実在しないとみる無煩悩《むぼんのう》の火は　邪智を滅ぼして身心を尽くす
たまたま仏の誡《いまし》めにあえば　自利利他を実践する心ひろやかな求道者に心をめぐらす

問い。この心はまた、どんな経典・論書によってたてるのか。

答え。『大日経』『菩提心論』である。その経典・論書にどのように説くかというと、『大日経』住心品にいう。「このように、唯蘊無我を理解して、感官と対象とによる認識領域に久しくとどまって修行する」。また、いう。「声聞の人びとは縁ある地に住して生成と消滅とを知り、断見と常見との二つの極端を除いて、よく観察する智慧によって生死《まよい》の流れにしたがわない修行のもとをえる。これを声聞の精神統一の実践と名づける」。また、同じくいう。「声聞が説く真言は一つひとつの字句に多くの意味をふくめて布置する」。『菩提心論』の証文は次の第五住心と趣旨は同じだから、一緒に挙げることにした。だから、別にぬき書きしない。その内容は下の文について知るがよい。

V 本論——第五抜業因種心

(1) 抜業因種心とは何か

第五抜業因種心《ばつごういんじゅしん》

抜業因種心とは麟角《りんかく》(1)の所証、部行《ぶぎょう》(2)の所行なり。因縁を十二に観じ(3)、生死《しょうじ》を四五に厭う《いと》(4)。

彼の華葉を見て四相(5)の無常をさとり、この林落に住して三昧を無言に証す。業悩《ごうのう》の株杌《しゅごつ》、これに猶《よ》って抜き、無明《むみょう》の種子《しゅうじ》、これに因《よ》って断ず。爪犢《そうとく》(6)、遥かに望めども近づかず、建声《こんしょう》(7)、何ぞ窺窬《きゆ》することを得ん。湛寂《たんじゃく》の潭《ふち》に游泳し、無為の宮に優遊す。自然《じねん》の尸羅《しら》(8)、授かることのうして具し、無師の智慧、自我にして獲《う》。三十七品(9)は他に由らずして悟り、蘊処界《うんじょかい》(10)、善は藍《あお》を待たずして色あり。身通をもて人を度して言語を用いず。大悲、闕《か》けてなければ、方便、具せず。但し自《みずか》ら苦を尽くして寂滅《じゃくめつ》を証得す。故に経にいわく(11)、「業煩悩の株杌《しゅこつ》、無明の種子の十二因縁を生ずるを抜く」と。また、いわく(12)、「この中に辟支仏《びゃくしぶつ》はまた、小《わず》かの差別あり。いわく、三昧分異にして業生《ごっしょう》を浄除す」と。

釈していわく、いわく十二因縁とは『守護国経』(13)にいわく、「また次に、善男子《ぜんなんし》、如来は一切の静慮《じょうりょ》解脱《げだつ》等持《とうじ》等至《とうし》に於て、煩悩を伏滅し、生起する因縁、みな、実の如く知りたまえり。仏、云何《いかん》が知ったもう。いわく、衆生の煩悩の生起することは何《いかん》の因をもって生じ何の縁をもって生ず、惑《わく》を滅して清浄《しょうじょう》なること、何の因をもてよく滅し何の縁をもてよく滅すと知りたまえり。この中に煩悩の生ずる因縁とは、いわく不正思惟(14)なり。これをもってその因となし、無明を縁とす。無明を因とし、行《ぎょう》を縁とす。行を因とし、識を縁とす。

識を因とし、名色《みょうしき》を縁とす。名色を因とし、六処を縁とす。六処を因とし、触《そく》を縁とす。触を因とし、受を縁とす。受を因とし、愛を縁とす。愛を因とし、取を縁とす。取を因とし、有を縁とす。有を因とし、生を縁とす。生を因とし、老死を縁とす。煩悩を因とし、業を縁とす。見(15)を因とし、貪《とん》を縁とす。随眠《ずいめん》(16)煩悩を因とし、現行《げんぎょう》(17)煩悩を縁とす。これはこれ、煩悩の生起する因縁なり。

云何《いかん》が衆生のもろもろの煩悩を滅する。所有の因縁とならば、二種の因あり。二種の縁あり。云何が二となる。一には他に従って種種の随順の法声を聞き、二には内心に正念《しょうねん》を起すなり。また次に、二種の因あり、二種の縁あり。よく衆生をして清浄に解脱《げだつ》せしむ。いわく、奢摩《しゃま》他心《たしん》(18)一境《いっきょう》の故に、毘《び》鉢《は》舎那《しゃな》(19)能善巧《のうぜんぎょう》の故に。また次に二種の因あり、二種の縁あり。不来智(20)の故に、如来智(21)の故に。また次に二種の因縁あり。微細《みさい》に無生《むしょう》の理を観察するが故に。解脱《げだつ》に近きが故に。また次に、二種の因縁あり。具足行の故に、智慧解脱《ちえげだつ》現在前《げんざいぜん》の故に。また二種の因縁あり。いわく、尽智(22)の故に、無生智(23)の故に。また二種の因縁あり。随順して真諦《しんたい》の理を覚悟するが故に、随順して真諦の智を獲得するが故に。これはこれ、衆生の煩悩を除滅する清浄の因縁なり。如来、ことごとく知りたまえり。また次に、善男子《ぜんなんし》、煩悩の因縁、数量あることなければ、解脱の因縁もまた数量あることなし。

或いは煩悩あってよく解脱の与《ため》にもって因縁となる、実体を観ずるが故に。或いは解脱あってよく煩悩の与《ため》にもって因縁となる、執着を生ずるが故に」。

頌にいわく、

縁覚の鹿車は言説なし　部行《ぶぎよう》麟角類《りんかくるい》不同なり
因縁の十二深く観念し　百劫に修習して神通を具す
業煩悩及び種子《しゆうじ》を抜き　灰身滅智《けしんめつち》(24)して虚空の如し
湛然《たんねん》として久しく三昧《さんまい》に酔臥《すいが》せり
警《いましめ》を蒙《こうむ》って一如(25)の宮《みや》に廻心《えしん》す

【語釈】（1）麟角――犀の角が一本であるように、ただ一人修行して自らさとる者。縁覚を指していう。（2）部行――他のものと共に止住してさとる縁覚の者たち。（3）因縁を十二に観じ――十二因縁（無明、行、識、名色、六処、触、受、愛、取、有、生、老死の迷界）を観ずる意味。（4）生死を四五に厭う――四大（地、水、火、風）もしくは五蘊（色、受、想、行、識）から成立する、はかない生死の世界をいとう。（5）四相――生、住、異、滅。すべての存在が生成してから消滅するまでの段階を四つに分けたもの。『倶舎論』の所説。（6）爪犢――長爪梵志と犢子外道（↓九六頁注（3）参照）。前者は、シャーリプトラ（舎利弗）の叔父倶絺羅が在俗のときの称。爪を切らずに修行の完成を期したところより名づけられたという。『別訳雑阿含経』（大正二・四四九上中）。(7) 建声――建立外道と声論外道のこと。(8) 尸羅――シーラ（śīla）の音写。訳、戒。(9) 三十七品――三十七道品のこと。涅槃に導く三十七種の道。すなわち四念処、四正勤、四如意足、五根、五力、七覚支、八正道。(10) 蘊処界――五蘊、十二処、十八界のこと。五蘊は色受想行識。十二処は六根六境。十八界は六根六境六識。(11) いわく……――『大日経』住心品（大正一八・三中）。(12) いわく……――『大日経』具縁品（大正一八・九中）。(13) 守護国経――同入如来不思議甚深事業品。(14) 不正思惟――正しい思惟に反すること。(15) 見――見惑。四諦（苦、集、滅、道）の理法に迷う惑い。(16) 随眠煩悩――随眠は煩悩の異名であるが、煩悩の眠っている状態である種子（可能力）をいう。(17) 現行煩悩――現在にあらわれ出る煩悩。(18) 奢摩他心――シャマタ（śamatha）の音写。定あるいは止と訳す。あらゆる想念を止めて心を一境におく状態。(19) 毗鉢舎那――ヴィパシュヤナー（vipaśyanā）の音写。訳、観。止によって正しい智慧を起こして対象を観るはたらき。(20) 不来智――正体智のこと。自証の智。(21) 如来智――後得智のこと。化他の智。(22) 尽智――煩悩を断尽した智。我は四諦を体現し尽くしたと知る智。(23) 無生智――煩悩を生じさせない智。我はすでに四諦を体現しおわったから、さらに体現すべきものはないと知る智。(24) 灰身滅智――完全なさとりの境地に入り心身ともに全く無に帰せしめること。小乗仏教の理想とするところ。灰滅。(25) 一如――真如の理。唯一真実なる絶対の宮殿。大乗をたとえる。

【要旨】 第五抜業因種心とは十二因縁をさとる縁覚乗の世界のことである。縁覚乗はさきの声聞乗とともに小乗仏教であってこれを二乗という。

「抜業因種心《ばつごういんじゅしん》」とは縁覚乗のさとるところであり、一部の縁覚の実践するところである。十二因縁を観じ、地・水・火・風の四つの粗大な原質、または存在一般などの五つの存在要素よりなる生死の世界をいとう。花が散り葉が落ちるのをみて、生・住・異・滅の四つの相をもつ世の無常をさとり、この山林や村落に住して無言の精神統一をする。これによって業煩悩の根株《ねかぶ》を引抜き、これによって（十二因縁を生ずる）根源的無知の可能力を断つ。

こうした宗教的世界は長爪梵志《ちょうそうぼんし》や犢子部《とくしぶ》が遥かに望むけれども近づくことができず、建立外道（常見論者）やミーマーンサー論者はうかがい知ることさえもできない。

縁覚は静まりかえった淵《ふち》に遊び泳ぎ、なすことなきさとりの宮殿にのどかに遊ぶ。自らの戒律は授からずして備わり、師より伝えられざるさとりの智慧は自分でえる。三十七の修行段階は他の者に教えられずしてさとり、師をまたずして世界のあらゆる構成要素をよく観ずる。超自然的能力を身につけて人びとを救済し、言葉をもって教化するのでない。だが、人びとをいつくしむ大なる慈愛を欠くから、救いのてだてを備えていない。ただ自分だけの苦悩をなくして、さとりをえる。だから、経にいう。「業煩悩の根株にして十二因縁を生ずる根源的無知の可能力をのぞく」と。また、いう。「この二乗のうちで辟支仏《びゃくしぶつ》はまた声聞と少し違う。つまり、両者は精神統一の点に違いがあり、縁覚は業の報いまでもすっかり取りのぞく」と。

注解していう。「十二因縁」とは何かというと、『守護国界主経』に説く。「また次に、よき若者よ、仏はあらゆる瞑想において煩悩をなくし、煩悩が生ずるもとを、みな、ありのままに知っておられる。仏は、どのようにそれを知っておられるか。人びとの煩悩が生ずるのはどんな原因で生じ、どんな条件で生じ、どんな原因、どんな条件で惑いをなくして清らかにするかを知っておられる。この中で煩悩が生ずるもととは、正しからざる思惟が原因で、根源的無知が条件である。根源的無知が原因で構成作用が条件となる。構成作用が原因となり、始原的意識が条件となる。始原的意識が原因となり、個体存在が条件となる。個体存在が原因となり、六つの認識主体が条件となる。六つの認識主体が原因となり、可触のものが条件となる。可触のものが原因となり、感受作用が条件となる。感受作用が原因となり、本源的欲望が条件となる。本源的欲望が原因となり、執《とら》われが条件となる。執われが原因となり、現実生存が条件となる。現実生存が原因となり、生が条件となる。生が原因となり、老死が条件となる（これが十二因縁が生ずるもとである）。煩悩を原因とし、業を条件とする。知性の惑いを原因とし、感情の惑いを条件とする。潜在的煩悩を原因とし、顕在的煩悩を条件とする。これらが煩悩が生ずるもとである。

人びとのもろもろの煩悩をなくすのにはどうするか。およそ、そのもとはといえば、二種の原因、二種の条件がある。どうして二つとなるか。一つには他の者にしたがって、さまざまなその人なりの真理の教えを聞き、二つには内心に正しい念慮を起こす。また次に、二種の原因、二種の条件がある。よく人びとをして清らかにさとらせる。すなわち、心を一境におく止《し》と、よくたくみに観察する観《かん》とによるから。また次に、二種の原因、二種の条件がある、世俗から真理の世界にかえる仏の智慧と真理の世界から世俗に来る仏の智慧とによるから。また次に、二種の原因と条件とがある、こまかく不生の理法を観察し、さとりに近づくから。また次に、二種の原因と条件とがある、六波羅蜜《はらみつ》を備え、さとりの智慧が現に存在するから。また二種の原因と条件とがある、尽智と無生智とによるから。また二種の原因と条件とがある、法にしたがって最高真理の理法をさとり、法にしたがって最高真理の智慧をえるから。これこそ、人びとの煩悩をなくす清らかな原因と条件とである。仏はこれをすべて知っておられる。また次に、よき若者よ、煩悩が生ずる原因と条件とは無数無量だから、さとりをえる原因と条件もまた無数無量である。あるいは煩悩がさとりの原因と条件ともなる、煩悩の実体を観ずるから。あるいはさとりが煩悩の原因と条件ともなる、さとりが執われを生ずるから」。

詩にいう。

鹿の車に喩《たと》える縁覚の教えは他の者の言葉によらず　ひとりでさとる部行《ぶぎょう》と麟角《りんかく》とは素質が同じでない

十二因縁を深く観念し　百劫も修行をつんで、超自然的能力を備える

業煩悩とその可能力をのぞき　身心を完全に滅ぼして、虚空のようなさとりをえる

落着いて静かに長い間、ひたすら精神統一する　だが、仏の誡めを受けて、真実なる大乗の宮殿に心をめぐらす

(2) 第六住心の論拠となる経論

問。この住心はまた何《いず》れの経論に依ってか説く。

答。『大日経』『菩提心論』なり。彼の経論に何《いかん》が説く。経(26)にいわく、「縁覚は業煩悩の株《しゅ》杌《こつ》、無明の種子の十二因縁を生ずるを抜く。建立《こんりゅう》宗(27)等を離れたり。かくの如く湛寂《たんじゃく》は一切の外道《げどう》の知ること能《あた》わざるところなり。先仏《せんぶつ》、宣説したまえり、一切の過を離れたり」と。

また、いわく、(28)「縁覚は深く因果を観察《かんざつ》し無言説の法に住して、転ぜずして言説なし。一切の法に於て、極滅語《ご》言《ごん》三昧《ざんまい》を証す。これを縁覚の三昧道とす」。

また、いわく、(29)「秘密主、もし縁覚声聞所説の真言に住すれば、諸過を摧害《さいがい》す」と。

また、いわく、(30)「声聞所説の真言は一一の句、安布せり、この中に辟支仏《びゃくしぶつ》、また小《わず》かの差別あり。いわく、三昧分異にして業生を浄除す」と。

龍猛菩薩の『菩提心論』(31)にいわく、「また、二乗の人、声聞は、四諦《したい》(32)の法を執《しゅう》し、縁覚は十二因縁を執す。四大(33)五陰(34)、畢竟《ひっきょう》、磨滅《まめつ》すと知って、深く厭離を起して衆生執を破す。本法を勤修《ごんしゅ》してその果を剋証《こくしょう》し、本涅槃に趣くを究竟と已為《おも》えり」。

真言行者《しんごんぎょうじゃ》、当《まさ》に観ずべし、二乗の人は人執を破すといえども、猶《なお》し法執あり。但し、意識を浄《きよ》めてその他を知らず。久久に果位を成じ、灰身滅智《けしんめっち》をもってその涅槃《ねはん》に趣くこと太虚空の如くして、湛然常寂《たんねんじょうじゃく》なり。

定性ある者は発生すべきこと難し。要《かなら》ず劫限等の満を待って、方《まさ》に、すなわち発生す。もし不定性《ふじょうしょう》の者は劫限を論ずることなく縁に遇えばすなわち廻心向大《えしんこうだい》す。化城(35)より起って三界を超《こ》えたりと以為《おも》えり。いわく、宿《むかし》、仏を信ぜしが故に乃《いま》し諸仏菩薩の加持力を蒙って、方便をもって遂に大心を発す。乃《いま》し初め十信より下《しも》も遍《あまね》く諸位を歴《へ》て、三無数劫《むしゅごう》を経、難行苦行して然して成仏することを得《う》。既に知んぬ、声聞縁覚は智慧狭劣なり。また楽《ねが》うべからず。

【語釈】(26)経——『大日経』住心品(大正一八・三中)。(27)建立宗——建立外道のこと。(28)いわく……——『大日経』具縁品(大正一八・九下)。(29)いわく……——前項と同じ。(30)いわく……——前項と同じ。(31)菩提心論——大正三二・五七三上。(32)四諦——苦諦、集諦、滅諦、道諦のことで、四種の真理。(33)四大——地、水、火、風の粗大な要素。(34)五陰——色、受、想、行、識。五蘊の旧訳。(35)化城——かりのさとりの境地を示して、本宮へ誘引する。

【要旨】声聞乗と縁覚乗とは『大日経』と『菩提心論』に説かれるので、それらを紹介する。

問い。この住心はまた、どの経典・論書によって説くか。

答え。『大日経』『菩提心論』である。その経典・論書にどのように説くか。『大日経』住心品にいう。「縁覚は業煩悩《ごうぼんのう》の根株《ねかぶ》である根源的無知の可能力が十二因縁を生ずるのをのぞく。それは建立外道《こんりゆうげどう》などの邪見を離れたものである。このように静まった境地はあらゆる仏教以外の一般の者が知ることができない。だから、あらゆる罪過を離れたものであると、かつての仏も説きたもうた」と。

また、『大日経』具縁品《ぐえんぼん》にいう。「縁覚は深く因果の理法を観察し、言葉で言い表わされぬ真理に住して、教えを説かず言葉がない。あらゆるものにおいて、完全に言葉を滅ぼした精神統一を行なう。これを縁覚の精神統一の実践とする」。

また、いう。「秘密主よ。もし縁覚・声聞が説く真言の教えによれば、もろもろの罪過をなくす」と。

また、いう。「声聞が説く真言は一々の文句に多くの意味をふくんで布置してある。その中で、辟支仏《びやくしぶつ》にはまた少しの区別がある。すなわち精神統一の点で相違し、業の報いを清らかにのぞく」と。

龍猛菩薩の『菩提心論』にいう。「また二乗の人の中で声聞は四つの真理の教えに執われ、縁覚は十二因縁に執われる。四つの粗大な原質と五つの存在要素とよりなるものは、けっきょく、磨滅すると知って、深くいとい離れて、人びとの個体存在の実在に執われるのをくだく。本来の真理の教えをつとめ修して、そのさとりをえ、完全なさとりにおもむくのを究極とする」。

真言の実践者は次のように観察すべきである。声聞・縁覚の人は個体存在の実在を否定するけれども、なお存在要素は実在するとする。ただし、第六意識を清らかにして、その他の第七、第八の識があることを知らない。非常に長い間かかってさとりの境位を完成し、身も心も滅ぼすことをもって、そのさとりにおもむくことは、あたかも大なる虚空のようで、静まりかえって常恒《じょうごう》に静寂である。

一定の性質のある声聞や縁覚は大乗の心を起こすことがむずかしい。必ず（八万、四万の）劫の期限がきれるのをまって、まさに二乗の心をめぐらして、大乗の心を起こす。もし一定の性質のないものは劫の期限にかかわりなく、機縁があれば小乗の心をめぐらして、大乗の心に向かう。すなわち、幻の城に喩えられるさとりの世界より立ち上って、それはこの迷いの世界を超越したにすぎないものだと知る。過去世に仏を信仰したから、現在、諸仏菩薩のお力をうけ、人びとを救う手だてをもって、ついに大乗の心を起こす。それから、初め十信から五十二の修行の段階をへて三無数劫たって、難行苦行して、しかる後に仏となることができる。すでに知られるように声聞・縁覚は智慧はせまく劣る。だから、これを求めてはならない。

(3) 小乗仏教における声聞・縁覚の境地（＝心の世界）とは何か

『十住論』(1)にいわく、「もしは声聞地(2)及び辟支仏地《びゃくしぶつじ》(3)に堕す、もし爾《しか》らばこれ大なる衰患《すいげん》なり」。『助道法』(4)の中に説くが如し。

もし声聞地　及び辟支仏地に堕するをば
これを菩薩の死と名づく　すなわち一切の利を失う
もし地獄に堕するは　かくの如きの畏《おそ》れを生ぜず
もし二乗地に堕するをば　すなわち大怖畏《だいふい》となす
地獄の中に堕するは　畢竟《ひっきょう》じて仏に至ることを得べし
もし二乗地に堕すれば　畢竟じて仏道を遮す

仏自《みずか》ら経の中に於て　かくの如きの事を解説《げせつ》したまえり
人の寿を貪《とん》する者は　首《こうべ》を斬るをすなわち大なる畏れとするが如く
菩薩もまたかくの如し　もし声聞地
及び辟支仏地に於て　応《まさ》に大怖畏を生ずべし

秘蔵宝鑰　巻中

【語釈】（1）十住論――『十住毘婆沙論』巻第五（大正二六・四一上）の取意。（2）声聞地――仏の世界に至る十の段階のうち、初地より第七地までをいう。（3）辟支仏地――同じく第八地の縁覚の境地。（4）助道法――『十住毘婆沙論』に引用された書目。↓注（1）参照。

【要旨】声聞と縁覚の境地を詩句のかたちで示し、菩薩は二乗――自己一身のために修行する教え――に堕してはならないと誡める。

『十住毘婆沙論《じゅうじゅうびばしゃろん》』にいう。「もし声聞地と辟支仏地《びゃくしぶつじ》に落ちれば、大きな損失・苦患《くげん》である」。『助道法』の中に説くとおりである。

もし声聞地と辟支仏地に落ちれば
これを菩薩の死という　すなわちすべての利益を失う
たとえ地獄に落ちようとも　こうした恐れを生じない
もし二乗地に落ちれば　それは大なる恐怖である
地獄に落ちても　けっきょくは仏に到達することができる
もし二乗地に落ちれば　全く仏への道をなくす
仏は自ら経典の中で　次のようなことを説きたもうた
長生きをしようとする者は　生命《いのち》をとられるのを非常に恐れるように
菩薩もまた同じであって　声聞地と
辟支仏地に落ちることを　大いに恐れなければならないと

秘蔵宝鑰　巻中

秘蔵宝鑰　巻下

VI　本論——第六他縁大乗心

(1) 他縁大乗心とは何か

第六他縁大乗心《たえんだいじょうしん》

ここに大士《だいし》の法あり。樹《た》てて他縁乗(1)と号す。建爪《こんそう》(2)を越えて高く昇り、声縁を超えて広く運ぶ。

二空(3)三性(4)、自執の塵を洗い、四量(5)四摂(6)、他利の行を斉《ととの》う。陀那《だな》(7)の深細を思惟《しゆい》し、幻焔の似心に専注す。

ここに芥城《けじょう》(8)竭《つ》きて還って満ち、巨石(9)磷《ひすら》いでまた生ず。三種《さんじゅ》の練磨は初心の退《たい》せんと欲するを策し、四弘願行《しぐがんぎょう》(10)は後身の勝果を仰ぐ。等持の城を築いて唯識《ゆいしき》の将を安んじ、魔《ま》旬《じゅん》(11)の仗陣を征して煩悩の賊帥《ぞくすい》を伐《う》つ。八正(12)の軍士《ぐんし》を整えて縛るに同事(13)の縄をもってし、六通(14)の精騎を走《は》せて、殺すに智慧の剣《つるぎ》をもってす。労績を封ずるに五等の爵(15)をもってし、心王を冊《さ》くに四徳(16)の都《みやこ》をもってす。

勝義勝義、太平の化《け》を致し、廃詮談旨《はいせんだんじ》に無事の風を扇《あお》ぐ。一真の台《うてな》に垂拱《すいきょう》し、法界《ほっかい》の殿《でん》に無為《ぶい》たり。

三大僧祇《そうぎ》(17)の庸《やから》、ここに帝と称せられ、四智法王の号《な》(18)、本《もと》なくして今得たり。爾《しか》ればすなわち蔵海《ぞうかい》(19)には七転(20)の波を息《や》め、蘊落《うんらく》には六賊(21)の害を断つ。無分の正智(22)は真常の函《はこ》に等しく、後得《ごとく》の権悲《ごんひ》(23)は諸趣の類に遍《へん》ず。三蔵(24)の法令を製《つく》って三根の有情《うじょう》(25)を化《け》し、十善の格式《きゃくしき》を造って六趣(26)の衆生《しゅじょう》を導く。

乗をいえばすなわち三つ。(27)識を談ずればただし八つ(28)なり。五性(29)に成不《じょうふ》あり。三身《さんじん》(30)はすなわち常と滅となり。百億の応化は同じく六舟(31)を汎《うか》べ、千葉の牟尼《むに》は等しく三駕《さんが》(32)を授く。法界《ほっかい》の有情を縁ずるが故に、他縁なり。声独《しょうどく》(33)の羊鹿《ようろく》に簡《えら》ぶが故に、大《だい》の名あり。自他を円性《えんしょう》に運ぶが故に、乗という。これすなわち君子の行業《ぎょうごう》、菩薩《ぼさつ》の用心なり。これ北宗の大綱、蓋《けだ》し、かくの如し。

【語釈】（1）他縁乗――他縁大乗心のこと。十住心の第六。大乗の初門の住心で法相宗に当てる。（2）建爪――建は建立外道。世界は常住で人間は死後も我が不滅であると説く。爪は長爪梵志。→一五五頁注（6）参照。（3）二空――実体的自我は存在しないとする我空と、一切の存在は因縁によって生じたものだから、それ自体は自性なしとする法空。（4）三性――諸法を客観的に有の方面より観察して遍計所執性、依他起性、円成実性の三つに分けたもの。（5）四量――慈、悲、喜、捨の四無量心。衆生に楽を与える慈、衆生の苦をのぞく悲、他人の楽をえるのを喜ぶ喜、他人に対して全く平等である心を捨という。（6）四摂――財や真理を与える布施、親愛の言葉をかけてやる愛語、衆生を種々に利益する利行、衆生と同じ姿をとって、ともに事業をなす同事。これらは菩薩が一切衆生を摂取し救済する方法。（7）陀那――アーダーナ（ādāna）の音写の阿陀那の略。阿陀那識すなわち八識の中の第八阿頼耶識の別名で根本識とも。（8）芥城――方百由旬の城の中に芥子粒をつめこみ、それを百年に一粒ずつ取り去り、それがなくなる無限の時間。（9）巨石――盤石劫といい、方百由旬の大盤石を百年に一度天人が軽い羽衣で磨り払い、その巨石がすり切れてなくなる無限悠久の時間。（10）四弘願行――菩薩の誓願で、衆生無辺誓願度、法門無辺誓願学、福智無辺誓願集、菩提無上誓願証。（11）魔旬――魔王波旬の略。仏成道の時あらわれる欲界の魔衆を指す。（12）八正――八正道（正語、正業、正命、正念、正定、正見、正思、正精進）のこと。（13）同事――四摂の一つ。仏菩薩が衆生の宗教的素質にしたがい、これと同じように自然にこれを教化すること。（14）六通――六神通のこと。仏菩薩が定慧の力によって得る六種の無礙自在のはたらき（神足通、天眼通、天耳通、他心通、宿命通、漏尽通の総称）。（15）五等の爵――五等の爵位。法相宗では唯識の理を観ずるのに、資糧、加行、通達、修習、究竟の五位の修行階位をたてる。（16）四徳――仏性にそなわる四つの徳で、永遠不変の常、苦がなく安楽である楽、自由自在で他のすべてに束縛されない我、煩悩のけがれのない浄。『大般涅槃経』に説く。（17）僧祇――菩薩が仏となるまでの無限に長い時間。僧祇は阿僧祇、アサンキヤ（asaṃkhya）の音写略。天文学的な数字の単位。（18）四智法王の号――大円鏡智、平等性智、妙観察智、成所作智をそなえた真理の帝王。（19）蔵海――法相宗における第八阿頼耶識。七識の波浪に対して海にたとえる。（20）七転――八識の中、末那識以下の七識は第八識が転生する識であるから、第八識に対してこの名がある。（21）六賊――眼、耳、鼻、舌、身、意の六つの感官。これらを媒介として色、声、香、味、触、法が功能の法財をかすめとるので、賊にたとえたもの。『涅槃経』第二十三などに見える。（22）無分の正智――認識の主客の相を離れて平等に転ずる智慧。無分別智。（23）後得の権悲――ものをありのままに平等無差別に知る根本智の後に現われる智慧で、平等に即して現象世界の区別の相を知る智慧が後得（智）。その智慧にもとづく衆生を救うための仮りの手だての慈愛が権悲。（24）三蔵――経蔵、律蔵、論蔵。蔵は入れものの意味ですべての仏教の聖典をこの三つの分類で分けたもの。仏教聖典の総称。（25）三根の有情――声聞、縁覚、菩薩の宗教的素質をもったそれぞれの衆生。（26）六趣――すべての迷いの世界。地獄趣、餓鬼趣、畜生趣、修羅趣、人間趣、天趣の総称。（27）三つ――声聞乗、縁覚乗、菩薩乗。（28）八つ――眼、耳、鼻、舌、身、意、末那、阿頼耶の八種の識。（29）五性――法相宗において、すべての衆生の宗教的素質を声聞定性、縁覚定性、菩薩定性、不定性、無性の五つに分けたもの。（30）三身――仏身をその格位によって、法身、報身、応身の三種に分けたもの。(31) 六舟——施、戒、忍、進、禅、慧の法門。生死の海を渡す意味で、舟にたとえる。(32) 三駕——三乗に同じ。(33) 声独——声聞と独覚。

【要旨】 第六住心から大乗仏教に入る。ただしこれは第七住心とともに権大乗である。権大乗とは方便のために説かれる仮りの大乗の教え。第六住心は法相宗(奈良仏教の六宗の一つ)、またはインド大乗仏教の唯識派がこれに当てはめられる。

ここに菩薩(求道者)の教えがある。称して他縁乗という。これは建立外道《こんりゆうげどう》や長爪梵志《ちようそうぼんし》を越えて高くのぼり、声聞《しようもん》・縁覚《えんがく》を超えて広く運ぶ。二空をさとり、三性《さんしよう》をきわめ、自らの執われの塵《ちり》を洗い、四量や四摂をもって、他者のためになす。甚深《じんじん》にして微細《みさい》な阿陀那識《あだなしき》がはたらいて現象をしてあらしめていることを思《し》惟《ゆい》し、幻や炎のように似て非なる心に専注する。

ここに芥子《けし》劫《カルパ》・盤石《ばんじやく》劫《カルパ》といわれる無限に長い時間がくりかえされる。その間、資糧《しりよう》位《い》においては三種の練磨によって初心が退こうとするのを励まし、四弘誓願《しぐせいがん》の実践によって後にえるすぐれたさとりを求める。第二の加行位では瞑想の城を築き、唯識の将軍を安んじ、第三の通達位では悪魔の軍陣を征服し、煩悩の賊の指揮官を攻める。第四の修習位では八正道《はっしょうどう》の兵士を整備して同事の縄をもって敵を縛り、六つの超自然的能力のえりぬきの騎兵を走らせて、智慧の剣《つるぎ》をもって殺す。第五の究竟地《くきょうじ》では五等の位をもって功労成績にむくい、四徳の都であるさとりをもって心王を命令する。

こうしてえられたさとりは第一義中の第一義で、これによって平和をもたらし、言説《ごんぜつ》を離れて事なきものとなる。唯一真実の台《うてな》に手をこまぬき、真理の世界の宮殿に安らぐ。

ほとんど無限の長い間修行した者たちは、ここに帝王と称され、四つの智慧をもてる真理の王という名も、今ここに初めてえられた。そのようなわけで、蔵識《ぞうしき》の海は七転識《しってんじき》の波がおさまり、煩悩のけがれなき菩薩は六つの賊の障害を断つ。はからいなき正しい智慧は真実常住の箱のように箱と蓋とがぴったりと合うようであり、さとった後にえたかりそめの慈愛はあらゆる迷いの世界に住する者たちにあまねくゆきわたる。経・律・論のおきてを作って、声聞・縁覚・菩薩の三つの素質をもった者たちを指導し、十善戒の規則を作って、あらゆる迷いの世界の者たちを導く。

教えについていえば、声聞乗・縁覚乗・菩薩乗である。識についていえば、眼《げん》・耳《に》・鼻《び》・舌《ぜつ》・身《しん》・意《に》・末那《まな》・阿頼耶《あらや》の八つである。五性《ごしょう》には仏となる者と仏となりえない者とがある。三身《さんじん》についていえば、自性身《じしょうしん》は永遠であり、受用身《じゅゆうしん》・応化身《おうけしん》は生滅をまぬがれない。百億の応化身は声聞・縁覚と同じく菩薩のためにも六波羅蜜を説き、千の蓮葉《れんよう》の上に坐す他受用身としての釈迦牟尼仏《しゃかむにぶつ》は、等しく声聞乗・縁覚乗・菩薩乗の三つの教えを授ける。

この全世界の生きとし生けるものを縁《たより》とするから、「他縁」という。羊の車や鹿の車にたとえられる声聞・縁覚に対するから、「大」の名がある。自己も他者も真実性に到達させるから、「乗」という。これはすぐれた人のふるまうところであり、菩薩の心すべきものである。思うに、こうしたものが中国の法相宗の大綱である。

〔(2) 第六住心すなわち唯識の世界の難点を示す〕

頌《じゅ》にいわく。七韻

心海湛然《たんねん》として波浪なし　識風鼓動して去来《こらい》をなす
凡夫《ぼんぷ》は幻《げん》の男女《だんにょ》に眩着《げんじゃく》し　外道《げどう》は蜃楼台《しんろうだい》を狂執す
知らず自心の天獄たることを　豈《あに》悟らんや唯心《ゆいしん》の禍《か》災《さい》を除くことを

六度万行《まんぎょう》(34)、三劫《さんごう》に習い　五十二位(35)、一心に開く
煩悩所知(36)、已《すで》に断じて浄《きよ》ければ　菩提涅槃《ぼだいねはん》(37)、これ吾が財《たから》なり
四三点(38)の徳、今、具足す　さとらずして外に求むるに甚《はなは》だ悠なる哉《かな》
言亡慮絶《ごんもうりょぜつ》して法界に遍ぜり　沈萍《ちんぺい》の一子、尤《もっと》も哀れむべし

問。この住心はまた何《いず》れの経論に依ってか建立する。

答。『大日経』『菩提心論』等なり。

彼の経等に何《いかん》が説く。

答。『大日経(39)』にいわく、「秘密主。大乗の行あり。無縁乗の心を発《おこ》して法に我性《がしょう》なし。何をもっての故に。彼、往昔にかくの如く修行せし者の如きは蘊《うん》の阿頼耶《あらや》(40)を観察して、自性は幻《げん》・陽焔《ようえん》・影《よう》・響《きょう》・旋火輪《せんかりん》・乾闥婆城《けんだつばじょう》の如しと知る」と。

龍猛《りゅうみょう》菩薩の『菩提心論』にいわく、「また、衆生あって大乗の心を発《おこ》して菩薩の行を行ず。もろもろの法門に於て遍修《へんしゅ》せざることなし。また三阿僧祇劫《さんあそうぎこう》を経て、六度万行を修し、みな、ことごとく具足して然して仏果を証す。久遠《くおん》にして成ずることはこれ所習《じょう》の法教、致《おおむ》ね次第あるに由ってなり」と。

問。二障(41)を断じ四徳(42)を証する、かくの如くの没駄は究竟とやせん。

かくの如くの行処は未だ本源に到らず。

何をもってか知ることを得る。

龍猛菩薩の説《と》かく(43)。「一切の行者、一切の悪を断《だん》じ、一切の善を修して十地を超え、無上地に到って三身《さんじん》(44)を円満し、四徳を具足す。かくの如くの行者は無明の分位《ぶんい》にして明の分位にあらず」。

今、この証文に依らば、この住心の仏は未だ心原に到らず。但し心外《しんげ》の迷を遮《しゃ》して、秘蔵の宝を開くことなし。

【語釈】(34)六度万行——布施、持戒、忍辱、精進、禅定、智慧の菩薩の実践行は、すべての善行の根本となるから万行といい、合わせれば、六度となることをいう。(35)五十二位——『瓔珞経』に見える菩薩修行の五十二の階位。十信、十住、十行、十廻向、十地、等覚、妙覚。(36)煩悩所知——煩悩障と所知障。(37)菩提涅槃——さとりと心のやすらぎ。(38)四三点——常、楽、我、浄の四つの徳と、法身、般若、解脱の三点。(39)大日経——『大日経』住心品(大正一八・三中)。(40)蘊の阿頼耶——五蘊(一五五頁注(4))のもとの可能力を存する阿頼耶識。(41)二障——煩悩障と所知障。(42)四徳——常、楽、我、浄の四徳。(43)龍猛菩薩の説かく——『釈摩訶衍論』第五。(44)三身——自性身、受用身、変化身。

【要旨】 第六住心を詩句でまとめて示し、その根拠として『大日経』『菩提心論』を援引する。

詩にいう。七韻

心の海は静まり、波立っていない ところが、迷いの心の風が吹くために、心に波風が立つ

愚者は幻のような男女の区別に目がくらみ 仏教以外の一般の教えによる者は、蜃気楼《しんきろう》のような実在性のないこの世のものに、取りすがっている

天国とか地獄とかいうものも、自らの心がつくり出したものだということを知らないでいる どうして心の迷いを取り除くことをよく知ろうか

布施・持戒・忍辱《にんにく》・精進《しょうじん》・禅定《ぜんじょう》・智慧《ちえ》という実践行を数限りなくつづけ、無限に永い間にわたって実践し 菩薩の非常に数多い修行段階（五十二位＝十信・十住・十行・十廻向・十地・等覚・妙覚）も、おのれの一心の中に展開する

感情上の迷いである煩悩と、認識上の迷いである所知（認識対象）とのさわりを断じてしまえば　さとりと心の安らぎはわがものとなる
常《じょう》・楽《らく》・我《が》・浄《じょう》というさとりの世界の四つの価値も、同じく法身《ほとけ》・般若《ちえ》・解脱《さとり》という三点も、今や具有している　このことをさとらず、自己の心の外にもとめるのは、愚かなことである
言葉を断ち、思慮を絶して、真理の世界はあまねくゆきわたっているけれども　これを知らずに水草のように生死《まよい》の海に沈む人びとのあわれなことよ

問い。この住心はまた、どの経典・論書によってたてるか。

答え。『大日経』『菩提心論』などである。

問い。その経などにはどのように説くか。

答え。『大日経』住心品にいう。「秘密主よ。大乗の実践がある。無縁乗の心を起こして、存在要素に実体性がないと知る。どのようにしてか。かつて、そのように修行した菩薩などは五つの構成要素よりなる現象界のもとであるアーラヤ識を観察して、その本性は幻・陽焔《かげろう》・影・反響・旋火輪《せんかりん》・蜃気楼のようなものだと知る」と。

龍樹菩薩の『菩提心論』にいう。「また、大乗の心を起こして菩薩の実践をなす者たち

がある。かれらはもろもろの教えをあまねく実修する。また、無限に近い劫をへて、六波羅蜜を限りなく行ない、みな、すべて備えて、しかる後にさとりをえる。非常に長い年月をかけて完成するのは行なうところの真理の教えが、素質による階級の別があるからである」と。

問い。煩悩障《ぼんのうしょう》、所知障《しょちしょう》を断ち、四徳を証《あか》す、このような仏は究極といえようか。

（答え。）こうして修行するところの者はまだ本当のさとりに達しない。

（問い。）どうして、それを知ることができるか。

（答え。）龍猛菩薩は説く。「すべての実践者がすべての悪を断ち、すべての善を行なって十地の階梯を越えて最高の地に到達し、三身《さんじん》の仏を完成し、四徳を備える。こうした実践者は根源的無知の位に住するもので、まださとりの智慧の位に至ったものではない」。今、この証文によれば、この住心の仏はまだ心の本源に到達しない。ただ、心の外の迷いをなくすだけで、秘蔵の宝をえたものではない。

Ⅶ　本論――第七覚心不生心

〔1〕覚心不生心とは何か〕

第七覚心不生心《かくしんふしょうしん》

それ、大虚《たいこ》寥廓《りょうかく》として万象《ばんしょう》を越丨気《えっこんき》に含み、巨壑《きょがく》、泓澄《おうとう》として千品《せんぴん》を一水に孕《はら》む。誠に知んぬ、一つは百千が母たり。空はすなわち仮有《けう》の根《もとい》、仮有《けう》、有《う》にあらざれども、有《う》、有として森羅《しんら》たり。絶空、空にあらざれども、空、空として不住なり。色、空に異ならざれば、諸法を建てて宛然《えんぜん》として空なり。空、色に異ならざれば諸相を泯《みん》じて宛然として有なり。この故に色すなわちこれ空、空すなわちこれ色なり。諸法もまた爾《しか》なり。何物か然らざらん。水波の不離に似たり。金荘《こんそう》の不異に同じ。不一不二の号《な》、立ち、二諦《にたい》(1)四中の称《な》、顕《あら》わる。

空性を無得に観じ、戯論《けろん》を八不《はっぷ》(2)に越ゆ。時に四魔(3)、戦わざるに、面縛《めんばく》し、三毒(4)、殺さざるに、自降《じこう》す。生死《しょうじ》すなわち涅槃《ねはん》なれば更に階級なし。煩悩すなわち菩提《ぼだい》なれば断証を労すること莫《な》し。然りといえども、無階の階級なれば五十二位を壊《え》せず。階級の無階なれば一念の成覚《じょうかく》を碍《さまた》げず。一念の念に三大を経て自行を勤め、一道の乗に三駕を馳《は》せて化他を労す。

唯蘊《ゆいうん》の無性《むしょう》に迷えるを悲しみ、他縁の境智を阻《へだ》てたるを歎く。心王自在《しんのうじざい》にして本性の水を得《う》、心数《しんじゅ》の客塵《かくじん》は動濁の波を息《や》む。

権実(5)二智は円覚を一如《いちにょ》に証し、真俗両諦《りょうたい》は教理を絶中に得《う》。心性《しんしょう》の不生《ふしょう》を悟り、境智の不異を知る。これすなわち南宗《なんしゅう》の綱領《こうれい》なり。

故に(6)大日尊、秘密主(7)に告げてのたまわく、「秘密主。彼かくの如く無我を捨てて心主《しんしゅ》自在にして自心の本不生《ほんぷしょう》をさとる。何をもっての故に。秘密主。心は前後《ぜんご》際不《さいふ》可得《かとく》なるが故に」と。

釈していわく、「心主というはすなわち心王なり。有無に滞《とどま》らざるをもっての故に、心《しん》に罣碍《けいげ》なうして所為の妙業《みょうごう》、意に随ってよく成ず。故に心主自在という。心王自在というは、すなわちこれ浄菩提心《じょうぼだいしん》の更に一転の開明を作《な》して前劫《ぜんごう》に倍勝することを明かすなり。心王は猶《なお》し池水の性の本《もと》より清浄なるが如く、心数《しんじゅ》の浄除《じょうじょ》は猶《なお》し客塵《かくじん》の清浄なるが如し。この故に、この性浄《しょうじょう》を証する時、すなわちよく自《みずか》ら心《しん》の本不生を覚《さと》る。何をもっての故に。心は前後《ぜんご》際倶《さいとも》に不可得なるが故に。譬《たと》えば大海の波浪は縁より起《き》するをもっての故に、すなわちこれ先にもなく後にもなく、而《しか》も水性《すいしょう》は爾《しか》らず、波浪の縁より起《き》する時、水性、これ先になきにもあらず、波浪の因縁尽きる時、水性はこれ後になきにもあらざる如く、心王もまた、かくの如く前後際なし。前後際断するをもっての故に。また境界の風に遇《あ》うて縁に随って起滅すといえども、而《しか》も心性《しんしょう》は常に生滅なし。

この心の本不生を覚るはこれ漸《ようや》く阿字門(8)に入るなり。かくの如くの無為生死の縁因生壊等の義は、『勝鬘経《しょうまんぎょう》』(9)『宝性』(10)『仏性論《ぶっしょうろん》』(11)等の中に広く明かすが如し。本不生といっぱ、兼て不生《ふしょう》不滅不断不常不一不異不去《ふこ》不来等を明かす。三論家《さんろんけ》にはこの八不《はっぷ》を挙げてもって究極の中道とす。故に、吉蔵《きちぞう》法師(12)の二諦《にたい》・方言《ほうごん》(13)・仏性《ぶっしょう》等の章に盛《しき》りにこの義を談ず」。

頌《じゅ》にいわく。　五韻

因縁生《いんねんじょう》の法は本《もと》より無性なり　空仮《くうけ》中道は都《すべ》て不生なり
波浪の滅生《めっしょう》は但しこれ水なり　一心は本より湛然《たんねん》として澄めり
色空不壊《しきくうふえ》にして智よく達す　真俗宛然《えんねん》として、理、分明《ふんみょう》なり
八不の利刀(14)、戯論《けろん》を断つ　五辺(15)、面縛《めんばく》し、自降して平《たいら》かなり
心通無碍《しんつうむげ》にして仏道に入る　この初門より心亭に移る

【語釈】(1)二諦——出世間的な最高真理である真諦と世間的真理を指す俗諦。(2)八

不——生、滅、断、常、一、異、去、来の八つのあやまった見解を否定した不生、不滅、不断、不常、不一、不異、不去、不来の総称で、これによってあらゆるものの真実相が明らかにされるとする。三論教学で説く。（3）四魔——煩悩魔、陰魔、死魔、天魔。（4）三毒——貪欲、瞋恚、愚癡の三毒煩悩。（5）権実——権は化他の後得智、実は自証の正体智。（6）故に……——『大日経』住心品（大正一八・三中）。以下の釈は『大日経疏』。（7）秘密主——『大日経』の聞き手の代表者である金剛薩埵。ここでは自心の本不生をさとるを（a）字をもって究極とするのは第十秘密荘厳心である。金剛手秘密主。（8）阿字門——阿もって阿字門に入る初門とするのである。（9）勝鬘経——『勝鬘師子吼一乗大方便方広経』。勝鬘夫人のために説かれた経典で、『維摩経』とともに在家得道の信仰をあらわした経典。劉宋、求那跋陀羅訳。（10）宝性——『究竟一乗宝性論』四巻。後魏の勒那摩提訳。『勝鬘経』の思想を受けて、一切衆生に如来蔵（衆生の煩悩の中にかくされている本来清らかな法身）が自然に具わっていることを説き明かしたもの。（11）仏性論——四巻。世親菩薩の著。真諦訳。縁起、破執、顕体、辨相の四分十六品から構成されて仏性の義を詳論する。（12）吉蔵法師——嘉祥大師。隋代の人。『中論』『百論』『十二門論』等の諸疏を著わし三論宗再興の祖。（13）二諦・方言……——『大乗玄論』五巻の中に見える。（14）八不の利刀——三論における不生、不滅、不断、不常、不一、不異、不去、不来の正観の鋭さを鋭利な刀剣にたとえていう。（15）五辺——生滅・不生不滅・亦生滅亦不生滅・亦非生滅亦非不生滅。

【要旨】『中論』、中国の三論宗で説く空観、密教における『大日経』『大日経疏』を中心とする空観の所説などを紹介する。終りに第六住心から第七住心に転昇するゆえんを詩句にまとめて示す。第七住心はインドでは中観派、中国では三論宗に相当する。この住心は前の第六住心とともに権大乗の立場である。

そもそも、大空はひろびろとしていて大きく、あらゆるものの形象を、天地を貫くただ一気《いっき》にふくみ、大海は深く澄みとおって、一つの水に限りないさまざまなものをうちにもっている。これによって知られるように、一は無数のものの母胎である。同様に三論宗で説く空は現象している存在の根本である。現象している存在は実在ではないけれども、それぞれの存在としてつらなり存している。絶対の空は単純な無ではないが、それぞれに空無として固定していないものである。存在するものは空にほかならないから、もろもろの存在をたてるものの、それはそのまま、さながらにして空である。空は存在するものにほかならないから、存在の諸相を否定するものの、それはとりもなおさずに存在として実在する。だから存在するものは空であり、空はそのまま存在するものである。もろもろの現象している存在もまた同様であるから、そのようでないものは何物もない。それは一水と万波とが離れて存しないようなものである。また黄金という質量と装飾品という形相とが別のものでないのと同じである。唯一でなく二つでないといい、絶対空と現象している存在という二つ（真《しん》・仮《け》）の真理とか対偏中・尽偏中・絶待中・成仮中という四種の中道が無所得空（または無所得中道）をさとるために説かれるのも、このゆえである。

八不《はっぷ》によって正しくない無益な言論を越える。ときに煩悩魔・陰魔・死魔・天魔も戦わなくて降伏し、貪《むさぼ》り・瞋《いか》り・癡《おろか》さの三毒煩悩も殺さずして、おのずから降参する。生死《まよい》がそのまま安らぎであるから、わけへだてがない。煩悩がとりもなおさずさとりであるから、煩悩を断ってさとりをえる労もない。だが、本来、わけへだてがなくても、一応は階級があるから、五十二の段階をそこなわない。わけへだては本来ないから、一念にさとりを完成するのを妨げない。一念の間に三大無数の劫《カルパ》をへて、自らの実践につとめ、有《う》・空《くう》の相対を超絶した唯一の道の菩薩乗に声聞乗・縁覚乗・菩薩乗をのせて走らせて、人びとを導く。

第四住心の「唯蘊《ゆいうん》」の立場が、あらゆるものにそれ自体の固定した性質がないのを知らないことを悲しみ、第六住心の「他縁」の立場が認識対象と認識主観とをわけへだてるのを歎く。阿頼耶《あらや》の心王《しんのう》は絶対自由で、水のように本来清らかなものをえる。心王にもとづく心のはたらきのかりそめの汚れも動揺し濁っている波をしずめる。手だてのかりの智慧と真実の智慧とは唯一真実において完全なさとりを証《あか》し、最高真理と世俗的真理とは絶対中道において教理をえる。心の本性は生起しないことをさとり、認識対象と認識主観とは異ならぬことを知る。これは中国南方の三論宗のおおすじである。

だから、『大日経』住心品では、大日如来が秘密主に告げて申されるのに、「秘密主よ。彼はこのように、ものに実体性がないという立場をも捨てて、心主は絶対自由で、自らの心の本来生起しないことをさとる。なぜかといえば、秘密主よ、心は過去にも未来にも把《は》捉《そく》しがたいものだから」と。

これを『大日経疏』第二に注解していう。「心主《しんしゅ》とは心王のことである。有・無にとどまらぬから、心に障害がなく、なすところの自利利他のすぐれた行為を心のままによくなす。だから、心主は絶対自由であるという。心王は絶対自由とは清らかなさとりを求める心がさらにさとりの世界に向かって一回転し、以前の住心よりもいっそうすぐれていることを明らかにする。心王は池の水のように本来清らかであるように、それにもとづく心のはたらきの汚れを清らかにのぞくことは、あたかもかりそめの汚れがもともと清らかなのと同じである。だから、この本来清らかなことを証《あか》すとき、よく自ら心は本来生起しないものであることをさとる。（経に）いかにしてか。（秘密主よ、）心は過去にも未来にもともに把捉しがたいものだから、という。それはたとえば、大海の波は風が吹いて波が立つから、風の吹く前にも後にもなく、しかも水の本性には波立ちはない。風が吹いて波が立つとき、水の本性は前にないのではなく、風が吹き止んで波が静まったとき、水の本性は後にないわけではない。心王と心のはたらきとの関係もまたそれと同じで、前後の際限がない。前後の際限がないから、また認識の領域の風にあって、心のはたらきの波が立っても、しかも心の本性は常に生滅することがない。

こうして、この心は本来生起しないものだとさとるのは、ようやく阿字門《あじもん》に入るところである。こうした迷いの世界を離れた聖者の受ける生死の原因と条件、生起と消滅などのむねは、『勝鬘経《しょうまんぎょう》』『宝性論《ほうしょうろん》』『仏性論《ぶっしょうろん》』などの中に広く説明しているとおりである。

本来生起しないというのは、さきの意味のほかに、生ぜず、滅せず、断絶せず、相続せず、一ならず、異ならず、去らず、来らずという『八不』の真理を明らかにする。三論《さんろん》宗《しゅう》の学者の立場では、この八不をあげて究極の中道とする。だから、吉蔵三蔵《きちぞうさんぞう》の『大乗《だいじょう》玄論《げんろん》』の中の『二諦義《にたいぎ》』『方言義《ほうごんぎ》』『仏性義《ぶっしょうぎ》』などの章に、しきりにこのむねを説く」。

詩にいう。五韻

原因と条件とによって生起したものは、それ自体の性質をもたない　それは空であり、
かりの存在であり、両者を止揚した中道であって、すべて絶対である
波が千変万化するのは一水以外のものではない　一心は本来静かにして、澄みわたって
いるものである
現象している存在と空とを、そのままにして深く認識すれば　最高真理と世間的真理と
の理法は、さながらに明瞭である
一切を否定し去る鋭利な刀は、迷妄の見解を断ち　概念的な認識（五辺）をすべて征服
して、平安である
心の主体は自由自在であって、第七住心の仏道に入る　さらに、この第七住心という絶
対否定の教えの初門より、次の第八住心へと移ってゆく

(2)『大日経』『菩提心論』を論拠として密教からみた空観を説く

『経』[16]にいわく、「秘密主、彼かくの如く無我を捨てて、心主自在にして自心の本不生を覚《さと》る。何をもっての故に。秘密主、心は前後《ぜんご》際《さい》不可得《ふかとく》なるが故に。かくの如く自心の性を

知るはこれ二劫を超越する瑜祇《ゆぎ》の行《ぎょう》なり」と。

『菩提心論』(17)にいわく、「当《まさ》に知るべし、一切の法は空なり。已《すで》に法の本無生を悟んぬれば、心体自如《しんたいじにょ》にして身心を見ず。寂滅平等究竟真実《じゃくめつびょうどうくきょうしんじつ》の智に住して退失なからしむ。妄心、もし起らば知って随うこと勿《なか》れ。妄、もし息《や》む時は、心源空寂なり」と。

問。もろもろの戯論《けろん》を絶って寂静無為《じゃくじょうむい》なり。かくの如くの住心は極底に到るや不《いな》や。

那伽羅樹那《ながらじゅな》菩薩の説かく、(18)「清浄《しょうじょう》本覚は無始より来《このかた》、修行を観《ま》たず。他力を得るにあらず。性徳円満《しょうとくえんまん》し本智具足せり。また四句を出でまた五辺を離れたり。自然《じねん》の言も自然なること能《あた》わず。清浄の心も清浄なること能わず。絶離絶離せり。かくの如くの本処は無明の辺域にして明の分位にあらず」。

【語釈】(16)経――『大日経』住心品(大正一八・三中)。(17)菩提心論――大正三二・五七三中。(18)那伽羅樹那菩薩の説かく……――龍猛菩薩の『釈摩訶衍論』第五。那伽羅樹那はナーガールジュナ(Nāgārjuna)の音写。

【要旨】第六住心は唯識哲学の立場であるが、それが空の哲学へ転昇するゆえんを明らかにする。

『大日経』住心品にいう。「秘密主《ひみつしゅ》よ。かれはこのように、ものに実体性がないとみる立場をも捨てて、心主は絶対自由をえて、自らの心は本来生起しないものであることをさとる。なぜか。秘密主よ、心は過去・未来の際限を把捉することができないからである。このように、自らの心の性質を知るのは、第二の迷界を超越した瞑想者の実践である」と。

『菩提心論』にいう。「あらゆるものは空であると知るがよい。すでにものは本来生起しないことをさとれば、心の本体はおのずからありのままであって、身と心との区別を見ない。静まって平等である理法と究極で真実である智慧とに住して退き失うことがない。もし迷妄の心が起これば、どうして起こったかを知っても、それにしたがってはならない。もし迷妄の心がなくなるときは、心の本源はむなしい」と。

問い。もろもろの正しくない無益の言論を絶って、静まってなすところがない。こうした住心はさとりの極限に到ったものかどうか。

(答え。)龍樹菩薩は説く。「清らかな本来のさとりは遥かな過去から、修行をまって現われるものでもなく、他の力をえなくてはならぬものでもない。本性の徳が完全に備わり、本来の智慧を備えている。また、四句を越え、また五辺を離れたものである。自然という語も不適当であり、清浄という心も不適当である。絶対に言葉を離れている。こうした当のところは、だが、まだ根源的無知の領域であって、さとりの智慧のあるところでない」。

Ⅷ　本論――第八一道無為心

(1)　一道無為心とは何か。この第八住心は別名、如実知自心または空性無境心ともいう

第八一道無為心《いちどうむいしん》　または如実知自心と名づけ
またに空性無境心と名づく

もしそれ、孔宣(1)、震旦《しんたん》(2)に出でて五常を九州(3)に述べ、百会《ひゃくえ》(4)、華胥《かしょ》(5)に誕《たん》じて一乗を三草(6)に開く。ここに狂酔《きょうすい》の黎元《れいげん》は住して進まず。癡闇《ちあん》の黔首《けんしゅ》は往《ゆ》いて帰らず。七十の達者(7)は頗《すこぶ》るその堂に昇り、万千の羅漢《らかん》はすなわち金口《こんく》を信ず。度内の五常は方円合《かな》わず、界外《かいげ》の一車は大小入らず。この故に三七(8)に樹《うえき》を観じ、四十(9)に機を待つ。初めには四諦《したい》(10)方等(11)を転じて人法の垢穢《くえ》を洗い、後には一雨の円音を灑《そそ》いで草木の芽葉《げよう》を霑《うるお》す。

「蓮華三昧《れんげざんまい》」(12)に入って性徳《しょうとく》の不染《ふぜん》を観じ、白毫《びゃくごう》(13)の一光を放って修成の遍照を表するが如くに至っては会三帰一《えさんきいっ》(14)して仏智の深多を讃じ、指本遮末《しほんしゃまつ》(15)して成覚《じょうかく》の久遠《くおん》を談ず。宝塔騰踊《とうゆ》(16)して二仏同座し、裟界《しゃかい》震裂して四唱一処なり。髻珠《けいしゅ》(17)を賜《たま》い、瓔珞《ようらく》を献ず。利智の鶖子《じゅし》(18)は吾が仏の魔に変ぜるかと疑い、等覚の弥勒(19)は子の年の父に過ぎたることを怪しむ。一実の理、本懐《ほんがい》をこの時に吐《は》き、無二《むに》の道《どう》、満足を今日に得《う》。爾《しか》ればすなわち羊鹿、斃《たお》れて露牛《ろご》疾《と》し、龍女《りゅうにょ》(20)出でて象王迎う。二種の行処は身心の室宅《しったく》に宿り、十箇の如是(21)は止観の宮殿《ぐうでん》(22)に安んず。寂光《じゃっこう》(23)の如来は境智を融して心性を知見し、応化の諸尊は行願《ぎょうがん》を顧みて分身、相に随う。寂にしてよく照なり。照にして常に寂《じゃく》なり。澄水《ちょうすい》のよく鑒《み》るに似たり。瑩金《えいきん》の影像《ようぞう》の如し。湿金すなわち照影、照影すなわち金水《こんすい》なり。すなわち知んぬ、境すなわち般若《はんにゃ》、般若すなわち境なり。故に無境界という。すなわちこれ実《じつ》の如く自心を知るを名づけて菩提とす。

故に大日尊、秘密主に告げてのたまわく、「秘密主、云何《いかん》(24)が菩提とならば、いわく実の如く自心を知るなり。秘密主、この阿耨多羅三藐三菩提《あのくたらさんみゃくさんぼだい》(25)は、ないし彼の法として少分も得べきことあることなし。何をもっての故に。虚空の相はこれ菩提なり。知解《ちげ》の者もなく、また開暁《かいぎょう》の者もなし。何をもっての故に。菩提は無相なるが故に。秘密主、諸法は無相なり。いわく虚空の相なり」。

その時に、金剛手、また、仏に白《もう》して言《もう》さく、「世尊(26)、誰か一切智を尋求《じんぐ》する、誰か菩提のために正覚を成《じょう》ずる者、誰か彼の一切智智を発起《ほっき》する」。

仏ののたまわく、「秘密主、自心に菩提及び一切智を尋求す。何をもっての故に。本性《ほんしょう》清浄《しょうじょう》なるが故に。心は内に在《あ》らず、外に在らず、及び両中間にも心不可得なり。

秘密主、如来応正等覚は青《しょう》にあらず、黄《おう》にあらず、赤《しゃく》にあらず、白《びゃく》にあらず、紅《く》にあらず、紫《し》にあらず、水精色《すいしょうじき》にあらず、長にあらず、短にあらず、円にあらず、方にあらず、明《みょう》にあらず、暗にあらず、男《なん》にあらず、女《にょ》にあらず、不男女にあらず。

秘密主、心は欲界と同性にあらず、色界と同性にあらず、無色界と同性にあらず、天・龍・夜叉《やしゃ》・乾闥婆《けんだつば》・阿修羅《あしゅら》・迦楼羅《かるら》・緊那羅《きんなら》・摩睺羅伽《まごらが》・人《にん》・非人趣《ひにんしゅ》と同性にあらず。

秘密主、心は眼界に住せず、耳鼻舌身意界《にびぜっしんにかい》に住せず、見にあらず、顕現にあらず。何をもっての故に。虚空相の心はもろもろの分別と無分別とを離れたり。所以《ゆえ》は何《いかん》となれば、性、虚空に同《どう》なれば、すなわち心に同なり。性、心に同なれば、すなわち菩提に同なり。かくの如く、秘密主、心と虚空界と菩提との三種は無二なり。これらは悲を根本《こんぽん》となして、方便波羅蜜《はらみつ》満足す。
この故に、秘密主、我、諸法を説くこと、かくの如し。彼のもろもろの菩薩衆をして菩提心清浄にしてその心を知識せしめんとなり。

【語釈】（1）孔宣——孔子。宣は諡号《しごう》。（2）震旦——中国。インド人が中国をチーナ・スターナ（Cīna-sthāna）と呼んだのにもとづくという。チーナは秦の訛音。スターナは場所、国土を意味する。（3）九州——中国。冀、兗、青、徐、荊、揚、予、梁、雍の州の総称。（4）百会——人の頂上。密教で釈尊の異称。（5）華胥——非常によく治まっている国。ここではインドのこと。『列子』に見える。（6）三草——小草（人、天）、中草（二乗）、上草（菩薩）の総称。（7）七十の達者——孔子門下の七十二人をいう。（8）三七——釈尊が成道ののち、三七（二十一）日間菩提樹の下で思惟したこと。（9）四十に機を待つ——釈尊が成道、四十年間待機して初めて『法華経』を説いたことをいう。（10）四諦——苦、集、滅、道の総称。ここでは『阿含経』を指す。（11）方等——『方等経』のこと。ここでは『法華経』以前の大乗経典を指す。（12）蓮華三昧——法華三昧に同じ。天台宗で『法華経』にもとづき、実相中道の理法を観ずる瞑想。（13）白毫——仏の両眉の間にある白色の毫《ほうげ》。三十二相の一。（14）会三帰一——三乗を開いて一乗に帰すこと（『法華経』方便品）。（15）指本遮末——久遠実成の本門の仏を高く主張すること（『法華経』寿量品）。（16）宝塔騰踊して…——大地より湧出した塔に、多宝仏と釈迦とが同坐して空中にあること（『法華経』宝塔品）。（17）髻珠——髻珠のような珍宝。法華一乗にたとえる（『法華経』安楽行品）。（18）利智の鶖子——二乗を信じていた舎利子は仏が『法華経』を説いたのを聞いて、仏は悪魔に変じたのではないかと疑ったこと（『法華経』譬喩品）。（19）等覚の弥勒——仏が地より湧出した諸菩薩を弟子だと言うのを、弥勒菩薩が疑ったこと（『法華経』涌出品）。（20）龍女——『法華経』提婆品に見える。（21）十箇の如是——『法華経』方便品に説く、如是相、如是性、如是体、如是力、如是作、如是因、如是縁、如是果、如是報、如是本末究竟等。あらゆる存在には真実相の十種の如是があることをいう。（22）止観の宮殿——止観を十箇の如是を安置する宮殿にたとえる。（23）寂光——常寂光土の略で、仏の住する身心不二の真実の世界。如来は多宝如来と釈迦如来。地中より湧出して霊鷲山の虚空会に同坐したのをいう。（24）秘密主、云何が……——『大日経』住心品（大正一八・一下）。（25）阿耨多羅……——アヌッタラ・サンヤク・サンボーディ（anuttara-samyak-sambodhi）の音写。無上正等覚。（26）世尊——『大日経』の教主、大日如来を指す。以下、『大日経』住心品（大正一八・一下）からの引用。

【要旨】　中観派、三論宗の絶対空の世界を超えると、真実在の風光が展開する。このような心の世界を説くのは『法華経』であり、宗派でいえば天台宗である。中国十三宗の中の天台宗に対して、わが国で伝教大師最澄が開いたのを新天台宗といって区別する。空海はむろん最澄の天台宗を予想して密教との位相の相違を強く意識していたに相違ない。なお、本書を著したのは最澄歿後のことである。

そもそも孔子は中国に現われて人のふむべき道をいたるところで述べ、釈尊はインドに生まれて一乗を人天乗・声聞乗・縁覚乗の三つに開いて説いた。ところが、迷える人民は世間に留まったままで孔子の道に進むことなく、無知な人びとは釈尊の説法の座を去って帰ってこなかった。広く道理に通達した七十人の孔子門下の者はよくその奥義に達し、一万一千の聖者は釈尊の口ずからの説を信じた。

こうして、中国内に人のふむべき道があっても、それにしたがわず、火災中の家屋の外に大きな白牛の車はあっても二乗や三乗の者は乗り込まなかった。

だから、釈尊は成道後三七日《さんしちにち》間、菩提樹下で観想し、四十年間、大乗の教えを受けるだけの素質のある者を待った。初めは四つの真理を、ついで大乗経典を説いて、個体存在と存在要素との汚れを洗い、後にはひと雨があまねく降りそそいで草木の芽や葉をうるおす。「蓮花のような精神統一」という瞑想に入って人びとが本来もっている徳は汚れに染まらないことを観想し、眉間の白毫《びゃくごう》よりひとすじの光を放って本来の理法を修め成《な》したあまねく照らす智慧を表現する。こうしたありさまは三乗をひとまとめにして一乗に帰一し、仏の智慧の深くして大なることを讃《たた》え、仏の本来の有する永遠の生命を指し示して、かりに世に出でたもうた末の釈尊を否定して、仏はすでに永遠にさとりをえていたもうことを説く。七宝で飾られた塔が地中より湧き出て空中にのぼり、多宝仏と釈尊とが同座し、仏が『法華経』を説かれたとき、この世界は振動して裂け、そこから無量百千万億の菩薩が一時に湧き出て、その中の上首の四人が一つところに住して、仏を讃えた。すぐれた法華の実践者に仏が結髪の中の珠を与えたまい、無尽意《むじんに》菩薩が観自在菩薩に首飾りをささげたとき、観世音菩薩はこれを二つに分けて、多宝仏と釈尊とにささげた。

すぐれた智慧をもつ舎利弗《しゃりほつ》は『法華経』の真理を聞いて、わが仏は悪魔になり変ったのではないかと疑い、仏に等しいさとりをえた弥勒《みろく》菩薩は地中より湧き出た長老の菩薩に対して、仏がわが弟子とよぶので、子である弟子の年が父である仏より老齢であるのを怪しんだ。このときに、仏の本望である唯一真実の道理を開陳され、法華一乗という二ならざる実践が、ここに至って初めて満足されたのである。

このようなわけで声聞の羊の車や縁覚の鹿の車は途中で倒れて法華一乗の大きな白牛の車を走らせ、龍女《りゅうにょ》が龍宮より出て仏のいます所へ来たとき、仏はこれを迎えられて龍女が仏となったことを証《あか》されたのである。

法華の実践者が自ら実践すべきところと、自ら近づくべきところとは身心を休ませる安らぎの家屋であり、十種の如是《によぜ》の観想は止と観とを行なう安楽の宮殿である。常寂光土《じようじやつこうど》の多宝仏と釈尊とは認識対象と認識主観とを一つにして、心の本性を知見したまい、応化《おうけ》の仏たちは多宝仏の行願《ぎようがん》をかえりみて、釈尊の白毫の光にしたがって分身を示す。

この止観についていうと、静かであってよく照らし、照らしていて常に静かである。それはあたかも澄みきった水そのものと事物を映し出す水のはたらきとの関係のようなものである。また磨きをかけた黄金とそれに反映する影像とのようである。水または黄金はとりもなおさず事物を映し出したり影像を反映するはたらきをもち、そうしたはたらきはそのまま黄金や水である。

そこで、認識対象はさとりの智慧で、さとりの智慧は認識対象にほかならないことを知る。だから、この住心を（空性《くうしよう》にして）認識対象たる客観のない世界という。つまり、それはありのままに自らの心を知ることで、これを菩提《さとり》と名づける。

だから、大日如来が秘密主に告げていう。「秘密主よ、菩提《さとり》とはなにかといえば、ありのままに自らの心を知ることである。秘密主よ、この無上にして正しくあまねきさとりは、

(中略)真理として少しもとるべきものがない。なぜか。虚空のすがたが菩提《さとり》のそれなのである。知るものもなければ、さとられるものもない。なぜか。菩提《さとり》はかたちがないから。秘密主よ、すべてのものはかたちがない。つまり、虚空のすがたである」と。

そのとき、金剛手はまた、仏に申しあげていうのに、「世尊よ、どのようにして全智を求めることができましょう。どのようにして菩提《さとり》を求めて正しいさとりを完成することができましょうか。どのようにしてかの全智の中の智慧を起こすことができましょうか」と。

仏がいわれるのに、「秘密主よ、自らの心において菩提《さとり》および(仏の)全智を求めるのである。なぜかといえば、自らの心は本性が清らかだからである。心は身体の内にも外にもない。また心はその内外の中間にもえられない。

秘密主よ。仏のさとりは青でも黄でも赤でも白でも紅でも紫でも水精色《すいしょういろ》でもなく、長くも短くも円でも四角でも明でも暗でも男性でも女性でも両性のいずれでもない。

秘密主よ。心は欲望のはたらく世界と同じ性質でもなく、物質的世界のそれでもなく精神的世界のそれでもない。天・龍・夜叉・乾闥婆《ガンダルヴァ》(音楽神)・阿修羅《アスラ》・迦楼羅《カルダ》・緊那羅《キンナラ》・摩睺羅伽《マホーラガ》(大蛇)・人・非人のおもむくところと同じ性質のものでない。

秘密主よ、心は眼・耳・鼻・舌・身・意の領域になく、見るものでもなく、顕現するものでもない。なぜか。虚空のすがたと同じ心は、もろもろの思慮と思慮なきこととを離れたものである。なぜならば、本性は虚空と同じであるから、自らの心がそのまま真実世界の心と同じである。その本性が真実世界の心と同じであるから、それはそのまま菩提《さとり》と同じである。このように、秘密主よ、心と虚空界と菩提との三つは二ならざるものである。これらは大なる慈愛を根本とし、他の者を救う手段の実践《ハラミツ》を満足する。だから、秘密主よ、わたし（大日如来）がこうした教えを説くのは、次のとおりである。すなわち、かのもろもろの菩薩衆をして菩提を求める心を清らかにし、その心を知らせようとするためである。

〈(2)『大日経』『大日経疏』を援引し、なおかつ『大智度論』を論拠にして心の真実の風光が展開するだけではまだ仏道に入る初門にすぎないと断ずる〉

秘密主、もし族姓《ぞくしょう》の男《なん》、族姓の女《によ》、菩提を識知せんと欲《おも》わば、当《まさ》にかくの如く自心を識知すべし。

秘密主、云何《いかん》が自心を知るとならば、いわく、もしは分段《ぶんだん》、或いは顕色《けんじき》、或いは形色《ぎょうしき》、或いは境界、もしは色、もしは受・想・行・識、もしは我、もしは我所、もしは能執、もしは所執、もしは清浄、もしは界、もしは処、ないし一切の分段の中に求むるに不可得なり。秘密主、この菩薩の浄菩提心門を初法明道と名づく」。

釈していわく、「いわく、無相、虚空相、及び非青非黄」等の言は並びにこれ法身真如、「一道無為」の真理を明かす。仏、これを説いて初法明道と名づけたもう。『智度』(27)には入仏道の初門と名づく。仏道といっぱ、金剛界宮大日曼荼羅《こんごうかいぐうだいにちまんだら》(28)の仏を指す。もろもろの顕教に於てはこれ究竟《くきよう》の理智法身(29)なれども、真言門に望むれば、これすなわち初門なり。大日世尊及び龍猛菩薩並びに、みな明らかに説きたまえり、疑惑須《すべから》ず。

また、下の文にいわく(30)、「いわゆる空性《くうしよう》は根境を離れて相もなく境界もなし。もろもろの戯論《けろん》を越えて、虚空に等同なり。有為無為界を離れ、もろもろの造作を離れ、眼耳鼻舌《げんにびぜつ》身意《しんに》を離る」といっぱ、またこれ理法身を明かす。

無畏《むい》三蔵の説かく(31)、「行者、この心に住する時、すなわち釈迦牟尼《しやかむに》の浄土、毀《き》せずと知り、仏の寿量長遠本地の身、上行等の従地涌出《ゆしゆつ》(32)のもろもろの菩薩と一処に同会《どうえ》するを見る。対治道(33)を修する者は迹《あと》、補処(34)に隣《とな》るといえども、然れども一人をも識《し》らず。この故にこの事を秘密と名づく」。

この理を証する仏をまた常寂光土の毗《び》盧《る》遮那《しゃな》(35)と名づく。

大隋の天台山国清寺(36)の智者禅師(37)、この門に依って止観を修し、法華三昧(38)を得て、すなわち『法華《ほっけ》』『中論』『智度』をもって所依《しょえ》(39)となして、一家の義を構う。

この乗の趣、大体、かくの如し。

頌《じゅ》にいわく。四韻

前劫の菩薩は戯論《けろん》と作《な》る　この心の正覚もまた真にあらず
無為無相にして一道、浄《いさぎよ》く　非有非無にして不二《ふに》を陳《ちん》ぜり
心境絶泯《ぜつみん》して常寂の土なり　語言道断《ごごんどうだん》して遮那《しゃな》(40)の賓なり
身心也《また》、滅して大虚に等し　随類影現《ようげん》して変化の仁あり

問う。かくの如くの一法界一道真如の理をば究竟の仏とやせん。

龍猛菩薩の説かく(41)、「一法界心(42)は百非にあらず、千是に背《そむ》けり。中にあらず、中にあらざれば、天を背けり。天を背きぬれば、演水の談《だん》、足、断って止まり、審慮《しんりょ》の量手、亡《ぼう》じて住す。かくの如くの一心は無明《むみょう》の辺域《へんいき》にして明の分位にあらず」と。

【語釈】（27）智度——『大智度論』の略称。（28）金剛界宮大日曼荼羅——金剛界曼荼羅

をいう。(29)理智法身——理と智とをともにそなえた最高の仏。応身、報身の対。(30)いわく……——『大日経』住心品(大正一八・三中)。(31)無畏三蔵の説かく……——善無畏三蔵の『大日経疏』第二よりの引用。(32)上行等の従地涌出……——『法華経』涌出品において、上行、無辺行菩薩らの四導師をはじめ多くの菩薩が地中より湧出して霊鷲山の虚空会に同坐したのをいう。(33)対治道——本門よりおとる迹門の教え。(34)補処——次の世には仏になることを約束されている菩薩の位。(35)毗盧遮那——ヴァイローチャナ(Vairocana)の音写。大日如来の原語。(36)大隋の天台山国清寺——中国の浙江省にある寺。六〇一年に開創、智者大師の居住地。中国天台宗の根拠地。(37)智者禅師——智顗《ちぎ》。中国天台宗の第三祖、大成者。天台山に居住した。『摩訶止観』『法華文句』などの著作がある。(38)法華三昧——『法華経』に説く四種三昧で、㈠常坐三昧、㈡常行三昧、㈢半行半坐三昧、㈣非行非坐三昧。(39)『法華』『中論』『智度』をもって……——『法華経』、龍樹の『中論』『大智度論』を、一派を立てるためによるべき経典、論典としたこと。(40)遮那——注(35)毗盧遮那の略。(41)龍猛菩薩の説かく……——『釈摩訶衍論』第五。(42)一法界心——ありのままの心。真実の心。

【要旨】心の真実の風光を垣間見ただけでは密教で説く唯仏与仏《ゆいぶつよぶつ》(唯仏と仏とのみが知る世界)すなわち曼荼羅を窺い知るには至らない。

秘密主よ。もしよき若者、またはよき女性が菩提を知ろうと思えば、このように自らの心を知るべきである。

秘密主よ。どのようにして自らの心を知るかといえば、あるいは区切り、あるいは色彩、あるいは形態、あるいは境界、または存在一般、または感受作用・概念作用・構想作用・認識作用、または自我、また自己所有の観念、または把捉《はそく》するもの、または把捉されるもの、または清浄、もしくは存在の構成要素、もしくは感覚領域、ないしすべて区切りのあるものの中に求めるのに、とらえられないものである。秘密主よ。この菩薩の清らかな菩提を求める心をもって、最初の真理を明らかにする実践と名づける」。

注解していう。「かたちなく、虚空のすがたである。および青でも黄などでもない」などという経の言葉は、ともにこれは第八住心の法身という絶対、「一道無為」の真理を明らかにしたものである。仏はこれを説いて、真言の世界に到る最初の真理を明らかにする実践と名づける。『大智度論』には仏道に入る初門と名づける。仏道とは永遠不滅の宮殿にいます大日如来の曼荼羅の仏のそれを指す。もろもろの顕教においては、これは究極の理法と智慧との法身であるが、真言の教えにのぞめば、これはまだ初門にすぎない。そのことは大日如来および龍猛菩薩たちが、みな明らかに説かれたので、疑い得ない。

また、『大日経』住心品の以下の文にいう。「いわゆる空性は感官と対象とを離れて、かたちもなく境界もない。もろもろの正しくない無益の言論を越えて、虚空に等しい。迷いの世界・さとりの世界を離れ、もろもろの造作を離れ、眼・耳・鼻・舌・身・意を離れる」というのはまた、これは理法の法身を明らかにしたものである。

善無《ぜんむ》畏《い》三蔵《さんぞう》は説く。「真言の実践者がこの心に住するとき、釈迦牟尼仏《しゃかむにぶつ》の浄土であるこの現世がそのまま永遠の仏国土となることを知り、仏の寿命が長く遥かにして本来の地に住する身が地中より湧き出るもろもろの上行菩薩《じょうぎょうぼさつ》たちと一つところで一緒に会うのを見る。対治《たいじ》道《どう》を修める者は人びとを救うために現われ、たとえ仏と等しくても、地中より湧き出た一人の菩薩さえも知らなかった。だから、このことを秘密という」と。

このわけをさとる仏をまた常寂光土《じょうじゃっこうど》の毘盧遮那仏という。

隋《ずい》の天台山国清寺《てんだいさんこくせいじ》の智者禅師《ちしゃぜんじ》は、この教えによって止観《しかん》を修め、法華《ほっけ》の精神統一をえ、『法華経』『中論』『大智度論』をもって根拠として天台一派の教義をつくりあげた。

この教えのむねは、だいたい、右のようなものである。

詩にいう。　四韻

第二劫（第六住心、第七住心）の菩薩は第八住心のそれに較《くら》べると、そのさとりは虚妄《こもう》

なものとなる　だが、この第八の住心の正しいさとりもまた、本物ではない。現象的な生起を離れて、作られず、相なきものであって、その一道は清らかであり有《う》にあらず無《む》にあらずして、有にも無にもあらざること（不二）を述べる

認識主観（心）と認識対象（境）との対立を滅ぼして常寂光土（法身仏の浄土）がある。そこに住するのは言語表現を断っていて絶対者の大日如来に招かれた者であり、身も心も滅ぼした境地は大空と同じであって、人びとの宗教的素質に応じて姿を現わして、自由自在な者である

問い。このような唯一の真理の世界、唯一の実践、ありのままの理法をもって究極の仏とすべきであろうか。

（答え。）龍猛菩薩は説く。「唯一の真理の世界の心はあらゆる否定をもっても否定しえず、あらゆる肯定をもってしても肯定することはできない。肯定と否定との中間もないから、二律背反する。二律背反するから、立て板に水の雄弁も断たれ、よく思慮しようとしても、その手だてがないまま茫然としている。こうした一心はかたすみの領域である根源的無知にとどまり、さとりの境位ではない」と。

IX　本論——第九極無自性心

(1)　極無自性心とは何か

第九極無《ごくむ》自性心《じしょうしん》

極無自性心というは、今、この心を釈するに二種の趣《おもむき》あり。一には顕略趣、二には秘密趣なり。

顕略趣とは、それ、甚深《じんじん》なるは麼嚧《まろ》(1)、峻高《しゅんこう》なるは蘇迷《そめい》(2)、広大なるは虚空、久遠《くおん》なるは芥《け》石《しゃく》(3)、然りといえども芥石も竭《つ》き磷《ひすら》ぎ虚空も量《はか》りつべし。蘇迷《そめい》は十六万(由旬)、麼嚧は八億(踰繕)那なり。

近くして見難きは我が心、細にして空に遍《あまね》きは我が仏なり。我が仏、思議し難し。我が心広にしてまた大なり。巧藝《きょうげい》(4)、心迷って竿《さお》を擲《なげう》ち、離律(5)、眼盲《くろ》くして見ることを休《や》む。禹《う》(6)が名、舌断え、夸《か》(7)が歩み、足刖《き》る。声縁の識も識《さと》らず、薩埵《さった》(8)の智も知らず。奇哉の奇、絶中の絶なるは、それ只《ただ》自心の仏か。自心の迷うが故に六道(9)の波、鼓動《くどう》し、心原を悟るが故に、一大の水、澄静《ちょうじょう》なり。澄静の水、影、万像を落《うつ》し、一心の仏、諸法を鑒知《かんち》す。衆生、この理に迷って、輪転《りんでん》、絶ゆること能《あた》わず。

蒼生《そうせい》、太《はなは》だ狂酔して、自心をさとること能わず。大覚の慈父、その帰路を指したもう。帰路は五百由旬《ゆじゆん》、この心はすなわち都亭《とてい》なり。都亭、常の舎にあらず。縁に随って忽《たちま》ちに遷移《せんい》す。遷移、定まれる処なし。この故に自性《じしょう》なし。諸法、自性なきが故に、卑を去《さ》け尊を取る。故《かるがゆえ》に真如受熏《しんによじゆくん》(10)の極唱、勝義無性(11)の秘告あり。

一道を弾指《だんし》に驚かし、無為《むい》を未極《みごく》にさとす。等空の心、ここに於て始めて起り、寂滅《じゃくめつ》の果、果還《かえ》って因となる。この因、この心、前の顕教に望むれば極果なり。後の秘心に於ては初心なり。初発心(12)の時にすなわち正覚を成ずること、宜《よろ》しくそれ然るべし。初心の仏、その徳、不思議なり。万徳、始めて顕われ、一心、やや現ず。この心を証する時、三種世間はすなわち我が身なり(13)と知れり。十箇の量等(14)はまた我が心なりと覚る。

盧舎那仏《るしゃなぶつ》(15)、始めて成道《じょうどう》の時、第二七日《にしちにち》(16)に普賢《ふげん》等の諸大菩薩等と広くこの義を談じたまえり。これすなわちいわゆる『華厳経《けごんきょう》』(17)なり。

爾《しか》ればすなわち華蔵《けぞう》(18)を苞《か》ねてもって家となし、法界を籠《こ》めて国とす。七処(19)に座を荘《かざ》り、八会《はちえ》(20)に経を開く。この海印定(21)に入って法性《ほっしょう》の円融を観じ、彼の山王《せんのう》の機を照らして心仏の不異を示す。

九世(22)を刹那《せつな》に摂し、一念を多劫に舒《の》ぶ。一多相入(23)し、理事相通《あいとお》す。帝網《たいもう》(24)をその重重に譬《たと》え、錠光《じょうこう》をその隠隠《おんおん》に喩《たと》う。ついんじて覚母《かくも》(25)に就いてもって発心《ほっしん》し、普賢に帰して証果す。三生《さんしょう》(26)に練行し、百城に友を訪う。一行に一切を行じ(27)、一断に一切を断ず。初心に覚を成じ、十信(28)に道円《まどか》なりといえども、因果、異ならず。五位(29)を経て車を馳《は》せ、相性、殊《こと》ならずして十身(30)を渾《ひろ》げて同帰す。これすなわち華厳三昧《けごんざんまい》(31)の大意なり。

故《かるがゆえ》に大日如来、秘密主に告げてのたまわく、「いわゆる空性《くうしょう》(32)は根境を離れて相もなく境界もなし。もろもろの戯論《けろん》を越えて、虚空に等同なり。有為無為界《ういむいかい》を離れ、もろもろの造作《ぞうさ》を離れ、眼耳鼻舌身意を離れて、極無自性心《ごくむじしょうしん》を生ず」と。

善無畏三蔵の説かく(33)、「この極無自性心の一句にことごとく華厳教を摂し尽くす」と。所以《ゆえ》何《いかん》となれば、『華厳』の大意は始めを原《たず》ね、終りを要《もと》むるに、真如法界不守自性随縁の義を明かす。

杜順和上《とじゅんかじょう》(34)、この法門に依って、『五教』(35)『華厳三昧法界観』(36)等を造り、弟子の智儼《ちごん》(37)、相続し、智儼の弟子法蔵法師(38)、また、五教(39)を広《こう》し、『旨帰《しき》』『綱目《こうもく》』(40)及び『疏』(41)を作れり。すなわちこれ華厳宗の法門、一一の義章なり。

【語釈】（1）麼嚧——須弥山をとりまく大海。ヴァルナ（varuṇa）の音写略。（2）蘇迷——須弥山のこと。世界の中心にそびえる山。スメール（Sumeru）の音写略。（3）芥石——芥子劫と盤石劫。→一七〇頁注（8）、（9）参照。（4）巧藝——巧暦と衆藝。巧暦は『荘子』に説く暦学者。衆藝は『華厳経』入法界品に見える善智衆藝童子で、数学の名人。（5）離律——離朱と阿那律。ともに目きき。前者は『淮南子』に見える。後者は仏十大弟子の一人で天眼第一といわれた人。（6）禹——夏の禹王。『山海経《せんがいきょう》』をつくったといわれ、あらゆるものに名をつけたという。（7）夸——『列子』に見える健脚家で、太陽と競走したという。（8）薩埵——菩提薩埵の略。菩薩のこと。（9）六道——地獄道、餓鬼道、畜生道、修羅道、人道、天道の総称。（10）真如受熏——清らかな法である真如が迷妄の心にしみついてわが身に真如ありと信ぜしめて、さとりに趣かせるのをいう。『起信論』（大正三二・五七八中）に説く。（11）勝義無性——もろもろの教えの中ですぐれたものを選びとる心には自性がないことで、『釈摩訶衍論』『菩提心論』などに見える。（12）初発心——『華厳経』第八からの引用。（13）三種世間はすなわち…——器世間（衆生の住んでいる山河大地など）、衆生世間（生きとし生けるもの）、智正覚世間（ほとけの世界）の総称。ここでは、その三種世間をつらぬく解境《げきょう》の十仏で、衆生身、国土身、業報身、声聞身、辟支仏身、菩薩身、如来身、智身、法身、虚空身。『華厳経』の（旧訳）十地品に見える。（14）十箇の量等——法身の量が一切の存在に等量であること。『華厳経』如来出現品に十三の量等身を説くが、今はその満数の十を示したもの。（15）盧舎那仏——『華厳経』の教主。ヴァイローチャナ（Vairocana）の音写。（16）第二七日——仏が成道の後、十四日目に普賢大菩薩たちのために『華厳経』を説いたこと（『十地論』）。（17）華厳経――『大方広仏華厳経』。八十巻本、六十巻本、四十巻本の三本がある。華厳宗の根本経典。梵本は「入法界品」と「十地品」が存する。（18）華蔵――蓮華蔵世界の略。毘盧舎那仏の世界。蓮華から出生した世界という説と、蓮華の中に含まれている世界という説とがある。（19）七処――人界にある菩提道場、普光法堂、逝多林と、天界にある忉利天、夜摩天、兜率天、他化自在天をいう。（20）八会――七処に八つの会場を設けて『華厳経』を説いた（八十巻本『華厳経』）。（21）海印定――海印三昧に同じ。海にすべてが映るように、仏の心の中にすべてのものが現われる瞑想をいう。（22）九世――過去、未来、現在の三世におのおの三世があるので九世となる。『華厳経』離世間品に見える。（23）一多――『華厳経』盧舎那品、同じく不思議品などに見える。（24）帝網――帝釈網の略。帝釈天の宮殿にある、宝珠をつらねて作ってある網。宝石がたがいに映じ合って色をかさねている。『華厳経』小相品に帝網と錠光のたとえがある。（25）覚母――文殊菩薩の異称。『華厳経』入法界品で良師を求める善財童子が、最初に文殊菩薩に会ったことが述べられている。（26）三生――見聞、解行、証果（さとりを得ること）の総称。（27）一行に一切を行じ…――『華厳経』普賢品に見える。（28）十信――菩薩の疑うことなく持つべき十の心がまえ。華厳宗では菩薩の五十二位の内の最初におく。（29）五位――修行の進度による位階。大乗仏教では資糧位、加行位、通達位、修習位、究竟位の五つ。（30）十身――如来の持つ十の徳。菩薩身、願身、化身、加持身、相好荘厳身、威勢身、意生身、福徳身、法身、智身。（31）華厳三昧――万行の花でさとりを装飾する瞑想で、『華厳経』（旧訳）巻六、巻四十四に見える。（32）いわゆる…――『大日経』住心品（大正一八・三中）。（33）善無畏三蔵の説かく……――『大日経疏』第三。（34）杜順和上――中国華厳宗の初祖。諱《いみな》は法順。（35）五教――『華厳五教止観』一巻。（36）華厳――『華厳三昧法界観』一巻。（37）智儼――東晋、西涼の人。華厳宗第二祖。普曜、広博厳浄、四天王等の経十四部三十六巻を訳出している。『華厳孔目章』などの著作二十余部。（38）法蔵法師――唐代の人。華厳宗の第三祖。『華厳経探玄記』『五教章』など著作が多い。（39）五教――釈尊一代の教説を五種に分けたもので、小乗教、大乗始教、大乗終教、頓教、円教。（40）『旨帰』『綱目』――『華厳経指帰』一巻、『綱目』一巻。（41）疏――『華厳経探玄記』二十巻。

【要旨】重々無尽の宇宙法界の縁起観を説くのが華厳哲学である。これを説いているのは『華厳経』であり、宗派でいえば奈良六宗の最高位に位置づけられる華厳宗である。第八住心の天台宗とともに真実の大乗の意味で実大乗と呼びならわす。

極無自性心というのは、今、この心を注解するのに二種のむねがある。一つには顕略のむね、二つには秘密のむねである。

顕略のむねとは、次のとおりである。そもそも大海は甚《はなは》だ深く、須弥《しゅみ》山《せん》は峻《けわ》しく高い。

虚空は広大であり、芥子劫《けしこう》・盤石劫《ばんじゃくこう》は永久である。だが、芥子劫はなくなり、盤石劫はすりへらされ、虚空も量《はか》ることができなくはない。須弥山は十六万由旬《ヨージャナ》の高さ、大海は八億踰繕那《ヨージャナ》の深さである。

ところが、あまりに近いためにかえって見にくいものはわが心であり、微細《みさい》で空にあまねき（ほどに広大なの）はわが仏である。わが仏の存在はおもんぱかることができない。わが心は広くして大である。暦学者の巧暦《こうれき》や数学者の衆藝《しゅげい》でも、とまどって、これを量《はか》ることができない。目ききの離朱《りしゅ》や不可思議な洞視力《どうしりょく》をもつ阿那律でも、盲《めし》いて見ることができない。名づけの名人である夏《か》の禹王《うおう》さえ名がつけられず、健脚の夸父《かふ》も歩みかねる。声聞や縁覚も、菩薩も知ることができない。不思議中の不思議、すぐれた中にもすぐれたものはただ自らの心の仏であることよ。自らの心に迷うから、あらゆる迷いの世界の波は揺れ動く。心の本源をさとるから、唯一の広大な水は澄んで静まる。澄み静まった水が万象の影を映すように、一心の仏はあらゆるものをよく知りたもう。人びとはこのわけに迷って、迷いの世界をいつまでもへめぐっている。

人びとは非常に混迷して、自らの心をさとることができない。慈《いっ》しみある父のような大《ほ》覚者《とけ》は、その帰るべき自らの心を示された。帰り道は五百由旬《ヨージャナ》を経過して、この第九住心はかりの休息所である。休息所は常恒《じょうごう》の住まいではない。条件にしたがって、たちまち移り変る。移り変って一定の所がない。だから、それ自体の性《さが》がない。もろもろのものはそれ自体の性がないから、よくないものを去り、尊いものをとる。だから、真実一如もそれ自体の性がなくて、無知の薫習《かおりつけ》をうけて現象するという至極の説、第一義の心もそれ自体の性がないというひそかなる告知がある。

　この唯一の道はまだ真実のさとりでないことを仏に知らされ、また仏は無為《むい》がまだ究極ではないことをさとす。ここに、虚空に等しい広大無辺な心が初めて起こり、この第九住心でえられたさとりの果は、かえって因となる。もちろん、この因とこの心とは第八住心までの住心に対すれば、さとりの極《きわ》みである。だが、次の第十秘密荘厳心に較《くら》べると、初心にすぎない。『華厳経《けごんぎょう》』に「初めて心を起こすときに、直ちにさとりを完成する」と説いているのは、まさしくそのとおりである。初心の仏の徳は不可思議である。あらゆる徳が初めてそこに顕現して、第十住心の一心が少しばかり現われる。この心を証《あか》すとき、三種世間はそのままわが身であると知る。あらゆるものと等量の法身はわが心であるとさとる。

　毘盧遮那仏が初めてさとられたとき、十四日間に普賢《ふげん》などのもろもろの大菩薩たちと広く、このむねを話された。それがすなわち、『華厳経』である。

そのようなわけで、蓮華蔵《れんげぞう》世界をつつんで住み家とし、真理の世界をひっくるめて国土とする。七カ所に説法の座を飾り、八つの集《つど》いにおいて、『華厳経』を開き説かれた。仏はこの海印という精神統一に入って法の本性が完全に融合しているのを観想し、かの山の王のような偉大なる素質をもった者を明らかにして、一心と仏とが異ならぬことを示す。一瞬間に過去・未来・現在のあらゆる時間をおさめ、限りなく多くの劫《こう》に一念をのべひろげる。一と多とが互いにわたりあい、理と事とが互いに通じあう。それは帝釈天の網目にある多くの珠《たま》に互いに燈火がさかんに映じあうのに喩《たと》えられる。善財《ぜんざい》童子は文殊菩薩についてさとりを求める心を起こし、ついに普賢菩薩《ふげんぼさつ》に帰依してさとりをえた。善財が三《さん》生《しょう》において修行をかさね、百の都城に立派な指導者を訪れた。一つの実践においてすべてを実践し、ひとたび煩悩を断つことによってあらゆる煩悩を断つ。初心においてさとりを完成し、十信の境位において道を円満するというが、因と果とは別のものでない。五位をへて華厳一乗の車を走らせ、現象と実在とは違ったものでないから、十身の仏をひとまとめにして毘盧遮那仏に帰一する。これが華厳の精神統一の大意である。

だから、大日如来が秘密主に告げていうのに、「いわゆる空性は感官と対象とを離れて、かたちもなく境界もない。もろもろの無益な議論を越えて虚空に等しい。迷いの世界とさとりの世界とを離れ、もろもろの造作《ぞうさ》を離れ、眼《げん》・耳《に》・鼻《び》・舌《ぜっ》・身《しん》・意《に》の感官を離れて、極無《ごくむ》自性心《じしょうしん》を生ずる」と。

善無畏三蔵は、こう説く。「この極無自性心の一句にことごとく華厳の教えをおさめ尽くす」と。なぜなら『華厳経』の大意は始めをたずね、終りを求めるに、絶対の真理の世界はそれ自体の性《さが》を守らず、(原因と)条件にしたがって存することを明らかにするからである。

杜順和上《とじゅんかじょう》はこの真理の教えによって、『華厳五教止観』一巻、『華厳三昧法界観』一巻などを作り、弟子の智儼《ちごん》がこれを受けつぎ、智儼の弟子の法蔵法師はまた五つの教えを広げて、『華厳経指帰《けごんきょうしいき》』一巻、『綱目』一巻、および『華厳経探玄記』二十巻を作った。すなわち、これが華厳宗の真理の教えにおける一々の解説の章である。

〈(2) 第九住心を詩句でまとめて示し、『大日経』『金剛頂経』『守護国界主経』を援引し、その論拠を明らかにする〉

頌《じゅ》にいわく。六韻

風水龍王(42)は一法界《いっぽっかい》なり　真如生滅《しんにょしょうめつ》、この岑《みね》に帰す
輪華《りんげ》、よく体大等を出だす　器衆正覚《きしゅしょうがく》、極めて甚深《じんじん》なり
縁起の十玄は互に主伴《しゅばん》たり　五教を呑流《どんる》するは海印の音《こえ》なり
重重無碍《むげ》にして帝網《たいもう》に喩う　隠隠《おんおん》たる円融は錠光《じょうこう》の心なり
華厳三昧《けごんざんまい》は一切の行なり　果界《かかい》の十尊(43)は諸刹《しょせつ》に臨めり
この宮に入るといえども初発の仏なり　五相成身《じょうしん》(44)、追って尋ぬべし

『経(45)』にいわく、「有為無為界《ういむいかい》を離れ、もろもろの造作《ぞうさ》を離れ、眼耳鼻舌身意《げんにびぜっしんに》を離れて、極無自性心《ごくむじしょうしん》を生ず」。「等虚空無辺の一切の仏法、これに依って相続して生ず」。「秘密主、かくの如くの初心をば、仏、成仏の因と説きたまう。業煩悩に於て解脱《げだつ》すれども而《しか》も業煩悩の具依《ぐえ》たり」と。

『金剛頂経(46)』に説かく、「薄伽梵《ばがぼん》、大菩提心普賢大菩薩(47)、一切如来の心に住したもう。時に如来、この仏世界に満ちたもうこと猶《なお》し胡麻《ごま》の如し。その時、一切如来、雲集し、一切義成就菩薩摩訶薩《まかさつ》(48)の菩提場に坐したまえるに於て、往詣《おうけい》して受用身《じゅゆうしん》を示現《じげん》し、ことごとくこの言《ごん》を作《な》したもう。善男子《ぜんなんし》、云何《いかん》が無上正等覚菩提を証する。一切如来の真実を知らず

してもろもろの苦行を忍ぶや。時に、一切義成就菩薩、一切如来の警覚《きょうがく》に由ってすなわち阿娑婆那伽三麼地《あさばなかさんまじ》(49)より起って、一切如来を礼して、白《もう》して言《もう》さく、世尊如来、我に教示したまえ。云何《いかん》が修行せん、云何がこれ真実なる。

かくの如く説き已《おわ》って一切如来、異口同音に彼の菩薩に告げてのたまわく、善男子《ぜんなんし》、当《まさ》に観察自心三摩地《かんざつじしんさんまじ》に住して自性成就《じしょうじょうじゅ》の真言をもって、自《みずか》ら恣《ほしいまま》に誦《じゅ》すべし」。

『守護国経』(50)にいわく、「その時に釈迦牟尼仏ののたまわく、秘密主、我、無量無数劫の中に於て、かくの如くの波羅蜜多《はらみった》(51)を修集し、最後身(52)に至って六年苦行せしかども、阿耨多羅三藐三菩提《あのくたらさんみゃくさんぼだい》(53)を得て、大毘盧遮那《だいびるしゃな》と成らざりき。道場に坐せし時、無量の化仏、猶し油麻の如く虚空に遍満したもう。諸仏、同声にして我に告げてのたまわく、善男子《ぜんなんし》、云何《いかん》が成等正覚を求むると、我、仏に白《もう》して言《もう》さく、我はこれ凡夫なり、未だ求処《ぐしょ》を知らず。唯し願わくは慈悲もて我がために解説《げせつ》したまえ。この時、仏、同じく我に告げてのたまわく、善男子、諦《あき》らかに聴け。当《まさ》に汝《なんじ》がために説くべし。汝、今、宜《よろ》しく当《まさ》に鼻端に於て月輪《がちりん》を想い、月輪の中に於て唵字《おんじ》(54)の観を作《な》すべし。この観を作し已《おわ》って後夜分《ごやぶん》に於て阿耨多羅三藐三菩提《あのくたらさんみゃくさんぼだい》を成ずることを得たり。

善男子、十方世界(55)の如恒河沙《にょごうがしゃ》の三世の諸仏(56)、月輪《がちりん》に於て唵字《おんじ》の観を作《な》さずして成仏することを得《う》といわば、この処《ことわり》あることとなし。何をもっての故に。唵字はすなわちこれ一切の法門なり。またこれ八万四千の法門の宝炬《ほうこ》関鎖《かんさ》なり。唵字はすなわちこれ毘盧遮那《びるしゃな》の真身なり。唵字はすなわちこれ一切陀羅尼《だらに》の母なり。これよりよく一切如来を生ず。如来より一切菩薩を生ず。菩薩より一切衆生を生ず。ないし少分所有《しょう》の善根《ぜんごん》を生ずという」。これなり。

【語釈】（42）風水龍王……――大海中に出生風水という龍王が住むことは『釈摩訶衍論』第二に見える。（43）十尊――十身具足の仏。（44）五相成身――第十住心の秘観。通達菩提心、修菩提心、成金剛心、証金剛身、仏身円満の五相観によって即身成仏をめざす。（45）経――『大日経』住心品（大正一八・三中）。（46）金剛頂経――『金剛頂一切如来真実摂大乗現証大教王経』（大正一八・二〇七下）。（47）普賢大菩薩――普門の金剛薩埵。（48）一切義成就菩薩摩訶薩――一切義成就はサルヴァールタシッダ（sarvārthasiddha）の訳。悉達太子の幼名の尊称。（49）阿娑婆那伽三摩地――アスパラナカ・サマーディ（aspharanaka-samādhi）の音写。無識身三昧と訳す。身心のすべてを滅した空寂の瞑想。（50）守護国経――『守護国界主陀羅尼経』陀羅尼功徳儀軌品（大正一九・五七〇下）。（51）波羅蜜多――パーラミター（pāramitā）の音写。さとりの彼岸に到達するための実践。（52）最後身――過去におけるいく生涯の修行の後、その最後に釈迦族の出身の釈尊と生まれる身。

（53）阿耨多羅三藐三菩提――アヌッタラ・サンヤク・サンボーディ（anuttara-samyak-saṃbodhi）の音写。無上正遍知、無上正真道、無上正等正覚。仏の覚知のこと。（54）唵字――唵はオーム（oṃ）の音写。密教における密語。（55）十方世界――東、南、西、北、四維、下、上の十方の世界。（56）三世の諸仏――過去の荘厳劫に千仏、現在の賢劫に千仏、未来の星宿劫に千仏の計三千仏の諸仏。

【要旨】重々無尽の法界縁起観は世界観としてはまことに見事なものである。それはもろもろの顕教の中で最勝である。だが、それはたんなる客観的な世界観にすぎず、知的な観照すなわち哲学にすぎないところに第九住心の限界がある。

詩にいう。六韻

大海中から現われる風水龍王が、頭から水を出し尾より風を起こして、つねに大海に風と水とが絶えないように、現象《まよい》と実在《さとり》とは、唯一の宇宙法界におけるものである　絶対の実在と差別相の現象とは、唯一の山峰に喩《たと》えるところの、この一なる宇宙法界に帰入する美しく清らかな輪多梨華《りんたりけ》に喩うべきわれわれの一心の本性である自性清浄心《じしようしようじようしん》は、一切の存在の本体・様相・作用を現象する　国土と一切の生きとし生けるものと人間の自覚とは、きわめて甚深《じんじん》である

縁起性《えんぎしよう》の無礙《むげ》を示す一種の範疇《はんちゆう》は、たがいに主となり従となっている　また、五教を呑《の》みこむものは海印三昧における音である

現象界の万有は、すべての個物と個物とが重々無礙《じゆうじゆうむげ》であって、帝釈天の網（珠網）に喩えるとおりであり　われわれには分からぬほどに、かすかに完全に融合しあっているさまは、燈の光が帝釈天の網の珠《たま》に映じて無限に光を投げあっているようである

華厳三昧《けごんざんまい》は、あらゆる宗教的行為を意味するものであり　さとりの世界の一切の仏たちは、あらゆる国土にお出ましになっている

しかし、このような結構な第九住心の宮殿に入るといっても、それは第十住心に較べれば、初歩の仏である　そこで、第十住心において、煩悩の子であるわれわれはそのまま仏であることを観想する五相成身観《ごそうじようしんがん》を求めたずねるがよい

『大日経』住心品にいう。「迷いの世界とさとりの世界とを離れ、もろもろの造作を離れ、眼・耳・鼻・舌・身・意の感官を離れて、極無自性心を生ずる」。「虚空に等しく無辺のあ

らゆる仏法（第十住心）はこれ（第九住心）より次第に生ずる」と。「秘密主よ。こうした初心（第九住心）を仏は仏となる因であると説かれる。業煩悩から解放されても、なお微細な業煩悩をもっている」と。

『金剛頂経《こんごうちょうぎょう》』に説く。「尊いお方である偉大な菩提を求める心を備えた普賢大菩薩は、あらゆる仏の心に住しておられる。ときに、仏はこの仏の世界にいっぱいであられることは、あたかも胡麻《ごま》のようである。そのとき、あらゆる仏は皆集まって、一切義成就《いっさいぎじょうじゅ》菩薩《ぼさつ》がさとりの道場に坐っておられるところへお出ましになって、他の者に享受させる身を示現し、みな次のように説かれる。よき若者よ、そなたはどのようにして完全なさとりをえるか。あらゆる仏の真実を知らずに、どうしてもろもろの苦行にたえるか。ときに一切義成就菩薩はあらゆる仏によびさまされて、不動の精神統一より立ち上って、あらゆる仏に敬礼して申しあげていうのに、世尊如来よ、わたくしに教えて下さい。どのように修行したらよいのですか。真実というものは何ですか、と。

こう申しあげたとき、あらゆる仏は声を揃《そろ》えて、かの菩薩に告げていった。よき若者よ、自らの心を観察する精神統一に入って、自らの心の本性を完成させる真言を、自身で思うがままに誦《とな》えるがよい」と。

『守護国界主経《しゅごこっかいしゅきょう》』にいう。「そのとき、釈迦牟尼仏のいわれるのに、秘密主よ。わたしは無量無数の劫において、こうした実践《ハラミツ》を修め集めて、最後の身において六年間苦行したが、無上にして正しくあまねきさとりをえて、大毘盧遮那仏となることができなかった。道場に坐したとき、無量の仮りの姿で現われる仏が胡麻《ごま》のように虚空にいっぱいおられた。仏たちは口を揃えて、わたしに告げていわれるのに、よき若者よ、どうしてさとりを完成することを願うかと。わたしは仏に申しあげていうのに、わたしはなみの者にすぎず、まだ求めるところを知りません。何とぞ、お情《なさけ》をもってわたしのためにお説き下さい、と。そのとき、仏は同じくわたしに告げて申されるのに、よき若者よ、しっかり聞きなさい。そなたのために説きましょう。そなたは、今、鼻さきに月輪《がちりん》を観想し、月輪の中に唵《おん》(oṃ)字を観じなさい。わたしはこの観想をしてから、夜の明け方に無上にして正しくあまねきさとりを完成したのです。

よき若者よ、あらゆる方角の世界にいますガンジス河の砂の数ほどの過去・未来・現在の仏たちは、みな月輪の中に唵字を観想しないで仏となることができたのではない。なぜか。唵字はあらゆる真理の教えをふくむ。またそれはすべての真理の教えの燈火であり鍵である。唵字はそのまま毘盧遮那仏の真実の身である。唵字はそのままあらゆる仏のお言葉の母である。これよりよくすべての仏を生ずる。仏よりあらゆる菩薩を生ずる。菩薩よりあらゆる人びとを生ずる。（中略）あらゆる人びとのもっているわずかばかりの善をもたらす根を生ずる（から）」と。

〈(3)　理談すなわち哲学的理論は知の遊びにすぎない。空海はそれに対して無明すなわち根源的無知の領域から抜け出せないと言う〉

龍猛の『菩提心論』にいわく、「それ、迷途《めいず》の法は妄想より生ず。ないし展転して無量無辺の煩悩を成《じょう》じて六趣に輪廻す。もし覚悟し已《おわ》んぬれば妄想止除して種種の法滅す。故に自性あることなし。また次に、諸仏の慈悲は真より用を起して衆生を救摂したもう。病に応じて薬を与え、もろもろの法門を施してその煩悩に随って迷津を対治す。栰《いかだ》に遇って[57]彼岸に達しぬれば、法、已《すで》に捨つべし。自性なきが故に、ないし、妄、もし息《や》む時は心源空寂なり。万徳《まんどく》、ここに具し、妙用無窮《みょうゆうむきゅう》なり。但し、具自心性《ぐじしんしょう》[58]、この心を具する者、よく法輪を転じて自他倶《とも》に利す」。

また、いわく[59]、「性浄本覚は三世間の中に、みな、ことごとく離れず。彼の三つを熏習《くんじゅう》して一覚となして一大法身の果を荘厳《しようごん》す。この故に、名づけて因熏習鏡《いんくんじつきよう》(60)とす。云何《いかん》が名づけて三種世間(61)とする。一には衆生世間、二には器世間、三には智正覚世間《ちしようがくせけん》なり。衆生世間とは、いわく、異生性《いしようしよう》界なり。器世間とは、いわく、所依止《しよえじ》の土《ど》なり。智正覚世間とは、いわく、仏菩薩なり。これを名づけて三とす。この中の鏡とは、いわく、輪多梨華鏡《りんたりけきよう》(62)なり。輪多梨華《りんたりけ》を取って一処に安置して、周《あまね》く諸物を集めるにこの華の熏《かおり》に由って一切の諸物、みな、ことごとく明浄《みようじよう》なり、また、明浄の物の華の中に現前して、みな、ことごとく余なく、一切の諸物の中に彼の華、現前してまた余なきが如く、因熏習鏡《いんくんじつきよう》もまたかくの如し。一切の法を熏《くん》じて清浄覚《しようじようかく》となして、ことごとく平等ならしむ」。

問。かくの如くの一心の本法は至極の住心か。

龍猛菩薩の説かく、(63)「三自一心の法(64)は一も一なること能《あた》わず。能入の一を仮《か》る。心《しん》も心なること能わず、能入の心を仮る。実に我《が》の名にあらざれども、我に目《な》づく。また自《じ》の唱《とな》えにあらざれども、自に契《かな》えり。我の如く名を立つれども実の我にあらず。自の如く唱えを得れども、実の自にあらず。玄玄のまたの玄、遠遠《おんおん》のまたの遠なり。かくの如くの勝処は無明の辺域にして明の分位にあらず」。

【語釈】（57）栰に遇って…――『涅槃経』などに見える。（58）具自心性――三自すなわち自体、自相、自用をそなえた一心の性か。↓注（64）参照。（59）いわく…――『釈摩訶衍論』第三。（60）因熏習鏡――因は本覚すなわち本来そなわっているさとり、熏習は三世間。本覚と三世間とがたがいに照らし照らされている関係を、鏡にものの映ずるありさまにたとえたもの。（61）三種世間――『華厳疏』の説では器世間、衆生世間、智正覚世間の総称。（62）輪多梨華鏡――輪多梨華とは明耀珠という宝珠の名で、それをちりばめた鏡のこと。『釈摩訶衍論』第三に見える。また『起信論』に説く四鏡の一つ。真如は万法を変現せしめる因であるとともに、人びとに涅槃を求めさせる因でもあり、また一切の事物がすべて、その中に現われることが鏡のようなところから、この名前がある。（63）龍猛菩薩の説かく…――『釈摩訶衍論』第五。（64）三自一心の法――自体、自相、自用の三大をそなえた一心。『起信論』所説の一心で、三自一心摩訶衍法の略。

【要旨】さまざまな顕教の中でも最高にして最勝なる華厳哲学。しかし、それも根源的な無知の迷いの領域の中にあるだけである。顕教と密教との次元的な相違は端的にいえば理論と実践の異なりにある。したがって、ここには哲学と宗教との根本的な差異は何かという問題が説かれている。

龍猛菩薩の『菩提心論』にいう。「そもそも迷いの途上にある法は迷妄の観念より生ずる。（中略）それが伝わり伝わって無量無辺の煩悩となって、あらゆる迷いの世界をへめぐる。もし、さとったならば妄想はなくなり、さまざまの迷いの法は滅びる。だから、もともと迷いにそのもののきまった性質があるわけではない。また次に、仏たちの慈愛は真実の身よりはたらきを起こして人びとを救いおさめたもう。病気に応じて薬を与え、もろもろの真理の教えを設けて、その煩悩にしたがって、彼岸への渡し場に迷っているのを救ってやる。筏《いかだ》をえて彼岸に達すれば、筏は捨てなければならない。筏そのものに救いの性質はないから、（中略）妄想がなくなれば心の本源はむなしく静かである。そこではあらゆる徳が備わり、妙なるはたらきは極まりない。ただ、三自一心性《さんじいっしんしょう》という、この心を備える者はよく真理の輪を転がして自分と他の者とをともに利益する」と。

　また、いう。「それ自体清らかな本来のさとりは、三種世間《さんじゅせけん》の中に、みな、すべて離れずに存する。その三種世間を熏習《くんじゅう》して唯一のさとりとして、一大法身《いちだいほっしん》のさとりを飾りつける。だから、これを因熏習鏡《いんくんじっきょう》と名づける。何を三種世間と名づけるか。一つには衆生《しゅじょう》世間、二つには器《き》世間、三つには智正覚《ちしょうがく》世間である。衆生世間とは、人びとの世界のことである。器世間とは、すべてのものが依《よ》りどころとする土地である。智正覚世間とは、仏菩薩のことである。これを三つと名づける。このうちの鏡とは、輪多梨《りんたり》華鏡《けきょう》のことである。この花の香りである。輪多梨華を取って一つところにおいて、あまねくいろいろの物を集めると、この花の香りですべての物は、みな、ことごとく至って清らかになる。また至って清らかな物が花において現われ、みな、ことごとくそうでないものはなく、あらゆるものにおいて、その花は現われて、また、そうでないものはないように、因熏習鏡もまた同じである。

すべての法《もの》を香りつけて清らかなさとりとし、ことごとく平等なものとする」。

問い。こうした一心の本来の法《もの》は極限の住心であるか。

（答え。）龍樹菩薩は説く。「三つのものを備える一心の法は一といっても一とはいえない。入りまじっている一をかりて一という。心も心ともいえない。入りまじっている心をかりて心といったのである。本当は我と名づけられぬが、かりに我という。また自ともいえないが、かりに自にあてはめたまでである。我のように名を立てるが、本当の我ではない。自のように説くことができるが、本当の自ではない。途方もなく奥深いもの、途方もなく遥かなものである。だが、こうしたすぐれたところも根源的無知にとどまり、真のさとりの境位ではない」。

X　本論——第十秘密荘厳心

〔(1)秘密荘厳心とは何か〕

第十秘密荘厳心《ひみつしょうごんしん》　六韻

九種の住心(1)は自性なし　転深《てんじん》転妙にして、みな、これ因なり
真言密教は法身の説(2)　秘密金剛(3)は最勝の真なり
五相(4)五智(5)法界体(6)　四曼《しまん》(7)四印《しいん》(8)、この心に陳《ちん》ず
刹塵《せつじん》の渤駄《ぼっだ》(9)は吾が心の仏なり　海滴の金蓮《こんれん》(10)はまた我が身なり
一一の字門(11)、万像を含み　一一の刀金、みな、神《じん》（力《りき》）を現ず
万徳《まんどく》の自性、輪円して足れり　一生に荘厳《しょうごん》の仁を証することを得べし

『経』(12)にいわく、「また次に、秘密主、真言門に菩薩の行を修行するもろもろの菩薩は、無量無数百千倶胝《くてい》・那庾多《なゆた》(13)劫《こう》に積集《しゃくじゅう》せる無量の功徳智慧と、具《つぶさ》に諸行を修する無量の智慧方便と、みな、ことごとく成就す」と。

解《げ》していわく、「これは初めて真言に入る菩薩の功徳を歎ず」。

またいわく、(14)「その時に毗盧遮那世尊《びるしやなせそん》、一切如来一体速疾力三昧に入って、自証の法界《ほっかい》体性三昧《たいしょう》を説いてのたまわく、

我、本不生を覚《さと》り
語言《ごごん》の道を出過し、諸過、解脱《げだつ》することを得《う》
因縁を遠離《おんり》し、空は虚空に等しと知って
如実相の智生ず

已《すで》に一切の暗《あん》を離れぬれば、第一実無垢《むく》なり」と。

解《げ》していわく、「この頌は文約にして義広く、言《ごん》は浮んで心深し。面にあらずんば説き難し」。

また、百字輪(15)十二字(16)等の真言観法三摩地門《さんまじもん》、及び金剛界三十七尊(17)四智印の三摩地あり。すなわちこれ大日如来の極秘の三昧なり。文広うして具《つぶさ》に述ぶること能《あた》わず。

また、龍猛《りゅうみょう》菩薩の『菩提心論』にいわく、(18)「第三に三摩地といっぱ、真言行人、かくの如く観じ已《おわ》って云何《いかん》がよく無上菩提を証する。当《まさ》に知るべし、法爾《ほうに》に応《まさ》に普賢《ふげん》大菩提心(19)に住すべし」。

一切衆生は本有《ほんぬ》の薩埵《さった》なれども、貪《とん》・瞋《じん》・癡《ち》の煩悩のために縛せらるるが故に、諸仏の

大悲、善巧智《ぜんぎょうち》をもってこの甚深秘密瑜伽《じんじんひみつゆが》を説いて、修行者をして内心の中に於て日月輪《にちがちりん》を観ぜしむ。この観を作《な》すに由《よ》って本心《ほんしん》を照見するに、湛然清浄《たんねんしょうじょう》なること猶《なお》し満月の光、虚空に遍じて分別するところなきが如し。または無覚了と名づけ、または浄法界《じょうほっかい》と名づけ、または実相般若波羅蜜海《じっそうはんにゃはらみっかい》と名づく。よく種種無量の珍宝三摩地《さんまじ》を含《がん》すること、猶し満月の潔白分明《ふんみょう》なるが如し、何となれば、いわく一切有情は、ことごとく普賢の心を含せり。我、自心を見るに、形、月輪《がちりん》の如し。何《いかん》が故にか月輪をもって喩とすとならば、為《おも》わく、満月円明の体《たい》は、すなわち菩提心と相類せり。

【語釈】（1）九種の住心——第十住心に到達するまでの前の九種の住心。（2）法身——密教の教主大日如来。仏の真身で法界に遍満する理智性。（3）秘密金剛——大日如来の自内証の教えとして秘密にして金剛のように永遠なる教えを指す。秘密金剛乗。（4）五相——通達菩提心、修菩提心、成金剛心、証金剛身、仏身円満。（5）五智——法界体性智、大円鏡智、平等性智、妙観察智、成所作智。（6）法界体——地、水、火、風、空、識を法界の体性とし、それをもって大日如来の象徴とする六大体大。（7）四曼——四種曼荼羅の略。大曼荼羅、三昧耶曼荼羅、法曼荼羅、羯磨曼荼羅。（8）四印——四智印の略。四曼を知る智慧の面から分けたもので、大智印、三昧耶智印、法智印、羯磨智印。（9）渤駄——

ブッダ（buddha）の音写。仏部の諸尊。（10）金蓮――金剛部と蓮華部の諸尊。（11）一の字門――サンスクリット語の母音十六と子音三十四を合わせた五十字を指し、それらは密教の立場では法曼荼羅を意味する。（12）経――『大日経』住心品（大正一八・三中）。（13）倶胝・那庾多――コーティ（koṭi）、ナユタ（nayuta）の音写。インドの数量の単位の一つで、倶胝は千万あるいは億をあらわし、那庾多は千億をあらわす。要するに無限の時をあらわす。（14）いわく……――『大日経』具縁品（大正一八・九中）。（15）百字輪――『大日経』字輪品（大正一八・二三中―二四上）、同百字品（大正一八・四〇上―四二上）などに説かれる百光遍照の観法。サンスクリット語の ka, ca, ṭa, ta, pa の五字五行計二十五字に、a, ā, aṃ, aḥ の四点を加えた百字を観想するもの。（16）十二字――サンスクリット語の十二母音 a, ā, i, ī, u, ū, e, ai, o, au, aṃ, aḥ で、同字輪品に説かれる十二摩多（母音）の真言。（17）金剛界三十七尊――金剛界曼荼羅の主尊。三十七菩提分法の数に応じたもので、大日、阿閦、宝生、弥陀、不空成就の五仏、中央大日に属する金剛、宝、法、羯磨の四波羅蜜菩薩、他の四仏に属する四親近すなわち薩、王、愛、喜と宝、光、幢、笑と法、利、因、語と業、語、牙、拳との十六大菩薩、内の四供、外の四供である喜、鬘、歌、舞と鉤、索、鎖、鈴との八供養、香、華、燈、塗の四摂菩薩。（18）菩提心論にいわく……――『菩提心論』の三摩地段の全文（大正三二・五七三下―五七四上）を引用し、密教の三摩地を明瞭ならしめる。（19）普賢大菩提心――この一節は、普賢大菩提心開顕の十六大菩薩生を示す。

【要旨】第一異生羝羊心から第九極無自性心までは顕教である。第十秘密荘厳心は密教である。顕密二教はいわば次元を異にするといってよいであろう。第十住心とはいかなる心の世界であるかということを六韻の詩句にまとめて示す。

九種の住心はそれ自体の性をもたない　深くして妙《たえ》なる第十住心に移るべきものだから、みな、これらは第十住心の因である

真言密教は法身大日如来の説であり　金剛のごとき秘密の世界はもっとも勝れた真実である

五相成身観《ごそうじょうしんがん》と五仏の五智と法界体性智《ほっかいたいしょうち》と四種曼荼羅と四種智印とは、この第十住心で説く

数限りない仏はわが心の仏である　大海の滴《しずく》ほどもある無数の金剛部、蓮華部などの菩薩たちはまた、わが身《からだ》である

阿字などの字門の一つ一つにはそれぞれに万象をふくみ　刀剣や金剛杵《こんごうしょ》の一つ一つにおいて、みな不可思議な力を象徴する

あらゆる徳のそれ自体の性が、わが心身にすっかり備わっている　だから、現世で立派

な仏となることができる

『大日経』住心品にいう。「また次に、秘密主よ。真言の教えにおいて菩薩の実践を行なう菩薩たちは、無量無数百千倶胝《コーティ》、那庾多《ナユタ》の劫の間に積み集めた無量の功徳の智慧と、つぶさにもろもろの実践をなすための無尽の救いの手だてとして示される智慧とを、みな、ことごとく完成する」と。

注解していう。「これは初めて真言の教えに入る菩薩の功徳を讃《たた》えたものである」。

また、いう。「そのとき、大日如来はあらゆる仏と一つであって、迅速な力という精神統一に入り、自ら証《あか》した真理の世界の本体という精神統一を説いていわれるのに、

わたしはすべては本来生起しないものであることをさとり
言葉の道を越え出て、もろもろの罪過より解放されることができる
原因と条件とを遠く離れ、真実の空は虚空に等しいと知って
ありのままの相の智慧が生ずる

すでに、あらゆる迷いの暗黒を離れたならば絶対であって汚れがない」と。

注解していう。「この詩は文は簡単だが内容は広く、言葉はかるやかだが意味は深い。直接授けなければ説きがたい」。

また、『大日経』には百字輪、十二字などの真言の観想の仕方である精神統一の教え、および金剛界曼荼羅の三十七尊や四智印の精神統一がある。すなわち、これは大日如来の極秘の精神統一である。その文は広くして、くわしく（ここに）述べることはできない。

また、龍猛菩薩の『菩提心論』にいう。「第三に精神統一というのは、真言の実践者はこのように観想してから、どのようにしてよく無上のさとりをえることができるのか。おのずからに普賢菩薩の偉大なるさとりを求める心に住すべきである」。

すべての人びとは本来金剛薩埵《こんごうさった》であるが、貪《むさぼ》り・瞋《いか》り・愚かさの煩悩のために縛られているから、もろもろの仏の偉大な慈愛にもとづく巧みな救いの手だての智慧をもって、この非常に深い秘められた瞑想《ヨーガ》を説いて、修行する者をして内心に日輪と月輪とを観想させる。この観想をすることによって、本来の心を照見するに、それが静かで清らかなことは、あたかも満月の光が虚空にあまねくして分けへだてがないようなものである。それはまたすべての知覚・思慮を離れたものとも名づけ、また清らかな真理の世界と名づけ、またそれは真実相のさとりの智慧の実践の海と名づける。これは、よく、さまざまな無量の珍奇な宝という精神統一をふくんでおり、それは清らかで明るい満月のようである。なぜなら、すべて生きとし生けるものは、普賢菩薩の心を持っているからである。わたしは自らの心を見るに、かたちは月輪のようである。なぜ、そのかたちを月輪に喩《たと》えるかというと、満月のまるくて明るいかたちは、そのままさとりを求める心と似ているからである。

〔(2) 秘密のさとりの世界である金剛界曼荼羅の構成〕

凡《およそ》月輪に一十六分あり。『瑜伽《ゆが》』の中の金剛薩埵[20]より金剛拳に至るまで十六大菩薩[21]なる者あるに喩《たと》う。

三十七尊の中に於て五方の仏位[22]、各《おのおの》一智を表す。東方の阿閦仏《あしゅくぶつ》は大円鏡智[23]を成ずるに由ってまた金剛智と名づく。南方の宝生仏は平等性智《びょうどうしょうち》[24]を成ずるに由ってまた灌頂智と名づく。西方の阿弥陀仏《あみだぶつ》は妙観察智《みょうかんざっち》[25]を成ずるに由ってまた蓮華智と名づけ、また転法輪智《てんぽうりんち》と名づく。北方の不空成就仏《ふくうじょうじゅぶつ》は成所作智《じょうそさち》[26]を成ずるに由って、また羯磨智《かつまち》と名づく。中方《ちゅうほう》の毘盧《びる》遮那《しゃな》仏《ぶつ》は法界智を成ずるに由って本とす。

已上《いじょう》の四仏智より四波羅蜜菩薩[27]を出生す。四菩薩はすなわち金宝法業なり。三世一切のもろもろの聖賢生成養育の母なり。ここに印成《いんじょう》せる法界体性《ほっかいたいしょう》の中より四仏を流出《るしゅつ》す。

四方の如来に各《おのおの》、四菩薩を摂《せっ》す。東方の阿閦仏《あしゅくぶつ》に四菩薩を摂す、金剛薩埵・金剛王・

金剛愛・金剛善哉《こんごうぜんざい》を四菩薩とす。南方の宝生仏に四菩薩を摂す、金剛宝・金剛光・金剛《こんごう》幢《どう》・金剛笑を四菩薩とす。西方の阿弥陀仏《あみだぶつ》に四菩薩を摂す、金剛法・金剛利・金剛因・金《こん》剛語《ごうぎょ》を四菩薩とす。北方の不空成就仏《ふくうじょうじゅぶつ》に四菩薩を摂す、金剛業・金剛護・金剛牙《こんごうげ》・金剛拳を四菩薩とす。四方の仏の各の《おのおの》、四菩薩を十六大菩薩とす。三十七尊の中に於て五仏、四波羅蜜、及び後の四摂《しせつ》・八供養《はっくよう》を除いて但し十六大菩薩の四方の仏の所摂《しょせつ》たるを取る。

また、『摩訶般若経《まかはんにやきょう》』(28)の中に、内空より無性自性空《むしょうじしょうくう》に至るまで、また十六の義あり。一切有情《うじょう》は心質《しんぜつ》の中に於て一分の浄性《じょうしょう》あり。衆行、みな、備われり。その体、極微妙にして、皎然明白《こうねんみょうびゃく》なり。ないし六趣に輪廻《りんね》すれども、また変易《へんにゃく》せず。月の十六分の一の如し。

凡《およそ》月のその一分の明性《みょうしょう》、もし合宿の際に当りぬれば、但し日光のためにその明相を奪わる、所以《このゆえ》に現ぜず。後、起《た》つ月の初めより日日に漸《ようや》く加《ま》して十五日に至って円満無礙《えんまんむげ》なり。

所以《このゆえ》に観行者《かんぎょうじゃ》、初めに阿字をもって本心の中の分《ぶん》の明《みょう》を発起《ほっき》して、ただし漸く潔白分《けっぱくふん》明《みょう》ならしめて、無生智《むしょうち》を証す。

【語釈】（20）金剛薩埵——ヴァジラ・サットヴァ（Vajra-sattva）。密教にいう付法八祖の第二にあたる。（21）十六大菩薩——金剛界曼荼羅三十七尊のうち、阿閦、宝生、弥陀、不空成就をかこむ、それぞれ四つずつの菩薩の総称。（22）五方の仏位——密教において東方に阿閦、南方に宝生、西方に弥陀、北方に釈迦、中央に大日如来を配することをいう。（23）大円鏡智——密教でいう五智（二三一頁注（5）参照）の一つ。（24）平等性智——密教五智の一つ。密教において五仏の一つである開敷華王仏に配する。（25）妙観察智——密教に説く五智の一つ。西方無量寿仏の智徳に配す。（26）成所作智——五智の一つ。密教においては、これを北方の不空成就仏に配する。（27）四波羅蜜菩薩——金剛界曼荼羅の中尊である大日如来の左右前後に存する四女菩薩を指す。金剛波羅蜜、宝波羅蜜、法波羅蜜、羯磨波羅蜜。（28）摩訶般若経——詳名『大般若波羅蜜多経』。六百巻。唐の玄奘訳。全巻諸法皆空の思想を説いたものであるが、第四百八十三巻において十六空が明らかにされる。

【要旨】密教の世界は絶対者である大日如来のさとりの絶対的な世界である。それをまず金剛界曼荼羅の構成によって示し、阿字観という密教の瞑想（観想）をもって曼荼羅世界の実現のための実践行であると説く。

　およそ月輪には十六の区分がある。『金剛頂瑜伽経《こんごうちょうゆがきょう》』の中の金剛薩埵より金剛拳菩薩《こんごうけんぼさつ》に至るまでの十六大菩薩に喩える。

　金剛界三十七尊の中で、五つの方位にある仏の位に、おのおの一つずつの智慧を表わす。東方の阿閦仏《あしゅくぶつ》は大円鏡智を完成するから、金剛智とも名づける。南方の宝生仏《ほうしょうぶつ》は平等性智《びょうどうしょうち》を完成するから、灌頂智とも名づける。西方の阿弥陀仏は妙観察智《みょうかんざっち》を完成するから。蓮華智とも名づけ、転法輪智《てんぼうりんち》とも名づける。北方の不空成就仏《ふくうじょうじゅぶつ》は成所作智《じょうそさち》を完成するから、羯《かつ》磨《ま》智《ち》とも名づける。中央の大日如来は法界体性智《ほっかいたいしょうち》を完成するから、根本智という。

　以上の四仏の智慧より四波羅蜜《しはらみつ》菩薩を出生する。この四たりの菩薩とは金剛・宝・法・業である。過去・未来・現在の三世のすべてのもろもろの聖者を生み育てる母である。ここに四たりの菩薩を出生した四仏は、もとの法界体性智より流出《るしゅつ》したものである。

　四方の如来には、それぞれに四たりの菩薩をおさめる。東方の阿閦仏《あしゅくぶつ》におさめる四たりの菩薩は金剛薩埵・金剛王・金剛愛・金剛善哉を四たりの菩薩とする。南方の宝生仏におさめる四たりの菩薩は、金剛宝・金剛光・金剛幢《こんごうどう》・金剛笑を四たりの菩薩とする。西方の阿弥陀仏におさめる四たりの菩薩は、金剛法・金剛利・金剛因・金剛語《こんごうぎょ》を四たりの菩薩とする。北方の不空成就仏におさめる四たりの菩薩は、金剛業・金剛護・金剛牙《こんごうげ》・金剛拳の四たりの菩薩とする。四方の仏におのおの四たりの菩薩があるので、十六大菩薩となる。

金剛界の三十七尊の中で五仏・四波羅蜜および後の四摂《ししょう》・八供養《はっくよう》をのぞいて、四方の仏におさめられるただ十六大菩薩だけをとる（そして、これを月の十六の区分に喩える）。また、『摩訶般若経《まかはんにゃきょう》』の中に、内空より無性自性空に至るまで、また十六の意味がある。すべての生きとし生けるものは一心の本質の中において一部分の清らかな性質がある。もろもろの実践が、みな備わっている。その本体は極めて妙《たえ》なるもので、清くして明白である。（中略）あらゆる迷いの世界をへめぐってもまた変らない。月の十六分の一のようである。

そもそも月のその一部分の明らかな性はもし太陽と会ったときには、しかし、日光のためにその明らかな相が失われる。だから、光ることがない。だが、後に起こる月の朔日《ついたち》から日毎に次第に光を増して十五日になってまるくなり、さまたげないものとなる。だから、観想し実践する者は初めに阿字をもって本来の心の中の一部分を明らかにし、だんだん清く明らかならしめて、無生智をえる。

〈(3) 阿字観と五相成身観という密教の瞑想——実践行——を説く〉

それ、阿字とは一切諸法本不生《ほんぷしょう》の義なり〈毗盧遮那経の『疏《しょ》』(1)に准ぜば、阿字を釈するに具《つぶさ》に五義あり、一には阿字短声これ菩提心、二には阿字引声これ菩提行、三には暗字短声これ証菩提の義なり、四には悪字短声これ般涅槃の義なり、五には悪字引声これ具足方便智の義なり。また、阿字をもって『法華経』の中の開示悟入の四字に配解せば、開の字とは仏知見を開く。すなわち雙《なら》べて菩提心を開く。初めの阿字の如し。これ菩提心の義なり。示《じ》の字とは仏知見を示す。第二の阿字の如し。これ菩提行の義なり。悟の字とは仏知見を悟る。第三の暗字の如し。これ証菩提の義なり。入の字とは仏知見に入る。第四の悪字の如し。これ般涅槃の義なり。総じてこれをいわば、具足成就の第五の悪字なり。これ方便善巧智円満の義なり〉。

すなわち、阿字、これ菩提心の義なることを讃ずる頌《じゅ》にいわく、

八葉の白蓮一肘《びゃくれんいっちゅう》(2)の間に　阿字素光の色《しき》を炳現《へいげん》す
禅智倶《とも》に金剛縛(3)に入れて　如来の寂静地《じゃくじょうち》を召入す

それ、阿字に会う者は、みな、これ決定してこれを観ずべし。当《まさ》に円明の浄識を観ずべし。もし纔《わず》かに見るをばすなわち真勝義諦を見ると名づけ、もし常に見ればすなわち菩薩の初地(4)に入る。もし転《うた》た漸く増長すればすなわち廓《かく》、法界に周《あまね》く、量、虚空に等し。巻舒《けんじょ》

自在にして当に一切智を具すべし。

凡《およそ》瑜伽《ゆが》観行《かんぎょう》を修習する人は当《まさ》に須《すべか》らく具《つぶさ》に三密の行を修して五相成身《ごそうじょうしん》(5)の義を証悟すべし。二いうところの三密とは、一に身密とは契印《けいいん》を結んで聖衆を召請《しょうしょう》するが如き、これなり。二には語密とは密《ひそ》かに真言を誦《じゅ》して文句をして了了分明ならしめて謬誤《びゅうご》なきが如きなり。三には意密とは瑜伽《ゆが》に住して白浄月の円満に相応し、菩提心を観ずるが如きなり。

次に五相成身《ごそうじょうしん》を明かさば、一にはこれ通達心、(6)二にはこれ成菩提心、(7)三にはこれ金剛心、(8)四にはこれ金剛身、(9)五にはこれ無上菩提(10)を証して金剛堅固の身を獲《う》るなり。然《しか》れどもこの五相、具《つぶさ》に備うれば、方《まさ》に本尊の身と成る。その円明はすなわち普賢の身なり。またこれ普賢の心なり。十方の諸仏とこれ同じ、またすなわち三世の修行、証に前後あれども、達悟に及び已《おわ》んぬれば去来今《こらいこん》なし。

凡人の心は合蓮華の如く、仏心は満月の如し。この観、もし成ずれば、十方国土のもしは浄、もしは穢《え》、六道の含識、(11)三乗の行位、及び三世の国土の成壊《じょうえ》、(12)衆生の業の差別《しゃべつ》、菩薩の因地の行相、三世の諸仏、ことごとく中に於て現じ、本尊の身を証して普賢の一切の行願《ぎょうがん》を満足す。

故に『大毘盧遮那経《だいびるしゃなきょう》』(13)にいわく、「かくの如くの真実心は故仏《こぶつ》の宣説したもうところなり」と。

【語釈】（1）毗盧遮那経の疏――同疏第十四。（2）一肘――肘の末端より中指の先までの長さで、一尺八寸という。（3）金剛縛――外縛印という。二手を交叉し、その拳をにぎる印。（4）初地――十地のはじめの初地。（5）五相成身――二一九頁注（44）参照。（6）通達――自分の本性である菩提心を、理論の上からさとる。（7）成菩提心――修菩提心。通達心を実証する。（8）金剛心――成金剛心。本尊の三昧耶形（それを象徴するもの）を観想し、広金剛と斂金剛《れんこんごう》との両観によって自己と諸仏との一如をさとる。（9）金剛身――証金剛身。自己の身がそのまま本尊の三昧耶形となる。（10）無上菩提――仏身円満。観行が成就して自己と仏とが一致する。（11）含識――衆生の原語サットヴァ（sattva）の訳語。（12）成壊――世界の生成の時期と破滅の時期。（13）大毗盧遮那経――『大日経』成就悉地品（大正一八・二三上）。

【要旨】　阿字観と五相成身観の理論と実践。

そもそも、阿字とはあらゆるものは本来生起しないという意味をもつ。『大日経疏』第十四によれば、阿字を注解するのに、くわしくは五つの意味がある。一つには阿字短声（a）で、これは菩提心。二つには阿字引声（ā）で、これは菩提行。三つには暗字短声（aṃ）で、これは証菩提を意味する。四つには悪字短声（aḥ）で、これは般涅槃を意味する。五つには悪字引声（āṃḥ）で、これは具足方便智を意味する。また、阿字をもって『法華経』の中の開・示・悟・入の四字に配当して解釈すれば、開の字は仏知見を開くことである。すなわち、ふたつながらに菩提心を開くことで、初めの阿字と同じである。これは菩提心を意味する。示の字は仏知見を示すことである。第二の阿字と同じである。これは菩提行を意味する。悟の字は仏知見を悟ることである。第三の暗字と同じである。これは証菩提を意味する。入の字は仏知見に入ることである。第四の悪字と同じである。これは般涅槃を意味する。まとめてこれをいえば、具足成就の第五の悪字である。これは方便善巧智円満を意味する〉。

すなわち、阿字は菩提《ぼだい》を求める心を意味することを讃《たた》える詩にいう。

八つの花びらをもつ白蓮花《びゃくれんげ》の上に一肘量《いっちゅうりょう》の大きさの月輪《がちりん》を置いて　その月輪の中に白光《びゃっこう》
色《しき》の阿字を明らかに現わす
外縛印《げばくいん》を結んで、両方の親指を中に入れ　仏のさとりの智慧を自らの心に招き入れる

そもそも、この阿字を知る者は、みな、必ずこのことを観想すべきである。すなわち、

まどかで明らかな清き心を観想しなければならない。もし少しでも見るならば、真実の最高真理を見ると名づけ、もし常に見るならば、菩薩の初地に入る。もし、いよいよだんだんに増長すれば、その大きさは宇宙にひろがり、分量は虚空に等しい。のびちぢみが自由で全智を備えることができる。

そもそも瞑想《ヨーガ》の観想を実践する者は、よろしく、まめに三密の実践を行なって五相成身《ごそうじょうしん》のむねをさとるべきである。いわゆる三密とは、一つに身密とは手に印を結んで仏菩薩を招くのが、それである。二つに語密とは、ひそかに真言を誦《とな》えて文句を極めて明らかにして誤りないのが、それである。三つに意密とは、瞑想に住して白く清らかな月がすっかりまるくなって、それをもって菩提を求める心を観想するのが、それである。

次に五相成身観を説明すれば、一つには通達心《つうだつしん》、二つには成菩提心《じょうぼだいしん》、三つには金剛心《こんごうしん》、四つには金剛身《こんごうしん》、五つには無上菩提を証《あか》して金剛堅固の身《からだ》をえることである。しかも、この五つの相をつぶさに備えれば、まさしく本尊の身と成る。そのまどかで明らかなさまは、そのまま普賢菩薩《ふげんぼさつ》の身である。また、それは普賢菩薩の心でもある。十方の仏たちとこれは同じであり、また、そこで過去・未来・現在の三世の修行とさとりとにあとさきがあるにしても、さとりに達すれば、過去・未来・現在は存しない。

なみの人の心は蕾《つぼみ》のままの蓮花のようであり、仏の心は満月と同じである。この観想をしたならば、十方の国土は清らかでも汚れていても、あらゆる迷いの世界の生けるもの、声聞・縁覚・菩薩の三乗の修行の段階および過去・未来・現在の三世の国土の生成と破滅、生きとし生けるものの業の区別、菩薩の修行段階における実践の相、三世の仏たち、これらすべてがそこに現われ、本尊の身を証《あか》して普賢菩薩のすべての行願《おこない》を満たす。だから、『大日経』にいう。「こうした真実心は、過去の仏が説かれたところである」と。

阿字　サンスクリット語を祖型とするインド・ヨーロッパ語族の諸言語は、すべてア（a阿）という接頭辞があり、その語の否定を表わす。密教でもまた阿字は否定を意味する。空海も阿字には無・不・非の三つの意味があると説く。が、いずれにしても否定の語義を漢字で表現したのである。

また、サンスクリット語のアルファベットの最初の字音は阿（अ）である。そして、あらゆる字母（母音と子音）には阿字が含まれているとみるところから、阿字は一切の字音の本体であると説く。

これらの原則をふまえて密教では阿字本不生《ほんぷしょう》を教理としている。阿字は本来、不生不滅であるという意。いわば母胎言語として一切の字音の始原であるという言語的な理解から密教の重要な教義として説かれる。すなわち一切智者である大日如来の絶対的智慧を象徴する。それは他より生じたものではなく、それ自体、本源的な存在であるということである。中観派の空の哲学の影響もあるが、密教では空性の縁起的世界観というよりも、むしろ純唯心論的な理解の仕方である。つまり大日如来の絶対智、菩提心などを象徴的に意味した哲学であるとみるべきである。

(4) 密教のさとりの世界——即身成仏——への誘い

問。前に二乗の人《にん》は法執あるが故に成仏することを得ずというと、今また菩提心を修せしむる三摩地《さんまじ》(14)とは、云何《いかん》が差別なる。

答。二乗の人《にん》は法執あるが故に、久久に理を証し、沈空滞寂《ちんくうたいじゃく》して限るに劫数をもってし、然《しこう》して大心を発《おこ》し、また、散善門《さんぜんもん》(15)の中に乗じて、無数劫を経《ふ》。この故に厭離すべきに足れり、依止《えじ》すべからず。

今、真言行人は既に人法の上執を破して、よく正しく真実を見るの智なりといえども、或いは無始の間隔のために未だ如来の一切智智を証すること能《あた》わざるが故に、妙道を欲求し、次第を修持して凡より仏位に入る者なり。

すなわちこの三摩地とは、よく諸仏の自性に達し、諸仏の法身を悟り、法界体性智《ほっかいたいしょうち》(16)を証して大毗盧遮那仏《だいびるしゃなぶつ》の自性身《じしょうしん》・受用身《じゅゆうしん》・変化身《へんげしん》・等流身《とうるしん》を成ず。

すべからく行人、未だ証せざるが故に、理、宜《よろ》しくこれを修すべし。

故に『大毗盧遮那経《だいびるしゃなきょう》』(17)にいわく、「悉地《しつじ》は心より生ず」、『金剛頂瑜伽経』(18)に説くが如し。「一切義成就菩薩、初めて金剛座に坐し、無上道を取証《しゅしょう》して遂《つい》に諸仏のこの心地を授くることを蒙《こうむ》って、然してよく果を証す」。

凡《およ》そ、今の人、もし心決定して教えの如く修行すれば、座を起たずして三摩地現前し、ここに本尊の身を成就すべし。

故に『大毗盧遮那経』の供養次第法(19)にいわく、「もし勢力の広く増益《ぞうやく》するなくば、法に住して但し菩提心《ぼだいしん》を観ずべし。仏、この中に万行を具して、浄白純浄《じょうびゃくじゅんじょう》の法を満足すと説きたもう」。

この菩提心はよく一切諸仏の功徳の法を包蔵するが故に、もし修証し出現すればすなわち一切の導師となる。もし本に帰すればすなわちこれ密厳国土《みつごんこくど》(20)なり。座を起たずしてよく一切の仏事を成《じょう》ず。

菩提心を讃じていわく、

もし人、(21)仏慧《ぶって》を求めて　菩提心に通達すれば
父母《ぶも》所生《しょしょう》の身に　速《すみや》かに大覚の位を証す

問。已《すで》に頌の詞《ことば》を聞きつ。請《こ》う、その義を説け。

答。真言教法は一一の声字、一一の言名、一一の句義、一一の成立、各《おのおの》、無辺の義を具せり。劫を歴《ふ》とも窮《ぐ》尽《じん》し難し。また、一一の字に三義を具せり。いわゆる声字実相なり。また、二義を具す。字相字義、これなり。また、一一の句等に浅略深秘の二義を具す。帥《すい》爾《じ》に談じ難し。もし実の如く説かば、小機は疑いを致し、謗《ぼう》を生じて定んで一闡提無間《いっせんだいむけん》の(22)人となりなん。この故に応化の如来は秘して談ぜず、伝法の菩薩は置いて論ぜず、意《こころ》、此《ここ》に在り。

【語釈】(14)三摩地――サマーディ(samādhi)の音写。(15)散善門――密教において、顕教を散善門と呼ぶ。三摩地門に対するもの。(16)法界体性智――密教でいう五智の一つ。(17)大毗盧遮那経――同悉地出現品(大正一八・一九中)。(18)金剛頂瑜伽経――『金剛

頂瑜伽大教王経』上巻（大正一八・二〇七下）の取意。（19）供養次第法――『大日経』真言行学処品（大正一八・四五中下）の文。（20）密厳国土――三密（身、口、意）をもって荘厳した大道場。秘密荘厳国土。大日如来の浄土。（21）もし人…――『菩提心論』（大正三二・五七四下）の引用文。（22）一闡提無間の人――一闡提はイッチャーンティカ（icchā-ntika）の音写。断善根、信不具足の意味で、さとりをえる因が全くない者。無仏性の人。

【要旨】密教のさとりの世界すなわち密厳国土の実現

問い。さきに声聞・縁覚の二乗の人は存在要素に執《とら》われるから、仏となることができない、という。ところで、今また、菩提を求める心を修練する精神統一とは、どんな区別があるか。

答え。二乗の人は存在要素に執われるから、非常に長くかかって個体存在の空虚なる理法をさとり、空虚にしずみ、そうしたさとりにとどこおって、多くの劫をへる。それから大乗の心を起こし、また散善の教えによって無数の劫を過ごす。だから、これは十分にいとうべきで、依りどころとしてはならない。

今、真言の実践者はすでに個体存在と存在要素の執われより上の極めて微細な執われを破り、よく正しく真実を見る智慧をもつけれども、あるいは遥かな過去から人びとと仏とのへだたりのために、まだ如来の全智の中の智慧をえることができないから、妙《たえ》なる道を求め、五相成身観の次第を修めて身につけ、なみの者から仏の位に入る。

すなわち、この精神統一はよく仏たちの自らの性質に到達し、仏たちの法身をさとり、法界体性智を証《あか》して大日如来の自性身・受用身・変化身・等流身を完成する。

これをまだ証していない真言の実践者は、当然、よろしく実修すべきである。

だから、『大日経』悉地出現品《しつじしゆつげんぼん》にいう。「さとりの完成は心より生ずる」と。(また)『金剛頂瑜伽経《こんごうちょうゆがきょう》』に説くとおりである。(すなわち)「一切義成就菩薩《いっさいぎじょうじゅぼさつ》は初めて菩提樹下の金剛座に坐し、無上の道をとき証《あか》して、ついに仏たちのこの心の境地を授けられて、そしてよくさとりをえた」と。

およそ、今の人も、もし心をきめて教えのとおりに修行すれば、座を起《た》たずして精神統一が実現し、ここに本尊の身を完成することができる。

だから、『大日経供養次第法《くようしだいぼう》』にいう。「もし、勢力が広く増加することがなければ、真理に住して、ただ菩提《さとり》を求める心を観想するがよい。仏はこの中において、あらゆる実践を備えて全く清らかな真理を満たすと説かれる」と。

この菩提を求める心はよくすべての仏たちの功徳の法をつつんでいるから、もしこれを修し証《あか》して実現すれば、すべてのものの指導者となる。もし、本《もと》に帰すれば、これはそのまま密厳《みつごん》国土である。道場の座を起つことなく、よくすべての仏事をなしとげる。

菩提を求める心を讃《たた》えていう。

もし人、仏の智慧を求めて　菩提を求める心に通達すれば
父母より生まれたこの身さながらに　速《すみや》かに偉大なる覚者の位をえる

問い。すでに詩の言葉を聞いた。その意味を説いていただきたい。

答え。真言の教えは一つ一つの言葉、一つ一つの名称、一つ一つの単語の意味、一つ一つの文章が、それぞれ無辺の意味内容をもつ。劫をへても、それは極めがたい。また、一つ一つの字に三つの意味がある。いわゆる声・字・実相である。また、二つの意味がある。字相・字義というのが、これである。また、一つ一つの単語などに浅略と深秘《じんぴ》との二つの意味がある。（だから）これはうかつに説くことはできない。もしも、そのとおりに説くならば、素質のない者は疑いをいだき、非難する結果、きっと現世では仏となりえず、死後には無《む》間《けん》地獄に落ちるだろう。だから、かりの姿で現われた仏は秘して口にせず、教え

を伝える菩薩はそのままにして説かないのも、このゆえである。

〈5〉 密教のさとりの世界への道程

故に、『金剛頂経』(1)に説かく、「この毗《び》盧《る》遮那《しゃな》三摩《さんま》地《じ》の法は未灌頂《みかんじょう》の者に向って一字をも説くことを得ざれ。もし本尊の儀軌真言は、たとい同法の行者なりといえども、輒《たやす》く説くことを得ざれ。もし説かば現前には夭《よう》に中《あた》り殃《わざわい》を招き、後には無《む》間獄《けんごく》に堕せん云云」と。

謹んで勧誡《かんかい》を承んぬ。敢《あ》えて違越《いおつ》せじ。重ねて請う、初めの頌の文を示説したまえ。

「九種住心(2)無《む》自性《じしょう》転深《てんじん》転妙《てんみょう》皆是因《かいぜいん》」といっぱ、この二句は前の所説の九種の心は、みな、至極の仏果にあらずと遮す。九種といっぱ、異生羝羊心ないし極無自性心、これなり。中《なか》ん就《づ》く初めの一つは凡夫の一向行悪行不修微少善を挙ぐ。次の一は人乗を顕わし、次の一は天乗を表わす。すなわちこれ外道なり。下《しも》下界を厭《いと》い、上《かみ》生天を欣《ねが》って解脱《げだつ》を願楽《がんぎょう》すれども、遂に地獄に堕す。已上《いじょう》の三心は、みな、これ世間の心なり。未だ出世と名づけず。第四の唯蘊《ゆいうん》已後《いご》は聖果《しょうか》を得《う》と名づく。出世の心の中に唯蘊・抜業はこれ小乗教、他縁以後は大乗の心なり。大乗において前の二は菩薩乗、後の二は仏乗なり。かくの如くの乗乗自乗に仏の名を得れども、後に望むれば戯論《けろん》と作《な》る。前前は、みな不住なり。故に無自性《むじしょう》と名づく。後後はことごとく果にあらず。故《かるがゆえ》に皆是因《かいぜいん》という。転転《てんでん》相望するに、各各に深《じん》妙《みょう》なり。所以に深妙という。「真言密教法身説」とは、この一句は真言の教主を顕わす。極無自性以外の七つの教えは、みな、これ他受用応化仏《たじゅゆうおうけぶつ》(3)の所説なり。真言密教両部の秘蔵は、これ法身大毗盧遮那如来《だいびるしゃなにょらい》と自眷属《じけんぞく》の四種法身《ほっしん》(4)と、金剛法界宮及び真言宮殿《くうでん》等に住して自受法楽《じじゅほうらく》の故に、演説したもうところなり。『十八会指帰《じゅうはっていしき》』(5)等にその文分明なれば更に《ことさら》誠《じょう》証《しょう》を引かず。「秘密金剛最勝真」とは、この一句は真言乗教の諸乗に超えて究竟真実なることを示すなり。

秘蔵宝鑰　巻下

【語釈】(1)金剛頂経――『金剛頂一字頂輪王瑜伽一切時処念誦成仏儀軌』(大正一九・三二一上)の取意の文。(2)九種住心――前掲第一住心より第九住心。(3)他受用応化仏――他の者にさとりの楽しみを享受させる他受用身と、他の者を救済するために、さまざまの姿をとって現われる応化身。(4)四種法身――自性法身、受用法身、変化身、等流身。(5)十八会指帰――『金剛頂経瑜伽十八会指帰』一巻(大正一八・二八四下―二八七下)。

【要旨】第一異生羝羊心から第十秘密荘厳心までわれわれの心の世界が段階的に自覚し向上発展してゆく。そして顕教から密教に至るためには非連続的な異次元世界への飛躍があることを説く。

だから、『金剛頂経』に説く。「この大日如来の精神統一の法は、まだ灌頂《かんじょう》の秘儀を受けない者に対しては一字をも説いてはならぬ。本尊の儀軌《ぎき》や真言《しんごん》は、たとえ仲間の実践者であっても、やすやすと説いてはならぬ。もし説けば、すぐには若死にをし、災禍をまねき、後には無間《むけん》地獄に落ちるであろう云々」と。

（問い。）謹んで誡めを承った。あえて違反しようとしない。かさねてお願いする。初めの詩の文を説き示していただきたい。

（答え。）「九種の住心は自らの性質なくして、すべて深きに移り妙《たえ》なるに移りゆくところの因」という、この二句は以前から説くところの九種の住心は、みな究極のさとりではないとして否定する。九種とは異生羝羊心《いしょうていようしん》ないし極無自性心《ごくむじしょうしん》が、これである。そのうち、初めの一つはなみの者がひたすら悪しき行為をなして少しも善を修めないことをあげる。次の一つは人間界の教えを明らかにし、次の一つは天上界の教えを表わす。つまり、これは仏教以外のバラモン教などである。それは下界をいとうとともに天上界に生まれることを願ってさとりを求めるが、けっきょく、地獄に落ちる。以上の三つの住心は、みな、これは世間の心である。出世間の心の中における唯蘊無我心と抜業因種心とは、これは小乗の教え、他縁大乗心以後は大乗の心である。大乗において前の二つは菩薩乗、後の二つは仏乗である。こうしたそれぞれの教えは自らの教えに仏の名をえるが、後のものにのぞめば、無益な議論となる。（したがって、）それぞれ前の住心はみな、住《とど》まらない。だから、自らの性質がないと名づける。それぞれの後はことごとく（さとりの）果ではない。だから、「みな、これ因」という。だんだんと相のぞむに、それぞれ前より後は甚深にして微妙《みみよう》である。だから「深妙《じんみよう》」という。「真言密教法身説」というこの一句は真言を教えるものを顕わす。極無自性心以外の七つの教えは、みな、これ他の者を享受させるため、かりの姿をとって現われた仏の説くところである。真言密教の『大日経』『金剛頂経』の両部の秘密蔵は、これは法身大日如来が、その従者の四種法身とともに金剛のごとき真理の世界の宮殿および真言の宮殿に住して、自ら真理の楽しみを享受するために説かれる。これは『十八会指《じゆうはつてしい》帰《き》』などにその文が明らかにあるから、ことさら、ここで証明するために引用しない。

「秘密金剛最勝真《ひみつこんごうさいしょうしん》」というこの一句は、真言の教えが、もろもろの教えに超えて、極致にして真実であることを示すものである。

秘蔵宝鑰　巻下

弁《べん》顕《けん》密《みつ》二《に》教《きよう》論《ろん》

頼富本宏訳注

【概要】

空海は、密教の教えを打ち立てるに際して、他の仏教との比較対照という方法を強調した。これを教判《きょうはん》と呼ぶが、教判には、密教とそれ以外の教え（顕教《けんぎょう》）を対比させる場合と、複数の教えを価値的に配列して、密教を最高位に置く場合との二種がある。伝統的には、前者を横《おう》の教判、後者を竪《しゅ》の教判と称している。この『弁顕密二教論《べんけんみつにきょうろん》』は、横の教判の代表作として知られており、真言《しんごん》密教で重視する論書の集成である『十巻章《じっかんじょう》』の一つに数え上げられている。

同論の構成は、序説と本論から成り、とくに本論は、(1)造論《ぞうろん》の趣旨を問答形式で述べる問答決疑、(2)『五秘密経』、『大日経《だいにちきょう》』、『瑜祇経《ゆぎきょう》』、『分別聖位経《ふんべつしょういぎょう》』、『楞伽経《りょうがきょう》』などの経典と、『菩提心論《ぼだいしんろん》』、『釈摩訶衍論《しゃくまかえんろん》』、『大智度論《だいちどろん》』の論書を引証し、しかも空海独自の喩釈《ゆしゃく》を加える引証喩釈、(3)結論として顕密の対比を要約する顕密分斉《ぶんざい》の三部分に細分される。

顕密対比の視点としては、古来、(1)能説《のうせつ》の仏身《ぶっしん》の相違（顕教は応化身《おうげしん》釈迦仏の説法であるが、密教は法身《ほっしん》大日如来の説法）、(2)所説の教法の相違（顕教は利他《りた》の方便のための因《いん》分可説《ぶんかせつ》の教え、密教は自内証《じないしょう》の境地を説いた果分可説《かぶんかせつ》の教え）、(3)成仏の遅速の相違（顕教の三劫《さんごう》成仏に対し、密教は即身成仏を説く）、(4)教益《きょうやく》の勝劣の相違（『大乗理趣六波羅蜜《だいじょうりしゅろくはらみ》多経《たきよう》』に説く五蔵五味《ごぞうごみ》説をあげ、密教を最高の味である醍醐《だいご》にたとえる）の四点が指摘されているが、ここではとくに(1)・(2)の両点についての言及が中心を占めている。

空海の思想史においては、本書は、速時《そくじ》成仏に基づく顕密対比を説く『請来目録《しようらいもくろく》』よりは一歩進んだものであるが、『即身成仏義』において体系化された六大《ろくだい》・四曼《しまん》・三密《さんみつ》を体《たい》・相《そう》・用《ゆう》として把握する立場には至っていない。また、所説の教法については、数年後の撰述と考えられる『声字実相義《しようじじつそうぎ》』などの中にその影響を窺うことができる。

弁顕密二教論　巻上

沙門空海撰

(1) 略釈

〔(1)―一　大綱釈〕

夫《そ》れ、仏《ぶつ》に三身《さんじん》(1)有り、教《きょう》は、則《すなわ》ち二種なり。(2)応《おう》・化《け》(3)の開説《かいぜつ》を名づけて顕教《けんぎょう》と曰《い》う。言《ことば》、顕略《けんりゃく》(4)にして機《き》に逗《かな》えり。(5)法仏《ほうぶつ》(6)の談話《だんかい》、之《これ》を密蔵《みつぞう》と謂《い》う。言《ことば》、秘奥《ひおう》にして実説なり。(7)顕教の契経《かいきょう》(8)、部《ぶ》に百億有り。(9)蔵《ぞう》を分かてば、則ち一十(10)・五十一(11)の差《しゃ》有り。乗《じょう》を言えば、則ち一(12)・二(13)・三(14)・四(15)・五(16)の別有り。行《ぎょう》を談ずれば、(17)六度《ろくど》(18)を宗《しゅう》と為《な》し、成《じょう》を告ぐれば、(19)三《さん》大《だい》(20)を限りとす。是れ則ち、大聖《だいしょう》(21)分明《ふんみょう》(22)にその所由《しょゆ》(23)を説きたまえり。

もし『秘蔵金剛頂経《ひぞうこんごうちょうぎょう》(24)』の説に拠《よ》らば、如来《にょらい》の変化身《へんげしん》は、地前《じぜん》の菩薩《ぼさつ》(25)、及び二乗《にじょう》(26)・凡夫《ぼんぶ》(27)等の為《ため》に三乗《さんじょう》(28)の教法《きょうぼう》を説き、他受用身《たじゅゆうしん》(29)は、地上《じじょう》の菩薩の為に顕《けん》の一乗《いちじょう》等を説きたもう。並びに、是れ顕教なり。自性《じしょう》(30)・受用仏《じゅゆうぶつ》(31)は、自受法楽《じじゅほうらく》(32)の故に、自眷属《じけんぞく》(33)とともに各《おのおの》三密《さんみつ》(34)門《もん》を説きたもう。之を密教《みっきょう》と謂《い》う。

この三密門とは、所謂《いわゆる》、如来内証智《にょらいないしょうち》(35)の境界《きょうがい》なり。等覚《とうがく》(36)・十地《じゅうじ》(37)も室《しつ》に入ること能《あた》わず。何《いか》に況《いわ》んや、二乗・凡夫をや。誰《たれ》か堂に昇ることを得ん。

故《かるがゆえ》に、『地論《じろん》』(38)『釈論《しゃくろん》』(39)には、その機根《きこん》(40)を離れたりと称し、『唯識《ゆいしき》』(41)『中観《ちゅうがん》』(42)には、言断《ごんだん》心滅《しんめつ》(43)を歎《たん》ず。是の如きの絶離《ぜつり》は、並びに因位《いんい》(44)に約して談ず。果人《かにん》(45)を謂《い》うには非《あら》ず。

何を以《もっ》てか、知ることを得んや、経典に明鑑《みょうかん》(46)有るが故に。その明証《みょうしょう》、具《つぶさ》に列《つら》ぬること後の如《ごと》し。求仏《ぐぶつ》の客(47)、庶《こいねがわ》くはその趣《おもむき》(48)を暁《さと》れ。

【語釈】（1）三身――仏を三種の観点からとらえる見解。さとりそのものを表わす法身《ほっしん》、修行の結果、得られる報身《ほうじん》（受用身《じゅゆうしん》）、衆生《しゅじょう》を救うために相手に応じて現われる応身《おうじん》（もしくは化身《けしん》）の三身が説かれることが多い。ただし、空海は『金光明最勝王経』に説く法・応・化の三身説を用いたのか、ここでは報身という言葉を用いない。（2）教は、則ち二種なり――顕教と密教の二種の教え。両教の相違を論じることが本論の目的である。（3）応・化――応身と化身のこと。この場合、応身は、報身の意味に使われている。（4）顕略――表面的で、簡略なこと。（5）機に逗《かな》えり――相手の宗教的素質等を考慮に入れている。

(6) 法仏——法身仏のこと。さとりの真理を象徴した仏身《ぶっしん》。(7) 実説——真言《しんごん》の説法。(8) 契経——仏の真説である経典。(9) 百億——以下に説く百億の経典と、一十・五十一の蔵の差別は、龍樹《りゅうじゅ》造・筏提摩多《ぐだいまた》訳と伝える『釈摩訶衍論《しゃくまかえんろん》』巻一からの引用である（大正三二・五九三中）。空海は、『釈摩訶衍論』と『菩提心論《ぼだいしんろん》』をとくに重視する。(10) 一十——声聞《しょうもん》・菩薩・如来・人《にん》・天・地獄・鬼神・畜生・器世間《きせけん》・雑乱《ぞうらん》。(11) 五十一——菩薩の五十一位。(12) 一——仏一乗。(13) 二——大乗と小乗の二乗。(14) 三——声聞乗・縁覚《えんがく》乗・菩薩乗の三乗。(15) 四——三乗と仏乗《ぶつじょう》の四乗。(16) 五——三乗と人《にん》乗と天乗を合わせた五乗。(17) 行を談ずれば——修行についていえば。(18) 六度——六波羅蜜多《ろくはらみた》（布施《ふせ》・持戒《じかい》・忍辱《にんにく》・精進《しょうじん》・禅定《ぜんじょう》・智慧《ちえ》）のこと。(19) 成を告ぐれば——成仏に関していえば。(20) 三大——三大阿僧祇劫《さんだいあそうぎこう》。劫とは、無限のように果てしない時間の単位。(21) 大聖——偉大なる聖者、すなわち釈尊《しゃくそん》のこと。(22) 分明に——明瞭に。(23) 所由——理由。(24) 秘蔵金剛頂経——不空《ふくう》訳『略述金剛頂瑜伽分別聖位修証法門《りゃくじゅつこんごうちょうゆがふんべつしょういしゅしょうほうもん》』（大正一八・二八八上）の取意。秘蔵の「蔵」を「密」とする説もある。(25) 地前の菩薩——菩薩の修行階位（全五十二位）のうち、十地《じゅうじ》（第四十一位から五十位）以前にある十信《じっしん》・十住《じゅうじゅう》・十行《じゅうぎょう》・十廻向《じゅうえこう》の階梯にある菩薩のこと。(26) 二乗——声聞乗（釈尊の教えを聞いてさとるもの）と、縁覚乗（独力で十二因縁をさとるもの）の二乗。(27) 凡夫——迷いの世界にいる世間一般の人々。(28) 三乗——声聞乗・縁覚乗の二乗に菩薩乗を加えたもの。(29) 他受用身——受用身を自と他の二種に分けるうち、他のためにさとりの楽しみを享受させる仏身を他受用身という。(30) 自性——それ自体がさとりを表わす仏身。法身と同じ。

(31) 受用仏——この場合、自受用身をさす。すなわち、自らさとりの境界を享受する仏身。(32) 自受法楽——自らさとりの楽しみを味わうこと。(33) 自眷属——本尊自らが随《したが》えている随伴者。(34) 三密——身《しん》・口《く》・意《い》という三種の行為形態。仏と衆生を結ぶ架け橋となるので、三密という。(35) 如来内証智——仏のさとりの内容を示す智慧。(36) 等覚——菩薩が十地を超越して、仏になる直前の段階(五十二位のうち第五十一位)。(37) 十地——十地の段階にある菩薩。(38) 地論——後魏《こうぎ》の菩提流支《ぼだいるし》訳の『十地経論《じゅうじきょうろん》』巻二(大正二六・一三三中)。ここでは、因分可説《いんぶんかせつ》・果分不可説《かぶんふかせつ》と説く。(39) 釈論——先述の『釈摩訶衍論』巻一(大正三二・六〇一下)。(40) 機根——宗教的素養や能力のこと。(41) 唯識——玄奘《げんじょう》訳『成唯識論《じょうゆいしきろん》』巻十(大正三一・五七中)。(42) 中観——鳩摩羅什《くまらじゅう》訳『中論《ちゅうろん》』巻三(大正三〇・二四上)。(43) 言断心滅——言葉の境界を離れ、心の作用を滅した境地。(44) 因位——原因にあたる状態。具体的には修行の身。(45) 果人——さとりの結果たる仏の境地にある人。(46) 明鑑——鑑は、鏡のこと。明らかな証拠。(47) 求仏の客——仏を求める人。(48) 趣——意図するところ。

【要旨】 本論の大意を、次のように要約している。

そもそも仏には、(法身—形を超えた真理そのものとしての仏身、報身もしくは応身—

菩薩が願《がん》と行《ぎょう》とに報われて得る仏身、化身―衆生を導くために相手に応じて現われる仏身の）三身があり、その教えには、（顕教と密教の）二種類がある。（三身のうち）応身と化身との教説を、顕教という。その表現内容は表面的で、しかも簡略であって、相手の素質に応じて説かれたものである。これに対して真理の当体である法身仏の説法を密教〔密蔵〕という。その表現内容は、秘密で奥深く、真実の説である。

顕教の経典には百億部ある。その教えのジャンル〔蔵〕には、十蔵・五十一蔵の区別があり、さとりに到達するための教えの道〔乗〕には、一乗・二乗・三乗・四乗・五乗の区別がある。

修行という観点からいえば、（布施・持戒・忍辱・精進・禅定・智慧という）六種の完全なさとりの行〔六度〕を中心要素とし、成仏するには、無限というべき永い時間を必要とする。このことについては、釈尊が、明らかにその理由をお説きになっている。

もし『秘蔵金剛頂経』（『分別聖位経』）の説によれば、如来が姿を変えて現われるもの〔変化身〕は、十地に至らない（十信・十住・十行・十廻向の位の）菩薩と、声聞・縁覚〔二乗〕と、仏教の教えを知らない人間などのために、声聞・縁覚・菩薩という三乗の教えを説き、他のためにさとりの楽しみを享受させる仏〔他受用身〕としては、十地より上の菩薩のために、顕教の唯一のすぐれた教え〔一乗〕を説かれた。これらはすべて顕教である。

これに対して、それ自体のさとりの本性をその存在とする仏〔自性身〕と、自らさとりの境地を享受する仏〔自受用身〕とは、自ら教えを信受する喜びを享受するから、自らの随行者〔眷属〕とともに、身・口・意の三つの領域において仏と一体となるとする教え〔三密門〕をおのおの説かれた。これを密教というのである。

この三密門とは、実に、如来のさとりの内容そのものである。仏になる直前の菩薩も、十地の菩薩も、この境界に入ることはできない。ましてや、声聞・縁覚や、仏教の教えを知らない人間などは、誰もその一部にすら至ることができない。

したがって、『十地経論』や『釈摩訶衍論』には、この境界は、人間の〔通常の〕素質を超えていると説き、『成唯識論』や『中論』には、言葉で表現することも、考えることもできないと説かれている。しかし、このような閉ざされた説は、まださとりを得ていない位の者を対象として説いたものであって、すでにさとりを得た者を対象として述べたのではない。

では、何によって知ることができるのだろうか。それは経典や論書に明らかな証拠があるから、それらを証する文言を詳しく後に列挙することにしよう。真の仏教を求めている者は、どうかその趣意を理解していただきたい。

自性・受用仏　『弁顕密二教論』の冒頭において、空海は、

「夫れ、仏に三身有り、教は、則ち二種なり。応・化の開説を名づけて顕教と曰う。（中略）法仏の談話、之《これ》を密蔵と謂う。」

と述べ、如来の三身説と顕密二教の関連を、次のように要約している。

応身（報身）｝顕教
化身
法身―密教

なお、空海が「応」という言葉を報身の意味で使用する例は、彼の『最勝王経開題』にも認めることができる。

ところが、これに引き続いて『秘蔵金剛頂経』と称される『分別聖位経』の説を引いて、

変化身｝顕教
他受用身

（自）受用身 ⎫
自性（身）　⎭密教

という新たな仏身論を呈示している。

この両者の体系を比較すると、応・化身が仏法を説くことは、すでに自他ともに容認するところであるが、空海は、法身について新たな見解を用いて、法身説法《ほっしんせっぽう》を主張する。

このような空海の発想を補助したものとして、不空三蔵の訳出（もしくは撰述）した『分別聖位経』がある。同経は、別に自性・受用・変化・等流《とうる》の四種身《ししゅしん》説を説いているが、空海がより関心を示したのは、同経や『金剛頂五秘密《ごひみつ》経』に説く、受用身を自と他の二種に分ける見解である。

すなわち、さとりの果報を享受する受用身は、もともとさとり（実在）の世界と迷い（現象）の世界にまたがる存在であったが、唯識思想で説かれる二分依他起《にぶんえたき》説のように、自と他という形で受用身を二分したことは、自受用身と法身とが近似的特徴を持っているために、元来は異質的要素が強かった法身に一つの架け橋を設けることになるのである。

不空・空海の仏身説に関しては、加藤精一博士の諸論考に詳しい。

〈(1)—二　**造論の趣意**〉

縦使《たとい》、顕網《けんもう》(1)に触《つ》いて羝藩《ていばん》(2)し、権関《ごんかん》(3)に壅《ふさが》れて税駕《ぜいが》(4)す。所謂《いわゆる》、化城《けじょう》(5)に息《や》むの賓《ひん》(6)、楊葉《ようよう》(7)を愛するの児《に》、何《なん》ぞ能《よ》く無尽荘厳《むじんしょうごん》、恒沙《ごうしゃ》(8)の己有《こう》(9)を保つことを得んや。醍醐《だいご》(10)を棄《す》てて、牛乳《ごにゅう》を覓《もと》め、摩尼《まに》(11)を擲《なげう》って、魚珠《ぎょしゅ》(12)を拾うが如きに至っては、寂種《じゃくしゅ》の人《にん》(13)、膏肓《こうこう》(14)の病《やまい》、医王《いおう》、手を拱《たんだ》き(15)、甘雨《かんう》(16)、何の益《やく》かあらん。もし、善男善女《ぜんなんぜんにょ》有って、一たびこの芸《か》(17)を齅《か》がば、秦鏡《しんけい》(18)、心を照らし、権実《ごんじつ》、氷解《こおりと》けなん(19)。所有《しょう》(20)の明証(21)、経論《きょうろん》に至って多しと雖《いえど》も、且《しばら》く一隅《いちぐう》を示す。庶《こいねがわ》くは、童幼《どうよう》(22)を裨《おぎな》(23)うこと有らん。

問うて曰《いわ》く、古《いにしえ》の伝法者《でんぼうしゃ》(24)、広く論章を造《つく》って六宗《ろくしゅう》(25)を唱敷《しょうふ》(26)し、三蔵(27)を開演《かいえん》す。軸《じく》(28)、広《こう》厦《か》(29)に剰《あま》り、人、巻舒《けんじょ》(30)に僵《たう》(31)る。何ぞ労《わずらわ》しくこの篇を綴《つづ》る。利益如何《りやくいかん》。

答《こた》う。多く発揮《ほっき》(32)すること有り。所以《ゆえ》に応《まさ》に纂《つく》るべし。先匠《せんしょう》(33)の伝うる所は、皆《みな》是れ顕教なり。此《こ》れは是れ密蔵なり。人、未《いま》だ多く解《さと》らず。この故に、経論を弋釣《よくちょう》(34)して、合《がっ》して一の手鏡《しゅけい》(35)と為《な》す。

【語釈】（1）顕網——顕教の教えの網。（2）羝蕃——羝は、おひつじ。蕃は、しげみ。雄羊が垣根のしげみに突き当ってつかえること。（3）権関——仮の関所。顕教のさとりの境地をたとえたもの。（4）税駕——税をかけること。休息を意味する。（5）化城——仮の城。『妙法蓮華経《みょうほうれんげきょう》』巻三「化城喩品《けじょうゆほん》」の説。顕教の果を化城、密教の果を宝処として対比している。（6）賓——客。（7）楊葉——楊柳の葉。『涅槃経《ねはんぎょう》』巻二十の「嬰児行品《えいにぎょうほん》」の所説。黄色の楊《やなぎ》の葉を、幼童は真金と誤解すること。（8）恒沙——恒河（ガンジス河）の砂。無数のもののたとえ。（9）己有——自己の本性。（10）醍醐——梵語《ぼんご》マンダ（maṇḍa）の訳。牛乳から得られる五種の味のうち、最高の味をいう。（11）摩尼——梵語マニ（maṇi）の音写。望みのものを生み出す神秘的な宝珠である如意宝珠《にょいほうじゅ》のこと。（12）魚珠——あまり重要でない宝珠。如意宝珠に似て非なるもの。（13）寂種の人——無仏性《ぶっしょう》の人。一闡提《いっせんだい》ともいう。（14）膏肓——膏は、胸の下の方、肓は、胸部と腹との間の薄い膜。膏と肓の間は治療しにくい部分であり、膏肓の病とは重病のこと。（15）手を拱き——両手を組み合わせて何もしないさま。（16）甘雨——甘露の雨。（17）この芸《か》——香草の香り。密教の教え。この論の趣意。（18）秦鏡——秦の始皇帝が持っていたと伝えられるすべてを映し出す鏡。（19）権実、氷解けなん——権は、仮のもの。実は、真実のもの。権教《ごんきょう》をもって真実であると考える執着の氷が解け去ること。（20）所有——あらゆるもの。（21）明証——明らかな証拠。（22）童幼——子供のような幼い者。（23）裨《おぎな》う——補う。助ける。（24）伝法者——仏教を流布した者。（25）六宗——南都六宗といわれる倶舎《くしゃ》・成実《じょうじつ》・法相《ほっそう》・三《さん》論《ろん》・律《りつ》・華厳《けごん》の六宗。（26）唱敷——唱え、弘《ひろ》めること。（27）三蔵——仏教の教えの集成である経・律・論の三蔵。（28）軸——巻数。（29）広厦——厦は、建物。広厦は、広大な建物。（30）巻舒——巻いたり、広げたりすること。（31）偃る——たおれる。（32）発揮

――新たに主張すること。(33)先匠――先代の学匠たち。(34)弋釣――弓で鳥を射取り、釣りで魚を捕らえるように、経論の要義をくみとること。(35)手鏡――てかがみ。指南書。本論のことを指す。

【要旨】ついで、本論を著わす意義を説いている。

もし浅い顕教の教えの網にひっかかって、より深い教えである密教に入ろうとしない者は、あたかも雄羊が垣根につかえて進めないようなものであり、また、旅人が仮の関所にふさがれて、税金で難渋しているようなものである。たとえば、虚構の城のような妄想の域にとどまっている者や、楊柳の黄色い葉を黄金だと思って喜んでいる幼児が、どうして我々に本来具《そな》わっている無限の徳性やガンジス河の砂のような無数の功徳に気づいて、それを保持することができようか。最高の味である醍醐《だいご》を捨てて、それよりも劣る牛乳を求め、最上の摩尼《まに》宝珠を投げ捨てて、宝珠に似ているものの、まったく違うもの〔魚珠〕を拾うようなことになってしまっては、仏としての可能性をなくした人となってしまう。たとえば、不治の病は、いかにすぐれた医者も手の施しようがないように、仏の教えも不死の薬である甘露の雨も何の益するところがあろうか。しかし、もし仏法に帰依した男女があって、一たび密教の教えに触れたなら、秦の始皇帝が所持していた明鏡のように、心の真の姿を照らし、真実の教えに導くための仮の手だての教えにとりつかれていた人々の迷いも氷解するだろう。このような点を明らかに論証するものは、経典・論書に多くあるけれども、今はここにその一部をあげることにする。これらの文献が、仏教を学ぶ者のためになることを切望する。

ある人が質問する。昔から仏法を伝えてきた先師たちは、いろいろと論書を著わして、倶舎・成実・法相・三論・律・華厳の六宗を生み出し、経・律・論の三蔵を説き明かした。その巻数は大きな家屋に収まらないほどあり、これを調べるだけでも容易ではない。それなのに、わざわざ苦労してまで新しくこの論書を造る意図は何であるか。

答えていう。数多くの新しい主張があるからこそ、(この論を)造るのである。先師たちが伝えてきたものは、すべて顕教に属するものであるが、今ここに、私が示そうとする教説は密教である。多くの人たちは、まだ密教を理解していない。だからこそ、弓で鳥を射取り、釣りで魚を捕らえるように、経典・論書の要義を選んで、一つの理解の手本とするのである。

(2) 本論

〈(2)—一 問答決疑〉

〈(2)—一—一 顕密の差別〉

問う。顕密二教、その別、如何《いかん》。

答《こた》う。他受用《たじゅゆう》・応化身《おうげしん》の随機《ずいき》(1)の説、之《これ》を顕と謂《い》い、自受用《じじゅゆう》・法性仏《ほっしょうぶつ》の内証智《ないしょうち》(2)の境《きょう》を説きたもう、是れを秘(3)と名づく。

【語釈】(1)随機——相手の機根《きこん》を考慮すること。(2)内証智——さとりの内実に関する智。(3)秘——密と同じ。密教のこと。

【要旨】ここで、顕密の違いについて、問答形式の問題提起がある。

問う。顕教と密教の区別は、どのようなものか。

答える。人々にさとりを享受させようとして、人々を導くために相手に応じて現われる仏身による、人々の素質に応じて説く教えを顕教というのに対して、自らのさとりを自ら享受する、形を超越した真理そのものの仏身〔法性仏〕が、自らのさとりの境界を説き明かしたものを、密教というのである。

〔2〕—一—二　法身説法の可否

問う。応化身《おうげしん》の説法は、諸宗、共《とも》に許《こ》す(1)。かの法身《ほっしん》の如きは、色《しき》も無く、像も無し。言語道断《ごんごどうだん》(2)し、心行処滅《しんぎょうしょめつ》(3)して、説も無く、示《じ》も無し。諸経、共にこの義を説き、諸論、また是《かく》の如く談ず。今如何《いまいかん》が爾《なんじ》、法身の説法を談ずる。その証(4)、安《いず》んか在《あ》る。

答う。諸経論の中《うち》に往往《おうおう》にこの義有り。然《しか》りと雖《いえど》も、文《もん》は執見《しっけん》(5)に随《したが》って隠れ、義は機根《きこん》を逐《お》って現わるのみ。譬《たと》えば、天鬼《てんき》の見別《けんべつ》(6)、人鳥《にんちょう》の明暗(7)の如し。

【語釈】(1) 許す——認める。(2) 言語道断——言語表現の世界を離れていること。すなわち、言葉で説明できないこと。(3) 心行処滅——思議の対象ではないこと。心に考えられないこと。(4) 証——証拠。(5) 執見——とらわれた見解。(6) 天鬼の見別——同じ水を見ても、天部のほとけたちは瑠璃《るり》の荘厳《しょうごん》と見、また餓鬼《がき》たちは膿血〔体液と血液〕

と見ること。さらに、人と魚を加えた一水四見の譬えもある。（7）人鳥の明暗――同じ暗夜において、人には見えないが、鳥は明るさを見ること。『釈摩訶衍論』巻四の所説（大正三二・六二三下）。

【要旨】　法身説法の可否について、問答がある。

問う。人々を導くために相手に応じて現われる仏身の説法については、仏教の各宗が認めている。しかし、形を超えた真理そのものとしての仏身については、色も形もなく、言葉で表現することも思慮することもできず、説き示すこともできない。諸経にも、このことを説き、諸論もまた、このように論じている。それなのに、あなたは、なぜ形を超えた真理そのものとしての仏身の説法を論じようとするのか。その証拠は、いったいどこにあるのか。

答える。もろもろの経典・論書の中に、しばしばその説が認められる。しかしながら、文章は読む人の側に自分の心に固執して離れない見解があれば、せっかくの文章の真意は隠れてしまうのであって、真理の教えは、素質に応じて現われるものである。それは、あたかも、同じ水を、天人は、瑠璃で荘厳した大地と見、餓鬼は体液と血液と見るようなものであり、闇夜《やみよ》を、鳥は清くて明るい色と見、人間は、暗黒としか見ないようなものである。

〈(2)—一—三　伝者不談の問答〉

問う。もし汝《なんじ》が説の如くならば、諸教の中に、この義有り。もし是《かく》の如くならば、何《いかん》が故にか、前来《ぜんらい》(1)の伝法者《でんぼうしゃ》、この義を談ぜざる。

答う。如来の説法は、病に応じて薬を投ぐ。根機《こんき》(2)万差《まんじゃ》(3)なれば、針灸《しんきゅう》(4)千殊《せんじゅ》(5)なり。随機《ずいき》の説は、権《ごん》は多く、実は少《すくな》し。菩薩の論を造《つく》ること、経に随《したが》って義を演《の》べて、敢《あ》えて違越《いおつ》せず(6)。この故に、天親《てんじん》(7)の『十地《じゅうじ》』(8)には、因分可説《いんぶんかせつ》の談を馳《は》せ、龍猛《りゅうみょう》(9)の『釈論《しゃくろん》』(10)には、円海《えんかい》不談《ふだん》(11)の説を挟《はさ》む。斯《こ》れ則《すなわ》ち、経に随って詞《ことば》を興《おこ》す。究竟《くきょう》の唱《とな》え(12)に非《あら》ず。

然《しか》りと雖《いえど》も、顕《けん》を伝うる法将《ほっしょう》(13)は、深義《じんぎ》を会《え》して浅《せん》に従い、秘旨《ひし》(14)を遺《のこ》して未《いま》だ思わず。師《し》師伏膺《しふくよう》(15)して、口《くち》に随って心に蘊《つつ》み、弟弟積習《ていていしゃくじゅう》(16)して、宗に随って談《だん》を成《じょう》ず。我《われ》を益《やく》するの鉾《ほこ》(17)を争い募《つの》って、未だ己《おのれ》を損するの剣(18)を訪《とぶら》うに遑《いとま》あらず。

加以《しかのみならず》、釈教《しゃくきょう》(19)、東夏《とうか》(20)に漸《すす》みて、微《び》より著《ちょ》(21)に至る。漢明《かんめい》(22)を始《はじめ》と為《な》し、周天《しゅうてん》(23)を後と為して、その中間《ちゅうげん》に翻伝《ほんでん》する所は、皆、是れ顕教なり。玄宗《げんそう》・代宗《だいそう》(24)の時、金智《こんち》(25)・広智《こうち》(26)の日、密教、鬱《さかり》(27)に起《おこ》って、盛んに秘趣《ひしゅ》を談ず。新薬、日浅くして旧痾《くあ》(28)未だ除かず。『楞伽《りょうが》』(29)法仏説法(30)の文《もん》、『智度』(31)性身妙色《しょうじんみょうじき》(32)の句の如きに至っては、胸臆《くおく》(33)に馳せて文を会《え》し、自宗《じしゅう》に駆《か》って義を取る。惜しい哉《かな》、古賢《こけん》、醍醐《だいご》を嘗《な》めざることを。

【語釈】（1）前来——これまでの。（2）根機——機根と同じ。能力・性向。（3）万差——万の差別があること。（4）針灸——はりと、きゅう。（5）千殊——千の異なり。万差と対句である。（6）違越せず——その内容・範囲を逸脱しない。（7）天親——新訳では、世親《せしん》ともいう。三—四世紀のころに活躍した仏教の学匠。唯識思想を高揚した。（8）十地——天親造の『十地経論』のこと。同論の巻二から、因分可説・果分不可説（修行の段階は説くことができるが、さとりの境地は言語で表現できない）の意をくみとること。（9）龍猛——旧訳では、龍樹《りゅうじゅ》という。一世紀から二世紀にかけて中観《ちゅうがん》・空《くう》思想を説いた仏教の大学匠。わが国では、八宗の祖として崇められている。（10）釈論——前掲の龍樹造と伝える『釈摩訶衍論』。ただし、二世紀ころの龍樹の真作ではないとするのが学界の定説。（11）円海不談——『釈摩訶衍論』巻一によれば、最高の極地である不二摩訶衍《ふにまかえん》・性徳円満《しょうとくえんまん》海《かい》の境界は、教説を超越していること。（12）究竟の唱え——究極の教説。（13）法将——仏教の学匠。（14）秘旨——秘密の趣旨。（15）師師伏膺——膺は、受ける。伏膺は、胸にとどめること。先師が、代々受持《じゅじ》してきたこと。（16）弟弟積習——弟子たちが学び続けてきたこと。師師伏膺と対句。（17）我を益するの鉾——秘奥を説かない経論にたとえる。

(18)己を損するの剣――説かないはずの経論の中に秘旨を説くこと。(19)釈教――仏教。(20)東夏――中国。インドから見ると中国は東方にある。(21)著――明瞭なこと。微と対句。(22)漢明――後漢の明帝《めいてい》。仏教が中国に伝わった時の皇帝。(23)周天――唐朝を中断して、周を興した則天武后《そくてんぶこう》(六二四頃―七〇五)。(24)玄宗・代宗――唐代中期の皇帝たち。とくに後者は不空三蔵に帰依したことで著名。(25)金智――密教の付法《ふほう》の祖師の一人である金剛智《こんごうち》(六七一―七四一)。(26)広智――大広智という号を贈られた不空三蔵(七〇五―七七四)。(27)鬱に――さかんに。(28)旧痾――痾は、長引く病。旧痾は、昔からの持病。(29)楞伽――菩提流支訳『入楞伽経《にゅうりょうがきょう》』巻二(大正一六・五二五中)。(30)法仏説法――さとりの当体である法身仏が法を説くこと。(31)智度――龍樹造で、鳩摩羅《くまら》什《じゅう》訳の『大智度論』巻九(大正二五・一二二下)。(32)性身妙色――『大智度論』に説く「法性身に妙色を具す」という句。(33)胸臆――臆は、心、おもい。胸臆は、胸の奥。

【要旨】 次に、新しく密教の解釈が生じてきた歴史的経過を問答形式で説明している。

問う。しかし、あなたの今の説のようなものは、すでに諸経論の中に、真理の教えとして述べられているではないか。もしそうならば、なぜ過去に教えを伝えた人々は、この真理の教えに触れようとしなかったのか。

答える。如来の説法は、病気に応じて薬を与えるようなものであり、病状が異なれば、針や灸での治療の方法も異なるのと同じである。したがって、相手の素質に応じた説法には、仮のものが多く、究極的な真実を表わすものは少ない。菩薩が論書を造るときは、経典にしたがって真理の教えを解釈しているから、あえて違った教えを説くことはない。その結果、天親（世親）論師の『十地経論』には、どのように行なえばさとりを得ることができるかは説くことができる〔因分可説の談〕とし、龍猛論師の『釈摩訶衍論』には、すでにさとった境地を説くことは不可能である〔円海不談の説〕と解説している。これらは、経典にしたがって解釈されたものであって、極め尽くした考えを述べたものではない。しかしながら、顕教を伝えてきた仏教の論師たちは、深い教えに出会っていても、浅い方法で解釈して、秘奥の趣旨には手をつけなかった。先師たちも、いずれも胸に伏せ、口説のおしえにしたがって、心に秘め、弟子たちも修学を積むが、宗義の（保守的）見解にしたがって論議をしてきたのみであった。自分の益となる（愚鈍な）矛を争い集めて、己れをも傷つける（鋭利な）剣を集めようとする余裕がないように、秘奥の趣旨を説かない経典・論書のみを求めて、より積極的で斬新な教えを説くものを求めようとしない。そればかりでなく、仏教の教えは、（インドより）中国に伝えられ、次第に明らかにされてきたが、後漢の明帝をはじめとし、則天武后に至る間に伝来・翻訳されたものは、すべて顕教である。唐の玄宗・代宗の時代に、金剛智・不空によって密教が盛んとなり、積極的に秘奥の趣旨を広めた。しかし、この新しい教えも、まだ普及して日が浅く、古い教えを除くことは容易でなかった。たとえば、菩提流支訳の『入楞伽経』に説いている「真理そのものである法身仏が説法する」という文や、鳩摩羅什訳の『大智度論』に説く、「真理そのものである法身仏は、すぐれた形相〔妙色〕を具《そな》えている」という句などは、心の中にある（従来の）考えによって文章を解釈し、自分の信奉している宗派の見解によって意義解釈をしている。実に惜しいことである、昔の賢人たちが、（密教の）この上ないすばらしい味を直接味わわなかったことは。

〔(2)—一—四　**顕密差別の論拠**〕

問う。義、もし是《かく》の如くならば、何等《なんら》の経論にか、顕密の差別《しゃべつ》を説く。

答えて曰《いわ》く、『五秘《ごひ》』(1)『金峯《こんぶ》』(2)『聖位経《しょういきょう》』(3)『遮那《しゃな》』(4)『楞伽《りょうが》』(5)『教王《きょうおう》』(6)等、『菩提《ぼだい》』(7)『智度《ちど》』(8)『摩《ま》訶衍《かえん》』(9)、是《かく》の如きの経論に簡択《けんじゃく》(10)して説けり。

【語釈】（1）五秘——不空訳『金剛頂瑜伽金剛薩埵《さった》五秘密修行念誦《ねんじゅ》儀軌』一巻（大正二〇・五三五―五三九）。（2）金峯——金剛智訳『金剛峯楼閣一切瑜伽瑜祇《ゆぎ》経』二巻（大正一八・二五三―二六九）。（3）聖位経——不空訳『略述金剛頂瑜伽分別聖位修証法門』一巻（大正一八・二八七―二九一）。（4）遮那——善無畏《ぜんむい》・一行《いちぎょう》訳『大毘盧遮那《だいびるしゃな》成仏神変加《じょうぶつじんぺんか》持経《じきょう》』（『大日経』）七巻（大正一八・一―五五）。（5）楞伽——菩提流支訳『入楞伽経』十巻（大正一六・五一四―五八六）。（6）『教王』等——不空訳『金剛頂一切如来真実摂《しょう》大乗現証大教王経』三巻（大正一八・二〇七―二二三）。なお、「等」という語によって、般若訳『大乗理趣六波羅蜜多経』十巻と、般若・牟尼室利《むにしり》訳『守護国界主陀羅尼《こっかいしゅだらに》経』十巻を結果的に含んでいる。（7）菩提——不空訳『金剛頂瑜伽中発阿耨多羅三藐三菩提心論《ちゅうほつあのくたらさんみゃくさんぼだいしんろん》』一巻（大正三二・五七二―五七四）。（8）智度——鳩摩羅什訳『大智度論』百巻（大正二五・五七―七五六）。（9）摩訶衍——筏提摩多訳『釈摩訶衍論』十巻（大正三二・五九一―六六八）。（10）簡択——選び分かつこと。

【要旨】問う。もし、以上のようであるならば、どのような経典・論書に、顕教・密教の区別を説いているのか。

答えていう。不空訳『金剛頂瑜伽金剛薩埵五秘密修行念誦儀軌』、金剛智訳『金剛峯楼閣一切瑜伽瑜祇経』、不空訳『略述金剛頂瑜伽分別聖位修証法門』、善無畏・一行訳『大毘

盧遮那成仏神変加持経』、菩提流支訳『入楞伽経』、不空訳『金剛頂一切如来真実摂大乗現証大教王経』などの経典と、不空訳『金剛頂瑜伽中発阿耨多羅三藐三菩提心論』、鳩摩羅什訳『大智度論』、筏提摩多訳『釈摩訶衍論』などの論書にその要点が述べられている。

〈(2)―一―五　**顕密差別の提示**〉

問者《もんじゃ》の曰《いわ》く、請《こ》う、その証を聞かん。

答えて曰く、然《しか》なり。我《われ》、当《まさ》に汝《なんじ》が為に日輪《にちりん》を飛ばして暗《あん》(1)を破し、金剛《こんごう》を揮《ふる》って迷《まよい》(2)を摧《くだ》かん。

問者の曰く、唯唯《いい》として(3)聞かんと欲す。

【語釈】(1)日輪を飛ばして――経論の明証を引用すること。(2)金剛を揮って――金剛杵《しょ》の威力をふるうことで、喩釈(たとえ)を用いることを示す。(3)唯唯として――快く。

【要旨】問う者がいう。願わくば、その証拠となる文言を聞きたい。

答えていう。それはもっともな質問である。私は今、あなたのために、太陽の光によって暗闇を破るように、金剛杵をふるって人々の迷いをくだこう。

問う者がいう。ただ、ひたすらに聞かせていただきたい。

(3) 引証喩釈(一)

(3)―一 『釈摩訶衍論』の説(一)

龍猛《りゅうみょう》菩薩の『釈大衍論《しゃくだいえんろん》』(1)に云《いわ》く、

「一切衆生は、無始《むし》より来《このかた》(2)、皆、本覚《ほんがく》(3)有って捨離《しゃり》する時無し。何《いか》が故にか、衆生、先に成仏《じょうぶつ》する有り、後に成仏する有り、今《いま》成仏する有り。また勤行《ごんぎょう》(4)有り、また不行《ふぎょう》有り。また聡明《そうめい》有り、また暗鈍《あんどん》有って無量に差別《しゃべつ》あるや。同じく一覚《いっかく》(5)有らば、皆悉《ことごと》く一時に発心《ほっしん》修行して無上道《むじょうどう》(6)に到《いた》るべし。本覚の仏性《ぶっしょう》、強劣《ごうれつ》(7)別の故に、是《かく》の如く差別あるか。無明煩悩《むみょうぼんのう》(8)、厚薄《こうはく》(9)別の故に、是《かく》の如く差別あるか。

もし初めの如く言わば、この事則《ことすなわ》ち爾《しか》らず。所以《ゆえん》(10)は何《いかん》とならば、本覚の仏性は、過恒《かごう》沙《しゃ》(11)の諸《もろもろ》の功徳《くどく》を円《まど》かんじて、増減無きが故に。もし後の如く言わば、この事また爾《しか》らず。所以《ゆえ》は何《いかん》となれば、一地《いちじ》断《だん》(12)の義、成立《じょうりゅう》せざるが故に。是《かく》の如きの種種無量の差別は、皆無明に依《よ》って住持《じゅうじ》(13)することを得《う》。至理《しいり》(14)の中に於いて、関《あずか》ること無きのみ。

もし是《かく》の如くならば(15)、一切の行者《ぎょうじゃ》、一切の悪を断じ、一切の善を修《しゅ》し、十地《じゅうじ》を超《こ》え、無上地《むじょうじ》(16)に到り、三身《さんじん》を円満し、四徳《しとく》(17)を具足す。是《かく》の如きの行者は、明《みょう》とやせん、無明か。是《かく》の如きの行者は、無明の分位《ぶんい》にして、明の分位に非《あら》ず。

もし爾《しか》らば、清浄《しょうじょう》本覚(18)は、無始より来《このかた》、修行を観《ま》たず、他力《たりき》を得るに非ず。性徳《しょうとく》円満し、本智《ほんち》(19)具足せり。また四句《しく》(20)を出で、また五辺《ごへん》(21)を離れたり。自然《じねん》の言《ごん》も自然なること能《あた》わず、清浄の心も清浄なること能わず、絶離絶離せり。是《かく》の如くの本処《ほんじょ》(22)は、明とやせん、無明か。是《かく》の如くの本処は、無明の辺域《へんいき》にして明の分位に非ず。

もし爾《しか》らば(23)、一法界心《いっぽうかいしん》(24)は、百非《ひゃくぴ》に非ず、千是《せんぜ》に背《そむ》けり(25)。中《ちゅう》に非ず、中に非ざれば天に背き(26)、天に背きぬれば、演水《えんすい》の談、足《あし》、断って止《とど》まり(27)、審慮《しんりょ》の量、手《て》、亡《もう》じて住《じゅう》す(28)。是《かく》の如きの一心は明とやせん、無明か。是《かく》の如きの一心は、無明の辺域にして明の分位に非ず。三自《さんじ》一心摩訶衍《いっしんまかえん》(29)の法は、一も一なること能《あた》わず、能入《のうにゅう》(30)の一を仮《か》る。心も心なること能わず、能入の心を仮る。実に我の名に非ざれども、而も我に目《な》づく。また自《じ》の唱えに非ざれども、而《しか》も自に契《かな》えり。我の如く名を立つれども、而も実の我に非ず。自の如く唱えを得れども、而も実の自に非ず。玄玄《げんげん》(31)として、また玄、遠遠《おんおん》(32)として、また遠なり。是《かく》の如きの勝処《しょうじょ》(33)は、明とやせん、無明か。是《かく》の如きの勝処は、無明の辺域にして明の分位に非ず。不二摩訶衍《ふにまかえん》の法(34)は、唯《ただ》、是《こ》れ不二摩訶衍の法なり。是《かく》の如きの不二摩訶衍の法は、明とやせん、無明か」と。

〔喩釈〕

喩《ゆ》して曰《いわ》く(35)、已上《いじょう》、五重の問答、甚だ深意《じんい》有り。細心研覈《さいしんけんかく》(36)して、則《すなわ》ち能《よ》く極《ごく》に詣《いた》るべし。一一《いちいち》の深義《じんぎ》、紙に染むること能《あた》わず。審《つまび》らかんじて之《これ》を思え。

【語釈】（1）釈大衍論――『釈摩訶衍論』巻五の文（大正三二・六三七中）。（2）無始より来――世界の始め以来。（3）本覚――本来的にさとっていること。（4）勤行――この場合は、修行の意味か。（5）一覚――一部分でもさとっていること。（6）無上道――さとりの境地。（7）強劣――程度の大小。（8）無明煩悩――根本的無知に基づく迷い。（9）厚薄――厚いと薄い。（10）所以――理由。（11）過恒沙――恒沙は、ガンジス河の砂。その数を過《こ》えたということで、無数を表わす。（12）一地断――煩悩を一つの段階において断滅すること。（13）住持――保ち住すること。（14）至理――唯一絶対の真理。不二の法門を指す。（15）もし是の如くならば……――以下の五分段の文章は、『釈摩訶衍論』巻五の引用で、通常「五重問答」と呼ばれている。これによって、従来の顕教では、仏の境地を不可説としている。この個所は、第一重の問答で、法相宗《ほっそうしゅう》にあたる。（16）無上地――最高の段階である仏地《ぶつじ》を指す。（17）四徳――涅槃《ねはん》の持つ四つの徳性。常《じょう》・楽《らく》・我《が》・浄《じょう》の四徳。（18）もし爾らば、清浄本覚は……――第二重の問答で、三論宗にあたる。（19）本智――本来そなえ持っている智慧。（20）四句――一切の存在に対する四種の見解。有《う》・空《くう》・亦有《やくう》亦《やく》空《くう》・非有非空《ひうひくう》。（21）五辺――五つのかたよったあり方。有・空・亦有亦空・非有非空・非非有非非空。（22）本処――境地。（23）もし爾らば、一法界心は……――第三重の問答で、天台宗にあたる。（24）一法界心――真如法界《しんにょほっかい》。絶対的真理世界のこと。（25）百非に非ず、千是に背けり――百非は空、千是は仮有《けう》を指す。空にとどまることなく、また仮有にもとどまらないことをいう。三諦妙融《さんたいみょうゆう》の理を象徴している。（26）天に背き――第一義諦《だいいちぎたい》ともいうことはできず。（27）演水の談、足、断って止まり……――言葉のおよばないことを示すたとえ。（28）審慮の量、手、亡じて住す――審慮のおよばないこと。（29）三自一心摩訶衍の法――三自とは、自体《じたい》・自相《じそう》・自用《じゆう》の三種。一心とは、心《しん》真如。真如それ自体の働きをいう。第四重の問答で、華厳宗にあたる。（30）能入――まだ修行（因位）の段階にあること。（31）玄玄――幽玄。（32）遠遠――深遠。（33）勝処――すぐれた境地。第四重の本覚。（34）不二摩訶衍の法――唯一不二の絶対的真理。三自一心摩訶衍の法と対になる。（35）喩して曰く――喩は、「さとす」という意味で、著者の空海の喩釈である。（36）研覈――調べ考えて、明らかにする。

【要旨】龍猛菩薩の『釈摩訶衍論』にいう。

「すべての生きとし生けるものは、生命の始原から仏の本来のさとり〔本覚〕を具《そな》えており、捨て去ることはない。それなのに、どうして、先に仏となり、後に仏となり、また今すぐに仏となるなどの差があるのか。また努めて行なったり、行なわなかったり、聡明なものがあったり、愚鈍なものがあるなど、量り知れない相違があるのか。少しでも自分が仏であることに気づく〔一覚〕と、みなことごとく一時に心を発《おこ》して修行して、最高のさとりを達成できるはずである。

本来具わっている仏性に強い・弱いの別があるために、このような相違があるのか。あるいは、根源的な煩悩に厚い・薄いの別があるために、このような相違があるのか。

さて、もし前者の疑問に答えるならば、そのように仏性に強い・弱いの相違があるのではない。なぜならば、本来具わっている仏性は、ガンジス河の砂よりも多い功徳を完全に具えており、増・減がないからである。

また後者の疑問について答えると、そのように煩悩に厚い・薄いの相違があるのではない。なぜならば、根本的な煩悩を、さとりを得る最後の段階で一時に断ずるという説は成立しないからである。このような種々の量り知れない相違は、すべて根本的な無知によって起こるのであり、この上ない真理である仏性によっては生ずることはない。

もしそのようであるなら、すべての行者が、あらゆる悪を断じ、あらゆる善を修行して、十地を越え、最上の位に至り、法身・報身・化身の三身を成就し、常・楽・我・浄の四徳を具える。このような行者は、真実のさとりに到着したといえるのか、それともさとりに到着していないのか。このような相対的な思考にとらわれている行者は、さとりの境界に至ったとはいえない。

もしそうなら、清らかな、本来そなわっているさとりは、永劫の始めから、修行によるものでも、他の導きや救いの力によって得るものでもない。本性としての徳性〔性徳〕を満たし、本来具わっている智慧を具えたものである。これはまた、すべての存在に対する有・空・亦有亦空・非有非空の四つの見方〔四句〕を超え、有・空・亦有亦空・非有非空・非非有非非空の五つのかたよったあり方〔五辺〕を離れている。自然とか清浄とかの言葉でもってそれを表現することはできない。実に言葉や概念を、すべて絶ち離れている。このような境地は、さとりというべきなのか、それともさとりではないというべきなのか。このような相対的な考えに立つ境地は、根本的な無知の領域であって、さとりの状態ではない。

もしそうであるなら、絶対的真理の世界にある心〔一法界心〕は、永遠の否定〔百非〕

でもとらえられず、永遠の肯定〔千是〕でも理解できない。したがって、中道の立場ではない。中道の立場でないから、第一義の真理でなく、第一義の真理でないから、戸板に水のような能弁でも表現できず、思惟する具体的な方法もない。このような心は、さとりというべきなのか、それともさとりではないのか。このような心は、根本的な無知の領域であって、さとりの状態ではない。

本体〔体〕・すがた〔相〕・働き〔用〕の三つの要素を具えた唯一絶対の心〔三自一心摩訶衍の法〕は、表相的な一・他の概念ではとらえられないが、仏の教えに入らせるための段階に寄せて一と説くのである。心も表相的な心という概念ではとらえられないが、仮に心と名づける。真実の我ではないが、仮に我と名づける。また、真実の自ではないが、仮に自と称する。自分のように名乗るが、真実の自分ではない。自己のように説くが、真実の自己ではない。まことに玄奥にして、さらに深く、深遠にして、さらに奥深い境地である。このようなすぐれた境地は、さとりというべきなのか、それとも根本的な無知というべきなのか。このようなすぐれた境地は、根本的な無知の領域であって、さとりの状態ではない。

このような相対的差別に基づく言語や思惟を超えた、唯一絶対なる最高の教え〔不二摩訶衍の法〕のみが、唯一絶対なる最高の教えである。このような唯一絶対なる最高の教えは、さとりの境地なのか、それとも根本的な無知の状態なのか。」

〔喩釈〕

諭《さと》していう。以上、五つの段階的な問答は、実に深い意味をもっている。細心の注意を払って、その究極の境地をさとるべきである。一つ一つの深い真理の意味を文章に表現することはできない。その点については、十分検討して考えなければならない。

以上を要約すると、『釈摩訶衍論』に説く本覚の仏性、清浄本覚、一心法界、三自一心摩訶衍法は、いずれも顕教の相対的さとりの境地であり、最後の不二摩訶衍法こそが、密教的自内証《じないしょう》の境界ということができる。

〈3〉―二 『釈摩訶衍論』の説(二)

また曰《いわ》く、(1)

「何《いかん》が故《ゆえ》にか、不二摩訶衍《ふにまかえん》の法は、因縁《いんねん》無きや。この法は、極妙甚深《ごくみようじんじん》にして独尊《どくそん》なり。(2)機《き》根《こん》を離れたるが故に。何《いかん》が故に、機を離れたるや。機根無きが故に。何《なん》ぞ建立《こんりゆう》を須《もち》いるや。

建立に非《あら》ざるが故に。この摩訶衍《まかえん》の法は、諸仏に得《とく》せらるや。(3)能《よ》く諸仏は得すや。(4)不なるが故に。菩薩・二乗・一切異生《いっさいいしょう》も、(5)また是《かく》の如し。性徳円満海《しょうとくえんまんかい》是れなり。(6)所以《ゆえん》、何《いかん》となれば、機根を離れたるが故に、教説を離れたるが故に。

八種の本法《ほんぼう》は、(7)因縁より起る。機に応ずるが故に。説に順ずるが故に。何《いかん》が故に、機に応ずるや。機根有るが故に。是《かく》の如きの八種の法の諸仏は得《とく》せらるや。(8)諸仏は得せらる。(9)諸仏を得するや。(10)不なるが故に。菩薩・二乗・一切異生も、また是《かく》の如し。修行種因海《しゅぎょうしゅいんかい》是れなり。(11)所以《ゆえん》、何《いかん》となれば、機根有るが故に、教説有るが故に」と。

また云《いわ》く、(12)

「諸仏甚深広大義《しょぶつじんじんこうだいぎ》とは、即《すなわ》ち、是れ通総摂前所説門《つうそうしょうぜんしょせつもん》なり。(13)所謂《いわゆる》、通じて三十三種の本数《ほんじゅ》の(14)法を摂《せつ》するが故に。

この義、云何《いかん》。諸仏とは、即ち是れ不二摩訶衍の法なり。所以《ゆえん》、何《いかん》となれば、この不二の法をかの仏に形《くら》ぶるに、その徳勝《すぐ》れたるが故に。『大本華厳契経《だいほんけごんかいきょう》』(15)の中に是《かく》の如きの説を作《な》す。その円円海徳《えんねんかいとく》の諸仏は勝れたり。その一切の仏は、円円海を成就すること能《あた》わず、劣なるが故に。

もし爾《しか》らば、何《いかん》が故にか『分流華厳契経《ぶんるけごんかいきょう》』(16)の中に是《かく》の如きの説を作《な》すや。盧遮那仏《るしゃなぶつ》は、(17)

三種世間《さんじゅせけん》(18)をその身心と為《な》す。三種世間に法を摂《せっ》するに余なし。かの仏の身心も、また摂せざる所、有ること無し。盧遮那仏は、三世間を摂すと雖《いえど》も、而《しか》も摂《しょう》と不摂《ふしょう》(19)との故に、この故に過《とが》無し」と。

〔喩釈〕

喩《ゆ》して曰く、所謂《いわゆる》、不二摩訶衍、及び円円海徳の諸仏とは、即ち是れ自性法身《じしょうほっしん》なり。是れを秘《ひ》密蔵《みつぞう》と名づけ、また金剛頂大教王《こんごうちょうだいきょうおう》と名づく。等覚《とうがく》・十地《じゅうじ》等も見聞《けんもん》すること能《あた》わず。故に、秘密の号を得《う》。具《つぶさ》には『金剛頂経』に説くが如し。

【語釈】(1)また曰く……──『釈摩訶衍論』巻一の文(大正三二・六〇一下)。(2)独尊──独立・隔絶した存在。(3)諸仏に得せらるるや──諸仏とは真如門の諸仏を指し、不二摩訶衍の諸仏は、真如門の諸仏に摂せられるかと問う。(4)諸仏は得すや──生滅門の諸仏は、不二門の諸仏を摂徳《しょうとく》するかと問う。(5)異生──世間一般の凡人。(6)性徳円満海──その本質の属性が、円満なる海のようであること。(7)八種の本法──馬鳴《めみょう》論師の作とされる『大乗起《き》信論《しんろん》』を、より精緻な体系として再解釈した『釈摩訶衍論』では、すべての法門(教義)を、因・果の二分に大別する。このうち、果分は不二摩訶衍(性徳円満海)、因分は、三自一心摩訶衍法(修行種因海)という。さらに三十二の法門に分けている。

三十二の法門とは、宗教的機根の別によって、利根者の法門を前重、鈍根者の法門を後重とするが、前者の十六を、能入と所入が対となった八門に分ける。八門とは、『釈摩訶衍論』の中心教義である法（一心）と義（体・相・用の三大）の計四つに、それぞれ真如門（絶対実在の領域）と生滅門（現象世界の領域）の二門に開いたものである。（8）諸仏は得せらるるや――八種の本法の諸仏は、末法の八種の仏に摂得されるのかと問う。（9）諸仏は得せらる――八種の末法の諸仏は、本法の八仏に摂得される。（10）諸仏を得するや――末法の八仏は、不二性徳の仏を摂得するのかと問う。（11）修行種因海――因位にあたる修行の段階にあること。（12）また云く……――『釈摩訶衍論』巻十の文（大正三二・六六八上）。（13）通総摂前所説門――今まで説いたことを総括している部分。（14）三十三種の本数の法――不二摩訶衍と三十二種の法門。（15）大本華厳契経――諸説あるが、唐の実叉難陀《じっしゃなんだ》訳の『大方広仏華厳経』八十巻（『八十華厳経』）のことか。（16）分流華厳契経――一般に流布している『華厳経』。「大本」と別本であれば、東晋《とうしん》の仏駄跋陀羅《ぶつだばつだら》訳の『大方広仏華厳経』六十巻（『六十華厳経』）のことか。（17）盧遮那仏――盧遮（または舎）那は、梵語ヴァイローチャナ（Vairocana）の音写。『華厳経』の教主（本尊）である。（18）三種世間――衆生世間・器世間・智正覚《ちしょうがく》世間の三種の世界。（19）摂と不摂――三種世間には因分と果分の二種があるが、盧遮那仏は、因分の三世間を摂するけれども、果分の三世間を摂することができないから、摂・不摂という。

【要旨】 また、同じ『釈摩訶衍論』に次のように説いている。

「なぜ、唯一絶対なる最高の教え〔不二摩訶衍の法〕には間接・直接の原因がないのか。この法は、極めてすばらしく深遠であり、独立した尊い存在である。宗教的な素質を離れているためである。なぜ、素質を離れているのか。素質がないからである。では、なぜ（この不二摩訶衍の教えを）建立するのか。それは、この教えが、素質に応じて建立するものではないからである。

この唯一絶対なる最高の教えは、（真如門─絶対真理の領域にいる）諸仏に証得されるであろうか。不二摩訶衍の諸仏は、よく絶対真理の部門の諸仏を体得することができる。（生滅門─現象世界の部門の）諸仏は、絶対真理の部門の諸仏を体得することができるのか。いや、できない。菩薩や、声聞・縁覚の二乗、すべての平凡な人〔異生〕もまた、そのとおりである。すべての生きとし生けるものの本質は、完全な仏の本質そのもの〔性徳円満海〕である。それは、宗教的な素質を離れ、経典の説を離れたものであるからである。（教えを宗教的な素質のすぐれたものと劣ったものとの別によって、前・後に分け、それぞれを一心と本体・すがた・働きの三大との四法に開き、この二つの四法に、絶対真理の部門と現象世界の部門を説き、さらに所入・能入に分ける。その所入の）八種類のもととなるもの〔本法〕は、直接・間接の原因から生じる。

それは、宗教的な素質に対応したものであり、教説に順じている。なぜ、宗教的な素質に対応するのかといえば、それは、宗教的な素質というものが現に存在しているからである。以上のような八種の本法の諸仏は、八種の末法の諸仏に証得されるであろうか。よく末法の諸仏を証得することができる。

では、末法の諸仏は、唯一絶対の本来のすがたを有する〔不二性徳〕諸仏を証得することができるであろうか。いや、できない。菩薩や、声聞・縁覚、すべての平凡な人もまた、そのとおりである。これは、修行の段階においては、修行に相応した利益を示す広大な教えである〔修行種因海〕ためである。それはなぜかといえば、それは、宗教的な素質があるためであり、経典の説があるためである。」

また『釈摩訶衍論』巻十では、次のようにいう。

「諸仏のたいへん深く広い真理の教え〔諸仏甚深広大義〕とは、今までに説いた教えを総括したもの〔通総摂前所説門〕である。つまり、〔唯一絶対なる最高の教えと三十二種類の教えとの〕三十三種類の教えを総括するからである。

その意味は、どのようなものか。諸仏とは、つまり唯一絶対なる最高の教え〔不二摩訶衍の法〕である。なぜならば、この対立のない教えは、〔三十二種類の段階の〕諸仏にくらべて、その徳がすぐれているからである。

『大本華厳経《だいほんけごんきょう》』の中に、次のような説がある。まさに完全な仏の境地〔円円海徳〕の諸仏は、その徳がすぐれている。修行の段階のすべての仏は、完全な仏のこの境地に達することはできない。（その徳が）劣っているからである。

もしそうなら、なぜ流布している『華厳経』に、このような説を説くのか。盧遮那仏は、人間の世界・自然の世界・仏の世界〔三種世間〕をその身心としている。この三つの世界に、教えをあますことなく摂しつくしている。修行の段階の仏の身心も、摂しつくしていないところはない。盧遮那仏は、三つの世界を摂しつくしているというが、修行の段階の三つの世界は摂することができるが、完全な仏の本質そのものの段階の三つの世界は摂することができないために、『大本華厳経』と『流布本華厳経』の間に論理的な不都合がない。」

〔喩釈〕

諭していう。いわゆる唯一絶対なる最高の教え、およびまさに完全な仏の境地の諸仏とは、かたちを超えた真理そのもの〔自性法身〕である。これを秘密蔵、または金剛頂大教王と名づける。これはさとり直前の菩薩や、十地の位の菩薩も見聞きすることはできない。それゆえに、秘密の名を得たのであり、詳しくは『金剛頂経』に説かれているとおりである。

要するに、空海の解釈では、『釈摩訶衍論』に説く修行種因海の諸仏は、顕教の他受用身・変化身であり、円円海徳の諸仏とは、密教の自性法身である。

(3)—三　華厳宗論章の説

『華《け》厳五教《ごんごきょう》』(1)の第一巻に云《いわ》く、

「今、将《まさ》に釈迦仏《しゃかぶつ》の海印三昧《かいいんざんまい》(2)一乗教義を開かんとするに、略して十門を作《つく》る。初めに建立《こんりゅう》乗《じょう》を明かさば、然《しか》もこの一乗教義の分斉《ぶんざい》(3)を開いて二門と為《な》す。一には別教《べっきょう》(4)、二には同教《どうきょう》(5)なり。初めの中に、また二あり。一には、是れ性海果分《しょうかいかぶん》(6)、是れ不可説の義に当たる。何を以《もっ》ての故に、教《きょう》と相応せざるが故に。即《すなわ》ち十仏(7)の自境界《じきょうがい》なり。故に『地論《じろん》』(8)に、因分《いんぶん》可説・果分不可説とは、是れなり。二には、是れ縁起《えんぎ》因分《いんぶん》(9)、即ち普賢《ふげん》の境界なり」と。

また中巻の「十玄縁起無《じゅうげんえんぎむ》礙《げ》法門義《ほうもんぎ》(10)」に云く、

「夫《そ》れ、法界《ほっかい》の縁起は、乃《すなわ》ち自在《じざい》無窮《むぐう》(11)なり。今、要門《ようもん》(12)を以て、略摂《りゃくしょう》して二と為す。一には、究竟果証《くきょうかしょう》(13)の義を明かす。即ち十仏の自境界なり。二には、縁に随《したが》い、因に約して教義を弁ず。即ち普賢の境界なり。初めの義とは、円融自在《えんにゅうじざい》(14)にして、一即一切・一切即一なり。その状相を説くべからざるのみ。『華厳経』の中の究竟果分の国土海(15)、及び十仏の自体融義《じたいゆうぎ》(16)等の如きは、即ちその事《じ》なり、因陀羅《いんだら》(17)、及び微細《みさい》(18)等を論ぜず。是れ不可説の義に当たれり。何を以ての故に。教と相応せざるが故に。故に、『地論』に、因分可説・果分不可説と云うは、即ちその義なり。

問う。義、もし是《かく》の如くならば、何《いかん》が故に、『経』の中に、乃ち「仏不思議品(19)」等の果を説きたもうや。

答う。この果の義は、是れ縁に約して、形対《ぎょうたい》(20)して因を成《じょう》ぜんが為の故に、この果を説く。究竟自在の果に拠《よ》るに非《あら》ず。然《しか》る所以《ゆえん》は、「不思議法品」等は、因位《いんい(に)》と同会《どうえ》(21)にして説くが為の故に、知んぬ、形対するのみ。」

また云く、

「問う。上に果分は、縁を離れて不可説の相なり。但《ただ》し、因分を論ずと言わば、何《いかん》が故にか、十信《じっしん》(22)の終心《しゅうしん》に、即ち作仏得果《さぶっとくか》(23)の法を弁ずるや。

答う。今、作仏とは、但し初め見聞《けんもん》(24)より已去《いこ》(25)、乃至《ないし》第二生《しょう》に、即ち解行《げぎょう》(26)を成《じょう》じ、解行の終心に因位窮満《ぐうまん》(27)する者、第三生に於いて、即ちかの究竟自在円融の果を得るなり。この因の体《たい》は、果に依って成ずるに由《よ》るが故に。但し、因位満《まん》ずる者、勝進《しょうしん》(28)して、即ち果海《かかい》の中に没す。是れ証《しょう》の境界たるが故に、不可説なるのみ。」

〔喩釈〕

喩《ゆ》して曰く、『十地論《じゅうじろん》』、及び『五教《ごきょう》』の性海不可説《しょうかいふかせつ》(29)の文と、かの龍猛《りゅうみょう》菩薩の不二摩訶衍・円円性海不可説の言《ごん》と懸《はるか》(30)に会《かな》えり。所謂《いわゆる》、因分果説とは、顕教の分斉《ぶんざい》なり。果性不可説とは、即ち是れ密蔵の本分なり。何を以てか、然《しか》知るとならば、『金剛頂経』に分明《ふんみょう》に説くが故に。有智《うち》の者、審《つまび》らかに之《これ》を思え。

【語釈】（1）華厳五教――法蔵撰『華厳一乗教義分斉章』巻一の文（大正四五・四七七上）。ここで説く十門とは、⑴建立一乗、⑵教義摂益《しょうやく》、⑶古今立教、⑷分教開宗、⑸乗教開合、⑹起教前後、⑺決択其意《けっちゃくきい》、⑻施設《せせつ》異相、⑼所詮差別、⑽義理分斉である。なお、空海は、本書を「五教章」と呼んでいる。（2）海印三昧――仏が『華厳経』を説いた時に入った三昧。大海において、あらゆるものがあまねく映し出される境地。（3）分斉――そこにおける区別。（4）別教――三乗より高い一乗。華厳宗では、『華厳経』を配する。（5）同教――

三乗に適応させて説いた一乗。華厳宗では、『法華経』をあてる。（6）性海果分――仏の境界を指す。（7）十仏――『五教章』巻四に説く正覚仏・願仏・業報仏・住持仏・化仏・法界仏・心仏・三昧仏・性仏・如意仏の十仏。（8）地論――世親著・菩提流支訳『十地経論』の説。（9）縁起因分――仏が修行者の機縁に応じてさとりの境地を説いたもの。（10）十玄縁起無礙法門義――『五教章』巻四の文（大正四五・五〇三上）。前段で「義理分斉」について四門に分けるうちの第三の「十玄縁起無礙法門義」にあたる。（11）自在無窮――自由自在で極まりないこと。（12）要門――重要な点。（13）究竟果証――究極的なさとりのあかし。（14）円融自在――渾然一体となって、しかも自由自在であること。（15）究竟果分の国土海――仏の究極的なさとりの境地。（16）自体融義――それ自体が融合しあっている意味。（17）因陀羅――『十玄縁起無礙法門義』に説く十玄門のうち、第四門の「因陀羅微細境界門」。（18）微細――同じく十玄門のうち、第五門の「微細相容安立門」。（19）仏不思議品――仏駄《ぶっだ》跋陀羅《ばっだら》訳の『大方広仏華厳経』六十巻のうちの第二十八品。（20）形対――相対的な観点から論じること。因分と果分を相対的に解説するが、果分そのものを説くものではない。（21）同会――同じ範疇にあること。（22）十信――五十二位ある菩薩の修行段階のうち、初心の菩薩の段階。（23）作仏得果の法――仏となってさとりの果報を得る教え。（24）見聞――華厳宗では、三生成仏《さんしょうじょうぶつ》を説くが、そのうち第一の見聞生《けんもんしょう》。すなわち、教えを見たり、聞いたりする段階。（25）已去――それより以後。（26）解行――第二生の解行生《げぎょうしょう》。理解して実践に移す段階。（27）因位窮満――因位である修行の階梯を無事なしとげること。（28）勝進――より上位の段階に進むこと。（29）性海不可説――仏のさとりの境地は説き明かすことができない。(30)懸に──まったく。

【要旨】『華厳五教章』の説を例に引く。

法蔵撰の『華厳一乗教義分斉章』巻一にいう。

「今まさに釈尊が、海にあらゆるものが映るように、すべてのものを映し出す心の静まった状態〔海印三昧〕で唯一絶対の教義〔一乗教義〕を新しく説こうとすると、大別して十種類の部門をたてることができる。

最初の建立乗は、唯一絶対の教義の範囲を開いて二種類の部門とする。一つは、〔特別にすぐれた菩薩のために説く〕別教であり、もう一つは、〔三乗に共通した〕同教である。初めの〔別教の〕中に、また二種類あって、一つは、仏の境地〔性海果分〕であり、これは説くことができない。なぜなら、教えと相応しないからであって、〔正覚仏・願仏・業報仏・住持仏・化仏・法界仏・心仏・三昧仏・性仏・如意仏という〕十仏をしたがえた盧遮那仏が、自ら体得する境地である。

したがって、『十地経論』に、修行の段階は説くことができる〔因分可説〕が、さとりの境地は説くことはできない〔果分不可説〕というのは、このことである。第二には、仏がさとりの境地を修行者の素質に応じて説いたもので〔縁起因分〕、これは普賢菩薩の境地にあたる。」

また中巻の「十玄縁起無礙法門義」にいう。

「あらゆるものが互いに縁となって現われ起こっていること〔法界縁起〕は、思うままできわまりない。今、主要な点を略して二つあげよう。第一には、究極のさとりの意味を明らかにする。すなわち、十仏をともなった盧遮那仏が、自ら体得した境地である。第二には、間接的な条件にしたがい、直接的な理由にまとめて教えを解したもので、すなわち、普賢菩薩の境地にあたる。初めの究極のさとりの教えとは、対立をすべて一つにして自由であって、部分がすなわち全体であり、全体がすなわち部分である。しかし、そのすがたは、言葉で説くことはできない。『華厳経』に説く仏の究極のさとりの世界〔究竟果分の国土海〕や、十仏のそれ自身が差別のない教え〔十仏の自体融義〕などは、まさにそれにあたる。〔華厳宗でいう四種法界のうち、現象界の諸事象が相互に密接に関連していること〔事事無礙法界〕の特徴を、十方面から説明した十玄門のうち、〕因陀羅微細境界門と微細相容安立《あんりゅう》門などは論じることができない。これは、説くことのできない教えにあたる。

それはなぜか。教えの内容が言葉と相応しないためである。それゆえに、『十地経論』に、修行の段階は説くことができる〔因分可説〕が、さとりの境地は説くことはできない〔果分不可説〕というのは、まさにそのことを意味しているのである。

問う。そのような意味ならば、なぜ『華厳経』の中の「仏不思議法品」などに、仏の境地を説いているのか。

答える。このように、仏の境地を説くことは、種々の条件に関連して、修行の段階にある菩薩を考慮してこの仏の境地を説いたのであって、究極の自由な仏の境地を最初から意図したものではない。その理由は、「仏不思議法品」などは、修行の階位に立って相対的表現によって論じているからである。」

またいう。

「問う。さとりの境地は、縁を離れては説くことができないすがたである。ただし、修行の段階は、論じることができるというなら、なぜ菩薩の最初の十の修行段階〔十信位〕の最終段階において、仏となり、さとりを得る教え〔作仏得果の法〕を説くのか。

答える。今、仏となるというのは、〔華厳宗で説く三生成仏のうち、〕第一生の見聞生で華厳の教えを見聞し、第二生の解行生で学問によって理論的知識を得ることと、実践的修行を積むことの最終段階において、修行の階位をきわめつくし、第三生の証入生《しょうにゅうしょう》において、その究極の自由で完全なさとりを得る。この修行の段階の主体は、さとりとの関連によって成り立っているからである。ただし、修行の階位を完成した者は、すぐれた階梯に向かって進むことによって、さとりの海の中に入ることができるが、これはさとりの境地そのものであるから、説くことができないのである。」

〔喩釈〕

諭していう。『十地経論』、および『五教章』に説くところの、真理は説くことができないとする文と、かの龍猛菩薩の唯一絶対なる最高の教え〔不二摩訶衍〕の、まさに完全な真理は説くことができないとする主張とは、まったく同じ主旨である。修行の段階は説くことができるとは、顕教の範囲である。仏の境地は説くことができないとは、密教の本来の領域である。何をもってそういえるのかというと、『金剛頂経』に明らかに説いているためである。智慧のある者は、よくこのことを考えなさい。

〔(3)―四　**天台宗論疏《しょ》の説**〕

『天台止観《てんだいしかん》』(1)の第三の巻に云《いわ》く、

「この三諦《さんだい》の理(2)は、不可思議にして決定《けつじょう》の性《しょう》無し。実に説くべからず。もし縁の為に説かば、三つの意を出《い》でず。一には、随情説《ずいじょうせつ》(3)〈即《すなわ》ち随他意語《ずいたいご》(4)〉。二には、随情智説《ずいじょうちせつ》(5)〈即ち随《ずい》自他意語《じたいご》(6)〉。三には、随智説《ずいちせつ》(7)〈即ち随自意語《ずいじいご》(8)〉。

云何《いかん》が随情説の三諦とならば、盲《もう》の乳《にゅう》を識《し》らざれば、為《ため》に貝《ばい》・粖《ばつ》・雪《せつ》・鶴《かく》の四の譬《たと》え(9)を説くに、四盲《しもう》、各《おのおの》に解《げ》を作《な》して、執《しつ》して四の諍《いさか》いを起すが如く、凡情《ぼんじょう》(10)の愚翳《ぐえい》(11)もまた是《かく》の如し。三諦を識らざれば、大悲方便《だいひほうべん》(12)を以《もっ》て、而《しか》も為に有門《うもん》・空門《くうもん》・空有門《くううもん》・非空非有門《ひくうひうもん》を説きたまえども、この諸《もろもろ》の凡夫《ぼんぶ》、終《つい》に常《じょう》・楽《らく》・我《が》・浄《じょう》(13)の真実の相を見ること能《あた》わず。各《おのおの》空有を執して、互相《たがい》に是非すること(14)、かの四盲の如し。所以《ゆえ》に常途《じょうず》(15)に二《に》諦《たい》を解《げ》する者、二十三家《け》(16)なり。家家不同にして、各に異見《いけん》し、自を執して他を非《ひ》す。甘露《かんろ》(17)を飲むと雖《いえど》も、命《みょう》を傷《やぶ》って(18)早く夭《よう》(19)すと云云《うんぬん》。

随智説の三諦とは、初住《しょじゅう》(20)より去《このかた》、但し、中を説くに視聴《しちょう》を絶つ(21)のみに非《あら》ず。真俗《しんぞく》(22)もまた然《しか》なり。三諦玄微《げんみ》(23)にして、唯《ただ》、智の所照《しょしょう》なり。示すべからず、思うべからず。聞く者驚怪《きょうけ》しなん。内《ない》に非ず、外《げ》に非ず。難《なん》に非ず、易《い》に非ず。相に非ず、非相に非ず。是れ世法《せほう》に非ず、相貌《そうみょう》(24)有ること無し。百非洞遣《ひゃっぴどうけん》(25)し、四句《しく》皆亡《かいもう》(26)す。唯《ただ》し、仏と仏とのみ、乃《すなわ》ち能《よ》く究尽《くうじん》したまえり。言語道断《ごんごどうだん》し、心行処滅《しんぎょうしょめつ》す。凡情を以て図《はか》り想《おも》うべからず。もしは一、もしは

三、皆、情望《じょうもう》(27)を絶つ。尚《なお》し二乗の測《はか》る所に非ず。何《いか》に況《いわ》んや凡夫をや。乳の真色《しんしき》、眼《まなこ》開けたるは、乃ち見、徒《いたずら》に言語を費やせども、盲は終に識らざるが如《ごと》し。是の如きの説をば、名づけて随智説の三諦の相と為《な》す。即ち是れ随自意語なり」と。

〔喩釈〕

喩《ゆ》して曰く、この宗の所観《しょかん》は、三諦に過ぎず。一念の心中に、即ち三諦を具す。此れを以て妙と為す。かの百非洞遣、四句皆亡、唯仏与仏《ゆいぶつよぶつ》、乃能究尽《ないのうくうじん》の如きに至っては、この宗、他の宗、此れを以て極《ごく》と為す。此れ則《すなわ》ち顕教の関楔《かんせつ》(28)なり。但し、真言蔵家《しんごんぞうけ》には、此れを以て入道の初門と為す。是れ秘奥にはあらず。仰覚《ぎょうかく》の薩埵《さった》(29)、思わずんばあるべからず。

【語釈】(1)天台止観――天台大師智顗《ちぎ》撰『摩訶止観《まかしかん》』巻三の文(大正四六・二六下)。(2)三諦の理――天台宗で説く空《くう》・仮《け》・中《ちゅう》の三諦の教え。(3)随情説――教化の対象となる人々の宗教的素質にしたがって説いた教え。(4)随他意語――相手の機根にしたがって説く言葉。(5)随情智説――人々の修行の段階や素質に応じて説いた教説。(6)随自他意語――相手の機根を考慮するとともに、自らのさとりをも語る言葉。(7)随智説――仏が自らのさとりのままを説いた教説。(8)随自意語――自らのさとりのままを説く言葉。(9)貝・粖・雪・鶴の四の譬え――『涅槃経《ねはんぎょう》』に説く譬喩。眼の不自由な人に、牛乳の白さを教えるために四つの譬えを説くが、各人がそれぞれに執着して争いをおこし、結局、正しく理解できないこと。いまは、三諦について論じている。(10) 凡情――凡人の考え。(11) 愚翳――愚かで、(智慧が) 覆われていること。(12) 大悲方便――大いなる慈悲に裏付けられた救いの手だて。(13) 常・楽・我・浄――涅槃が持つ四つの徳性。永遠であり、安楽であり、実在であり、清浄であること。(14) 是非する――正邪を主張する。(15) 常途に――常に。(16) 二十三家――二諦(勝義と世俗の、おのおのの真理)に対して、二十三種の異説があること。(17) 甘露――不死の妙薬。ここでは仏教のことを指す。(18) 命を傷って――いのちを傷つけて。(19) 早く夭す――若くして死ぬこと。(20) 初住――菩薩の修行階梯である十住位《じゅうじゅうい》の第一位。(21) 視聴を絶つ――見たり、聴いたりできない。(22) 真俗――空諦《くうたい》と仮諦《けたい》。(23) 玄微――幽玄・微妙なこと。(24) 相貌――すがた・かたち。(25) 百非洞遣――限りない否定をもってしても真相を明らかにできない。(26) 四句皆亡――存在を表わす四種類の範疇をもってしても説明しつくせない。(27) 情望――思考。(28) 関楔――要点。(29) 仰覚の薩埵――さとりを求めて修行する者。

【要旨】『摩訶止観』の説を例に引く。

天台大師智顗《ちぎ》の『摩訶止観』第三巻にいう。

「空・仮・中という三つの真理〔三諦〕の理は不可思議であり、定まった本性はない。だから、説き示すことはできない。もし何か条件を用いて説くなら、次の三つの意味に分けることができる。第一には随情説〈すなわち、教化の対象となる人の宗教的素質にしたがって相手が理解できるように説く教え〔随他意語〕である〉、第二には随情智説〈すなわち、相手の理解度に応じて、次第に自らのさとりを説く教え〔随自他意語〕である〉、第三には随智説〈相手を考慮せず、自分のさとりの境地をありのまま説く教え〔随自意語〕である〉。

相手が理解できるように説く教え〔随情説〕の三つの真理とは何かといえば、たとえば、眼の不自由な人は、乳の白さを知らないために、(『涅槃経』の説のように、)法螺貝・粥・雪・鶴の四つのたとえを説いても、それぞれのたとえに執着して、四人の眼の不自由な者たちが、おのおの解釈をし、こだわって、たがいに争いを起こすように、凡人の心情の愚かさも、またそれと同じである。

三つの真理を知らなければ、大いなるあわれみにもとづく方法をもって、すべては有であると説く教え〔有門〕・すべては空であると説く教え〔空門〕・すべては空でも有でもあると説く教え〔空有門〕・すべては空でも有でもないと説く教え〔非空非有門〕を説いても、世間一般の人々は、さとりは永遠であり〔常〕、安楽に満ち〔楽〕、絶対であり〔我〕、清らかである〔浄〕という真実のすがたを見ることはできない。おのおの空・有に執着して、たがいに非難しあうことは、かの四人の眼の不自由な人の譬えと同じである。同様に、通常（真諦―真実の見方と、俗諦―世俗一般の見方という）二つの真理を解釈する者には、二十三の異説がある。それぞれ不同で、おのおの見解を異にし、自分の説に執着して、他の説を否定する。蜜のように甘い不死の妙薬を飲むように、仏の教えを修学したとしても、生命を傷つけてしまい、真の仏法を理解しないままに、早死にしてしまうのである。

次に、相手を考慮せず、自分の考えをありのまま説く教え〔随智説〕の三つの真理とは、（十住位の）第一段階以上の修行の階位にあたり、中道《ちゅうどう》を説くのに、視覚・聴覚を断つとするが、それは真実の見方と世俗一般の見方もまたそうである。まことに、三つの真理は、深遠な意味をもつ教えであって、ただ仏智の照らしうるところである。言葉で説き示すこともできず、思考することもできず、したがって、もしそれを聞く者はかえって驚き怪しむであろう。内でなく、外でもない。難解でなく、容易でもない。かたちのあるものでなく、ないものでもない。これは世間の物事〔世法〕ではなく、すがたがあるものでもない。それは、限りなき否定を重ねても、尽くされるものではなく、（空・有・有であり空である・有でもなく空でもないという）もののあり方を分ける四種類の範疇をすべて否定しても、なお明らかにすることができない。ただし、仏と仏とのみが、たがいによくそれをきわめつくすことができるところであり、言語を絶し、思慮を超えている。凡人の心情によって、いろいろと思考することはできない。

（中道という）一つをもっても、（空・仮・中の）三つの真理を示しても、みな考え思うことを超えているので、声聞《しょうもん》・縁覚《えんがく》が量り知るところではない。まして、仏の教えを知らない人間ではなおさらのことである。前述の、乳のほんとうの色を、眼の見える者が見て、さまざまな言葉をもって説明しようとしても、眼の不自由な人はそれを理解することはできない。以上のような説を名づけて、相手を考慮せず、自分の考えをありのまま説く教え〔随智説〕の三つの真理の特徴という。すなわち、これが随自意語である。」

〔喩釈〕

諭していう。この天台宗の観じるところは、（空・仮・中の）三つの真理を出るものではない。一瞬の心の中に、三つの真理を具《そな》えている。これをもって最高のあり方とする。かの否定の至極をつらぬき、（空・有・有であり空である・有でもなく空でもない）もののあり方を分ける四種類の範疇〔四句〕をすべて否定し、そして、ただ仏と仏とのみが、たがいによくきわめつくすことができるというのは、この（天台）宗のみならず、他の宗も、これを究極の境地としている。以上は顕教の要点である。しかし、真言密教では、これを仏道に入る最初の入門とする。これは決して秘密で奥深いものではないことを、より深く、そして高い教えを求めている人々（仰覚の薩埵）は、よくよく考えるべきである。

随自意語・随他意語・随自他意語　この『弁顕密二教論』において、空海は、智顗《ちぎ》撰の『摩訶止観』巻三の文を引用し、そこで、随情説・随情智説・随智説の三種の説をあげて、それらを順に、随他意語・随自他意語・随自意語に配当している。

両説のうち、後者の随他意語等の説は、別に『秘密曼荼羅十住心論』巻八（天台の章）に説かれている。これら三種の説は、その起源を必ずしも明らかにし得ないが、北涼《ほくりょう》の曇無讖《どんむしん》訳の『大般涅槃経《だいはつねはんぎょう》』巻三十五に説く、

「我が所説の十二部経の如きは、あるいは随自意説、あるいは随他意説、あるいは随自他意説なり。如何《いかん》が名づけて、随自意説と為す。（後略）」

という表現が、一つのヒントになったことは事実であろう。

そして、それが智顗の『摩訶止観』に引用され、さらに空海を通して、鎌倉時代の親鸞

の『教行信証《きょうぎょうしんしょう》』にまで影響を与えたのである。

〔3〕―五　『楞伽経《りょうがきょう》』の説㈠

『楞伽経』(1)に云《いわ》く、

「仏、大慧《だいえ》(2)に告げたまわく、我《われ》、むかし、菩薩の行《ぎょう》を行ぜし諸《もろもろ》の声聞《しょうもん》等の無余涅槃《むよねはん》(3)に依《よ》るが為に、而《しか》も授記《じゅき》(4)を与う。大慧、我、声聞に授記を与うることは、怯弱《こにゃく》(5)の衆生に、勇《ゆう》猛《みょう》の心を生ぜしめんが為なり。大慧、この世界の中、及び余《よ》の仏国に、諸《もろもろ》の衆生、菩薩の行を行じて、而《しか》もまた、声聞法《しょうもんほう》の行を楽《ねが》う有り。かの心を転じて大菩提《だいぼだい》を取らしめんが為なり。応化身《おうげしん》の仏、応化の声聞の為に授記す。報仏《ほうぶつ》・法身《ほっしん》の仏として記莂《きべつ》(6)を授くるには非《あら》ず」と。

〔喩釈〕

喩《ゆ》して曰く、この文に依らば、『法華経《ほけきょう》』は、是れ応化仏の所説なり。何を以《もっ》ての故に。応化の声聞等の為に、仏、記莂を授けたもうが故に。ある者《ひと》(7)、法身の説と談ず。甚《はなは》だ誣《ふ》罔《もう》(8)なるのみ。

【語釈】（1）楞伽経——菩提流支訳『入楞伽経』巻八の文（大正一六・五六〇下）。（2）大慧——マハーマティ（Mahāmati）菩薩。（3）無余涅槃——存在まで消滅してしまう完全な涅槃。（4）授記——将来、仏と成ると予言すること。（5）怯弱——臆病で軟弱なこと。勇猛の反対語。（6）記莂——励ましの予言。授記と同義。（7）ある者——最澄の『法華経』理解をさすか。（8）誣罔——おしつけがましいいつわり。

【要旨】『楞伽経』の説を例に引く。

菩提流支訳の『入楞伽経』にいう。

「仏が大慧菩薩に告げておっしゃるには、私は、昔、菩薩の行なう修行をしているもろもろの声聞など、完全なさとり〔無余涅槃〕に入ろうとしている者に、将来かならず仏となることの励ましの予告を授けた。大慧よ、私がこの予告を授けるのは、心が弱く、臆病な人々に、修行に精進努力する心を起こさせるためである。大慧よ、この世界、およびその他の仏の国のさまざまな人々には、菩薩の行なう修行をしながら、声聞の教えの修行をすることを望む者がある。そのような人々の心を変えさせて、仏のさとりを得させるためである。人々を導くために相手に応じて現われる存在である応化身の仏が、声聞および人々を大乗の仏道に引き入れるために、仮に声聞のすがたを示した仏・菩薩〔応化の声聞〕のために、将来かならず仏となるとの励ましの予告を授ける。しかし菩薩が、願と行とに報われて得る存在である報仏や、かたちを超えた真理そのものである法身の仏として、励ましの予告を授けるのではない。」

〔喩釈〕

諭していう。この文によるならば、『法華経』は、人々を導くために相手に応じて現われる存在である応化仏によって、説かれたものである。なぜならば、声聞、および人々を大乗の仏道に引き入れるために、仮に声聞のすがたを示した仏・菩薩などのために、仏が励ましの予告を授けるからである。ある者《ひと》が、『法華経』を、かたちを超えた真理そのものである法身の教えだといっているが、それは実にあざむいた偽りの主張というべきである。

〔(3)―六　法相宗論章の説〕

慈《じ》恩法師《おんほっし》(1)の『二《に》諦義《たいぎ》(2)』に云《いわ》く、

『瑜伽《ゆが》(3)』『唯識《ゆいしき》(4)』の二諦に、各《おのおの》四重《しじゅう》(5)有り。世俗諦《せぞくたい》の四名《しみょう》とは、一には世間世俗諦〈または有名無実諦《うみょうむじったい》と名づく〉、二には道理世俗諦〈または随事差別諦《ずいじしゃべつたい》と名づく〉、三には証得《しょうとく》世俗諦〈または方便安立《あんりゅう》諦と名づく〉、四には勝義《しょうぎ》世俗諦〈または仮名《けみょう》非安立諦と名づく〉なり。勝義諦の四名とは、一には世間勝義諦〈または体用顕現諦《たいゆうけんげんたい》と名づく〉、二には道理勝義諦〈または因果差別諦と名づく〉、三には証得勝義諦〈または依門顕実諦《えもんけんじつたい》と名づく〉、四には勝義勝義諦〈または廃詮談旨諦《はいせんだんしたい》と名づく〉なり。前《さき》の三種をば、安立勝義諦と名づく。第四の一種は非安立勝義諦なり」と。

また云く、

「勝義勝義とは、体妙離言《たいみょうりごん》(6)にして、迥《はる》かに衆法《しゅほう》(7)に超えたるを名づけて勝義と為《な》す。聖智《しょうち》の内証《ないしょう》にして、前の四俗《しぞく》(8)に過ぎたるを、また勝義諦と名づく」と。

また云く、

「第四の勝義勝義諦とは、謂《いわ》く、非安立《ひあんりゅう》(9)・廃詮談旨《はいせんだんし》(10)・一真法界《いっしんぽっかい》(11)なり」と。

〔喩釈〕

喩《ゆ》して曰く、この章の中の勝義勝義・廃詮談旨・聖智内証・一真法界・体妙離言等とは、是《かく》の如きの絶離《ぜつり》(12)は、即《すなわ》ち是れ顕教の分域《ぶんいき》なり。言《いわ》く、因位の人等の四種の言語(13)、皆及ぶこと能《あた》わず。唯《ただ》し自性法身のみいまして、如義《にょぎ》真実の言を以《もっ》て、能《よ》くこの絶離の境界《きょうがい》を説きたもう。是れを真言秘教と名づく。『金剛頂』等の経、是れなり。

【語釈】(1)慈恩法師——法相宗の祖とされる基《き》(六三二—六八二)。俗に窺基《きき》と呼ばれる。玄奘《げんじょう》訳の『成唯識論《じょうゆいしきろん》』を注釈した『成唯識論述記』などを著わした。(2)二諦義——窺基撰『大乗法苑義林章《だいじょうほうおんぎりんしょう》』巻二の文(大正四五・二八七中)。(3)瑜伽——玄奘訳の『瑜伽《ゆが》師地論《しじろん》』のこと。同論巻六十四に、世間世俗諦・道理世俗諦・証得世俗諦・勝義世俗諦の四種の世俗諦をあげている(大正三〇・六五三下)。(4)唯識——玄奘訳の『成唯識論』を指す。同論巻九には、世間勝義諦・道理勝義諦・証得勝義諦・勝義勝義諦の四種勝義諦をあげている(大正三一・四八上)。(5)四重——段階を持った四種の区別。(6)体妙離言——その本体が絶妙で、言語を超越していること。(7)衆法——もろもろの存在。(8)四俗——四種の世俗諦。(9)非安立——相対的思考判断を超越していること。(10)廃詮談旨——言語による表現を超えたところに意味が現われること。(11)一真法界——唯一絶対なる究極的真理の世界。(12)絶離——断絶して、分離していること。(13)四種の言語——『釈摩訶衍論《しゃくまかえんろん》』に説く五種言説《ごんぜつ》(相・夢・妄執・無始・如義)のうちの前の四つを指す。これらは、真理を説くことのできない虚妄の言説であるとする。

【要旨】　法相宗系の論書の説を例に引く。

慈恩大師撰の『大乗法苑義林章〔二諦義〕』にいう。

「玄奘訳『瑜伽師地論』と、玄奘訳『成唯識論』の、〔世俗諦と勝義諦との〕二つの真理〔二諦〕に、それぞれ四つの区別がある。そのうち、一般的な真理〔世俗諦〕についての四つの名称とは、第一には世間世俗諦〈または有名無実諦という〉、第二には道理世俗諦〈または随事差別諦という〉、第三には証得世俗諦〈または方便安立諦という〉、第四には勝義世俗諦〈または仮名非安立諦という〉である。

究極的な真理〔勝義諦〕についての四つの名称とは、第一には世間勝義諦〈または体用顕現諦という〉、第二には道理勝義諦〈または因果差別諦という〉、第三には証得勝義諦〈または依門顕実諦という〉、第四には勝義勝義諦〈または廃詮談旨諦という〉である。前の三種類は、言語的表現を用いた究極的な真理〔安立勝義諦〕であり、第四（の勝義勝義諦）だけは、相対的な差別を超えて言葉を離れた究極的な真理〔非安立勝義諦〕である。」またいう。

「究極中の究極の真理〔勝義勝義〕とは、本体は最高で言葉を離れ、諸法を超えているので、究極といい、まさしく真理を知る智慧の内面的なさとりであって、前にあげた一般的な真理の四種類を超越しているため、究極的な真理と名づけるのである。」

またいう。

「第四の究極中の究極的な真理〔勝義勝義諦〕とは、相対的なものでなく、言語による表現を超えたところに意味が現われる〔廃詮談旨〕のであり、唯一絶対なる究極の真理の世界〔一真法界〕なのである。」

〔喩釈〕

諭していう。この『大乗法苑義林章』の中の、究極中の究極的な真理〔勝義勝義〕・言語による表現を超えたところに意味が現われる〔廃詮談旨〕・まさしく真理を知る智慧の内面的なさとり〔聖智内証〕・唯一絶対なる究極の真理〔一真法界〕・さとりそのものは最高で言葉を離れたもの〔体妙離言〕などという、このような言語表現を超越した隔絶を説くのは、顕教の領域である。修行の段階の人々の、〔『釈摩訶衍論』に説く五種言説《ごんぜつ》のうち、相言説・夢言説・妄執言説・無始言説という〕四種類の、真理を説くことができない虚妄の言説のおよぶものでなく、ただ、かたちを超えた真理そのもの〔自性法身〕のみが、五種言説の中の如義言説の真実の言説をもって、この隔絶した絶対的な境地を説くのである。これを真言秘教という。『金剛頂経』などの経典は、まさにこれにあたるのである。

(3)―七　三論宗論釈の説

(3)―七―一　『大智度論《だいちどろん》』の説

『智度論(1)』第五に云《いわ》く、

「不生《ふしよう》(2)・不滅《ふめつ》・不断《ふだん》・不常《ふじよう》・不一《ふいつ》・不異《ふい》・不去《ふこ》・不来《ふらい》なり。因縁生《いんねんしよう》(3)の法は、諸《もろもろ》の戯論《けろん》(4)を滅す。仏、能《よ》く是れを説きたもう。我、今、当《まさ》に礼《らい》すべし。乃至《ないし》、諸法《しよほう》は生《しよう》に非《あら》ず、滅に非ず、不生に非ず、不滅に非ず、非不生滅に非ず、また非非不生滅に非ず。已《すで》に解脱《げだつ》を得つれば、空《くう》に非ず、不空に非ず。是《かく》の如き等《とう》は、諸《もろもろ》の戯論を捨滅《しやめつ》して言語道断し、深く仏法に入る。心通無礙《しんづうむげ》(5)にして不動不退なるを無生忍《むしようにん》(6)と名づく。是れ助仏道《じよぶつどう》(7)の初門《しよもん》なり」と。

また三十一(8)に云く、

「また次に、有為《うい》(9)を離れて則《すなわ》ち無為《むい》無し。所以《ゆえん》は何《いかん》となれば、有為の法の実相は、即ち是れ無為なり。無為(10)の相は、則ち有為に非ず。但し衆生の顚倒《てんどう》(11)せるが為の故に、分別《ふんべつ》して、有為の相とは、生・滅・住《じゆう》・異《い》(12)なり、無為の相とは、不生・不滅・不住・不異なりと説けり。是れを入仏法《にゅうぶつぽう》の初門と為《な》す」と。

【語釈】（1）智度論――鳩摩羅什訳の『大智度論』巻五の文（大正二五・九七中）。（2）不生……――不生以下の八句は、八不中道《はっぷちゅうどう》、もしくは八不正観《しょうがん》という。（3）因縁生の法――因と縁によって生じる存在。（4）戯論――言葉による虚構。（5）心通無礙――心が通いあって妨げがないこと。（6）無生忍――無生法忍《むしょうぼうにん》ともいう。あらゆる存在が不生不滅であることを理解し、それを信奉すること。（7）助仏道――助仏道仏ともいう。さとりに役立つ修行の方法。（8）三十一――『大智度論』巻三十一の文（大正二五・六九上）。（9）有為――作られたもの。現象存在を指す。（10）無為――作られたものではないもの。実在や虚空を指す。（11）顛倒――誤って考えること。（12）生・滅・住・異――部派仏教などでいう有為の四相（存在するものの四変化）は、通常、生（生成）・住（存続）・異（変異）・滅（消滅）であるが、空海はここで八不を意識しているので、順序をかえている。

【要旨】『大智度論』の説を例に引く。

鳩摩羅什訳『大智度論』巻五にいう。

「あらゆる存在するものは、生じず、滅せず、断でなく、常でなく、同一でなく、別でなく、去らず、来ず、という性格を持っている。原因から生じるものは、もろもろの言葉の虚構を離れており、仏は、このことをよく説いておられるのである。私は、今まさにそのような仏を、礼拝するのである。さらに、あらゆるものは、生でなく、滅でなく、不生でなく、不滅でなく、非不生滅でなく、非非不生滅でもない。すでに迷いの世界を抜け出てしまっているので、空でなく、不空でもない。以上は、もろもろの言葉の虚構を捨て去り、言論を絶して深く仏の教えに入った状態である。心にさまたげがなく、動かず退かないものを、不生、不滅である真理をさとってそれに安住すること〔無生忍〕という。これはさとりに役に立つ修行の最初の段階である。」

また『大智度論』巻三十一にいう。

「また次に、作られた存在である現象〔有為〕を離れて、絶対の真実〔無為〕はない。なぜならば、現象の本当のすがたは、絶対の真実である。しかし、絶対の真実のすがたは、現象そのものではない。ただし、人々が誤った見方をしているために、区別して、現象のすがたとは、生起〔生〕・消滅〔滅〕・存続〔住〕・変異〔異〕であり、絶対の真実のすがたとは、それとは逆の不生・不滅・不住・不異であると説く。このような理解は、仏法に入るための最初の段階である。」

〔(3)―七―二『般若燈論《はんにゃとうろん》』の説〕

龍猛《りゅうみょう》菩薩の『般若燈論』(1)の「観涅槃品《かんねはんぼん》」の頌《じゅ》に曰《いわ》く、

「かの第一義の中には　仏本《もと》より説法したまわず

仏は無分別者なり(2)　大乗を説くこと然《しか》らず

化仏《けぶつ》(3)説法すといわば　この事　則ち然らず

仏は説法に心《こころ》無し　化者《けしゃ》は是れ仏に非《あら》ず

第一義の中に於いて　彼また説法せず

無分別性《むふんべつしょう》　空《くう》にして　悲心《ひしん》有ること然らず

衆生　無体《むたい》の故に　また仏体有ること無し

かの仏　無体の故に　また悲愍《ひみん》(4)の心無し」と。

分別明《ふんべつみょう》菩薩(8)の『釈《しゃく》』(6)に云く、

「この中に第一義を明かさば、一相の故に、所謂《いわゆる》、無相なり。仏も無く、また大乗も無し。第一義とは、是れ不二《ふに》智の境界なり。汝《なんじ》が説く偈《げ》は、正《まさ》しく是れ我が仏法の道理を説けり。今、応《まさ》に汝が為に如来の身《しん》を説くべし。如来の身とは、無分別なりと雖《いえど》も、先に利他《りた》の願《がん》力《りき》を種《う》えしを以《もっ》て、大誓《だいせい》の荘厳《しょうごん》(7)、薫修《くんじゅ》(8)するが為の故に、能《よ》く一切衆生を摂《せっ》して、一切時《いっさいじ》に於いて化仏《けぶつ》の身を起す。この化身に因《よ》って、文字章句《もんじしょうく》(9)有って、次第に声《こえ》を出だす。一切の外道《げどう》(10)・声聞《しょうもん》・辟支仏《びゃくしぶつ》(11)に共《ぐう》ぜざるが故に、而《しか》も為に二種の無我《むが》を開演《かいえん》す。第一義波羅蜜《はらみつ》を成就《じょうじゅ》せんと欲《おも》うが為の故に、最上乗《さいじょうじょう》に乗ずる者を成就せんと欲《ねが》うが為の故に、名づけて大乗と為《な》す。第一義の仏有るが故に、かの仏に依止《えし》して化身を起す。この化身より説法を起す。第一義の仏、説法の因となるに由《よ》るが故に、我が所立《しょりゅう》(12)の義をも壊《え》せず、また世間の所欲《しょよく》をも壊せず」と。

　また云《いわ》く、

「第一義の中には、幻《げん》の如く、化《け》の如し。誰《たれ》か説き、誰か聴かん。是れを以ての故に、如来は処所《しょしょ》(13)なし。一法《いっぽう》(14)として為に説くべきこと無し」と。

　また「観邪見品《かんじゃけんぼん》(15)」に云く、

『般若《はんにゃ》』の中に説かく、仏、勇猛《ゆうみょう》・極勇猛《ごくゆうみょう》菩薩に告げたまわく、色《しき》は見《けん》を起す処《ところ》に非《あら》ず、また見を断ずる処に非ず、乃至《ないし》、受《じゅ》・想《そう》・行《ぎょう》・識《しき》も見を起す処に非ず、また見を断ずる処に非ずと知るをば、是れを般若波羅蜜《はらみつ》と名づく。今、起《き》等の差別縁起《しゃべつえんぎ》無きを以て開解《かいげ》(16)せしむることは、所謂《いわゆる》、一切の戯論《けろん》及び一異《いちい》等の種種の見を息《や》めて、悉《ことごと》く皆、寂滅《じゃくめつ》なる、是れ自覚の法なり。是れ如虚空《にょこくう》の法なり。(17) 是れ無分別の法なり。是れ第一義の境界の法なり。是《かく》の如き等の真実の甘露を以て開解せしむる、是れ一部の論宗《ろんしゅう》(18)なり」と。

〔喩釈〕

喩《ゆ》して曰く、今、この文《もん》に依《よ》らば、明らかに知んぬ。『中観《ちゅうがん》』(19)等は諸《もろもろ》の戯論を息《や》めて、寂滅絶離《じゃくめつぜつり》なるを以て宗極《しゅうごく》(20)と為《な》す。是《かく》の如きの義の意《こころ》は、皆、是れ遮情《しゃじょう》(21)の門なり。是れ表《ひょう》徳《とく》(22)の謂《いい》には非ず。論主《ろんしゅ》(23)自ら入道の初門と断じたまえり。意《こころ》有らん。智者、心を留めて之《これ》を九思《きゅうし》(24)せよ。

【語釈】（1）般若燈論——波羅頗蜜多羅《はらびみたら》訳の『般若燈論釈』巻十五の「観涅槃品」の文（大正三〇・一三〇下）。同論は、龍樹菩薩造の『中論頌』に対して、清弁《しょうべん》論師が釈を加えたものの漢訳である。（2）無分別者——思慮を離れた境界にある者。（3）化仏——応化の仏。（4）悲愍——慈悲。（5）分別明菩薩——清弁論師のこと。六世紀から七世紀にかけて、中観思想を高揚し、唯識派の護法論師と論争したという。（6）釈——般若燈論釈。（7）大誓の荘厳——大いなる誓願の飾り。（8）熏修——修行を積み重ねること。（9）文字章句——文字・文章・句。（10）外道——異教徒。（11）辟支仏——独覚・縁覚と同じ。独力で十二因縁を観じてさとる者。（12）所立の義——主張する点。（13）処所——とくに依り所とする場所。（14）一法――一つの主張。（15）観邪見品――『般若燈論釈』巻十五の「観邪見品」の文（大正三〇・一三五中）。（16）開解――理解させること。（17）如虚空の法――虚空のように形像のない存在。（18）一部の論宗――この論全体の要旨。（19）『中観』等――中観空思想を標榜する三論宗の依拠する『中論』『十二門論』『百論』などを指す。（20）宗極――究極の教理。（21）遮情――否定的側面。（22）表徳――肯定的側面。（23）論主――論者。（24）九思――くり返し思考すること。

【要旨】　また、龍樹菩薩論師の『中論頌《ちゅうろんじゅ》』に対する『般若燈論釈』巻十五「観涅槃品」第二十五の偈頌《げじゅ》にいう。

「（仏教における）唯一絶対の境地〔第一義〕においては、仏は教えを説くことをされない。

仏は思慮を離れた者なので、大乗を説くこともありえない。

仮にすがたを現わした仏が、説法するというようなことも、ありえない。

仏には本来説法する考えなどなく、人々を導く者〔化者〕は、厳密には仏ではない。

唯一絶対の境地においては、導く者も説法しない。

妄想を離れた本性は空であるから、他人の苦しみを悲しむ心も起こりえない。

生きとし生けるものという実体はなく、仏という実体もまた存在しない。

仏という実体がないから、慈悲の心もあるわけがない。」

清弁論師〔分別明菩薩〕の注釈にいう。

「この〔偈頌の〕中で、唯一絶対の境地について明らかにするならば、仏教は絶対平等であって、差別を離れている。仏もなく、大乗もない。唯一絶対の境地とは、対立のない智慧の境地である。したがって、あなたが説く偈頌は、まさしく私の仏の教えの道筋を説いている。今、まさにあなたのために、如来の身体について説こう。如来の身体とは、妄想を離れているといっても、先に他人を導き救う願いを起こして、大いなる誓いという飾りによって修行を積み重ねてきたから、すべての人々を取り込んで、あらゆる時において、仮にすがたを現わした仏の身体を生み出し、この仏の仮のすがたによって、文字や章句をもって、次第に教えを説かれるのである。すべての異教徒〔外道〕・声聞・縁覚〔辟支仏〕に共通するものではないために、実体としての自己が存在しない〔人無我〕ということと、すべては縁起によって起こるもので実体がない〔法無我〕ということとの、二種類の、実体に対するとらわれを離れること〔無我〕を説き明かすのである。

また唯一絶対のさとりへの道を成就させたいと思うために、さらに、最高の教えに至ろうとする者を満足させるために、大乗というのである。唯一絶対の境地の仏があるために、この仏によって、仮にすがたを現わす仏の存在が生まれる。そしてこの仏によって、説法がなされるのである。唯一絶対の境地の仏が、説法の要因となっているために、私が証明しようとすることとも矛盾せず、また世間が一般に認めていることとも抵触しない。」

またいう。

「唯一絶対の境地においては、幻のようであり、変化されたもののようなものである。誰が説き、誰が聞くことができよう。このために、如来には、(説かなければならない)場はなく、一つの教えとして説かなければならないこともない。」

また、同論の「観邪見品」第二十七にいう。

「『般若経』の中に説くには、仏が、勇猛《ゆうみょう》・極勇猛《ごくゆうみょう》菩薩に告げて、次のようにお説きになる。(我々の存在の五つの構成要素〔五蘊《ごうん》〕に説く) 物質〔色〕は、誤った見解を起こすものでも、断ずるものでもない。さらに、感覚〔受〕・表象〔想〕・意志〔行〕・認識〔識〕も、誤った見解を起こすものでも、断ずるものでもないことを知ることを、最高の智慧の完成〔般若波羅蜜〕という。

今、誤った見解を起こすなどの区別による縁起があるわけでないから、その理を説いて理解させることは、すべての言葉の虚構や、同一のものであることと、異なったものであることなどの種々の誤った見解を廃して、ことごとくみな安らかになる、これが自分でさとる教えであり、虚空のように広大な教えである。これは妄想を離れた教えであり、唯一絶対の境地の教えである。このような真実の不死の妙薬をもって理解させようとするのが、この『般若燈論』の主旨である。

〔喩釈〕

諭していう。今、この文章によって明らかに次のことを知ることができる。すなわち、鳩摩羅什訳『中論』などは、もろもろの無益な言論をやめて、安らかにして超絶した境地をもってその教えの究極とする。このような趣意は、みな人々の迷いをしずめる立場〔遮情の門〕であって、積極的に諸法の真理を開示する立場〔表徳の門〕ではない。そのため、本論の論主が自ら仏道に入る最初の段階と断言しているのである。心ある賢者は、注意してこのことをくり返し思慮すべきである。

遮情・表徳　空海は、『般若燈論』に対する喩釈の中で、「是《かく》の如きの義の意は、皆、是れ遮情の門なり。是れ表徳の謂《いい》には非ず。」

として、遮情と表徳を一対の概念として用いている。

同様に、遮情と表徳を対置する例としては、ほかに、『秘密曼荼羅十住心論』巻九、『吽《うん》字義《じぎ》』『法華経開題』『法華経釈』があり、そこでは、いずれも、凡夫の迷情を遮するために、現象否定的表現を用いることを遮情、逆に本有《ほんぬ》の性徳《しょうとく》を積極的に表現することを表徳としている。空《くう》思想についていわれる「真空妙有《しんくうみょうう》」も、多少のニュアンスの相違はあれ、遮情・表徳と共通した一面を持っている。

ところで、この遮情・表徳の両語も結果的には空海の新語ではない。その起源がどこまで遡りうるかは明らかでないが、華厳関係の論疏《ろんしょ》に言及が見られる。

たとえば、隋《ずい》の杜順《とじゅん》（五五七―六四〇）の著わした『華厳五教止観』には、

「法の離言絶解《りごんぜつげ》を顕わすに、この門の中に就いて、また二と為《な》す。一には遮情、二には表徳なり。」

とあり、さらに著名な唐の法蔵（六四三―七一二）の『華厳発菩提心章』および『華厳遊心法界記』でもこれらの両語を重視している。

とくに、前者の『華厳発菩提心章』では、発菩提心について四門を置き、その第四に表徳門をあげて、菩提心の意義を高揚している。

以上のこと、ならびに空海の『秘密曼荼羅十住心論』への引用が巻九の華厳の段にあたること、さらには、わが国の華厳宗の凝然《ぎようねん》（一二四〇—一三二一）が、『法界義鏡』や『八宗綱要』などで遮情・表徳の両語を駆使することなどを総合すると、これらの両語は、華厳の教義との関連で注目され、それを空海が密教の発揚のためにうまく活用したと考えることができる。

〈⑶—七—三　『大智度論』の説〉

龍樹《りゆうじゆ》菩薩の『大智度論《だいちどろん》』(1)の三十八に云《いわ》く、

「仏法の中に二諦《にたい》有り。一には世諦(2)、二には第一義諦(3)なり。世諦の為の故に、衆生有りと説き、第一義諦の為の故に、衆生所有《しよう》(4)なしと説く。また二種有り、名字《みようじ》の相を知る有り、名字の相を知らざる有り。譬《たと》えば軍《ぐん》の密号《みつごう》(5)を立つるに、知る者有り、知らざる者有るが如し。また二種有り。初習行《しよじゆうぎよう》(6)有り、久習行《くじゆうぎよう》(7)有り、着者《じやくしや》(8)有り、不着者《ふじやくしや》有り、知他意《ちたい》(9)有り、不知他意《ふちたい》の者有り〈言辞《ごんじ》有りと雖も、その奇言《きごん》(10)を知って、以て自ら理を宣《の》ぶ〉。不知《ふち》名字相《みようじそう》(11)・初習行・着者・不知他意の者の為の故に衆生無しと説く。知名字相・久習行・不着・知他意の者の為の故に説いて衆生有りと言う。」

〔喩釈〕

喩《ゆ》して曰く、初重《しよじゆう》(12)の二諦は常《つね》の談と同じ。次の二諦に八種の人《にん》有り。不知《ふち》名字相《みようじそう》等の四人の為には、真諦《しんたい》の中に仏無し、衆生無しと説く。後の四人の為の故には、真諦の中に仏有り、衆生有りと説く。審《つまび》らかに之《これ》を思え。所謂《いわゆる》、密号名字相等の義は、真言教の中に分《ふん》明《みよう》(13)に之を説けり。

故《かるがゆえ》に『菩提場経《ぼだいじようきよう》』(14)に云《いわ》く、

「文殊《もんじゆ》、仏に白《もう》して言《もう》さく。世尊《せそん》、幾所《いくばく》(15)の名号《みようごう》を以てか、世界に於いて転じたもう(16)。仏の言《のたま》わく、所謂《いわゆる》、帝釈《たいしやく》と名づけ、梵王《ぼんのう》と名づけ、大自在《だいじざい》と名づけ、自然《じねん》と名づけ、地と名づけ、寂静《じやくじよう》と名づけ、涅槃《ねはん》と名づけ、天と名づけ、阿蘇羅《あそら》(17)と名づけ、空《くう》と名づけ、勝《しよう》と名づけ、義と名づけ、不実と名づけ、三摩地《さんまじ》と名づけ、悲者《ひしや》と名づけ、慈と名づけ、水天《すいてん》と名づけ、龍と名づけ、薬叉《やくしや》と名づけ、仙(18)と名づけ、三界主《さんがいしゆ》と名づけ、光《こう》と名づけ、火《か》と名づけ、鬼主《きしゆ》と名づけ、有《う》と名づけ、不有《ふう》と名づけ、分別《ふんべつ》と名づけ、無分別と名づけ、蘇弥《そみ》盧《ろ》(19)と名づけ、金剛《こんごう》と名づけ、常《じよう》と名づけ、無常と名づけ、真言と名づけ、大真言と名づけ、海《かい》と名づけ、大海と名づけ、日《にち》と名づけ、月《がつ》と名づけ、雲《うん》と名づけ、大雲と名づけ、人主《にんじゆ》と名づけ、大人主と名づけ、龍象《りゆうしよう》(20)と名づけ、阿羅漢《あらかん》害煩悩《がいぼんのう》(21)と名づけ、非異《ひい》と名づけ、非不《ひふ》異《い》と名づけ、命《みよう》(22)と名づけ、非命《ひみよう》と名づけ、山《せん》と名づけ、大山《だいせん》と名づけ、不滅と名づけ、不生《ふしよう》と名づけ、真如《しんによ》と名づけ、真如性《しんによしよう》と名づけ、実際《じつざい》(23)と名づけ、実際性《じつざいしよう》と名づけ、法界《ほつかい》と名づけ、実と名づけ、無二《むに》と名づけ、有相《うそう》と名づく。文殊師利《もんじゆしり》、我、この世界に於いて、五阿僧祇《ごあそうぎ》(24)百千《ひやくせん》の名号を成就し、諸《もろもろ》の衆生を調伏《ちようぶく》して成就せり。如来は功用《くゆう》(25)無けれども、無量種の真言色力《しんごんしきりき》(26)の事相《じそう》(27)を以て転じたもう」と。

【語釈】（1）大智度論——『大智度論』巻三十八の文（大正二五・三三六中）。（2）世諦——世俗諦。世間一般で承認されている真理。（3）第一義諦——勝義諦ともいう。最高の真理。（4）衆生所有——衆生というあり方。（5）軍の密号——軍隊で用いる符号・暗号。（6）初習行——初心の修行者。（7）久習行——長く修行している者。（8）着者——執着する者。（9）知他意——他人の心を知る者。（10）奇言——（自らの）特異な見解。（11）不知名字相——名字の相を知らない者。（12）初重——最初の段階、浅い段階。（13）分明に——明らかに。（14）菩提場経——不空《ふくう》訳『菩提場所説一字頂輪王経《ぼだいじようしよせついちじちようりんおうきよう》』巻三（大正一九・二〇七中）に、仏の名号について二百十名をあげているが、ここでは、その中から六十名を列挙している。（15）幾所——いくつかの。（16）転じたもう——教えを説くこと。（17）阿蘇羅——阿修羅《あしゆら》。古代インドの種族の一つ。仏教では、天龍八部衆の一つ。インド先住の非アーリア系民族の一種。（18）仙——仙人。（19）蘇弥盧——世界の中心にある神秘的な山。須弥山《しゅみせん》、もしくは妙高山《みょうこうせん》という。(20)龍象——僧侶のこと。(21)阿羅漢害煩悩——初期仏教の聖者である阿羅漢のことを、梵語では「敵(煩悩)を倒す者」という。ここでは、両者を合わせて呼んだもの。(22)命——生命ある者。(23)実際——最高の境地。(24)五阿僧祇——阿僧祇は、無数のこと。その前に「三」・「五」をつけることもある。(25)功用——意識的な働き。(26)真言色力——三密《さんみつ》に代表される真言密教。(27)事相——実践。

【要旨】『大智度論』等の説を例に引く。

龍樹菩薩の作とされる『大智度論』巻三十八にいう。

「仏の教えのなかに、二つの真理がある。一つには、世俗的立場での真理(世諦)であり、二つには、最高の真理(第一義諦)である。世俗的立場での真理では、仏というものも、人々というものもあると説くが、最高の真理では、仏や人々の区別は存在しないから、人々というありかたもないと説く。

また別の二種類があって、名称のすがたを知る者と、知らない者とがある。たとえば、軍隊で暗号を使用するのに、それを知る者と、知らない者とがあるのと同じである。また別の二種類がある。修行を始めたばかりの者〔初習行〕と、久しく修行をしている者〔久習行〕とがあり、執着する者と、執着しない者とがあり、説かれた意味を知る者と、知らない者とがある〈言語の説明があるにもかかわらず、いつわりの言語をもって、自分の判断で解釈する〉。

名称のすがたを知らない者・修行を始めたばかりの者・執着する者・説かれた意味を知らない者には、仏の存在を知ることはなく、人々というものがないと説くが、名称のすがたを知る者・久しく修行をしている者・執着しない者・説かれた意味を知る者には、仏という存在があり、人々というものがあると説くのである。

〔喩釈〕

諭《さと》していう。最初の段階の二つの真理は、大乗の教えと通じているが、次の二つの真理には、対応する八種類の人がある。名称のすがたを知らない者などの四種類の人のために、究極の真理の中には、仏も人々もないと説く。後の四種類の人のために、究極の真理の中に、仏も人々もあると説く。この点を詳しく考えるべきである。いわゆる真言陀羅尼《しんごんだらに》の言葉〔密号名字〕のすがたなどの趣意は、真言の教えの中に、明らかに説かれている。

不空訳『菩提場所説一字頂輪王経』巻三にいう。

「文殊菩薩が仏に申し上げた。世尊はいくつの名称をもって、この世界で教えを説きたもうのですか。

仏は、次のようにお答えになった。

いわゆる帝釈と名づけ、梵王と名づけ、大自在と名づけ、自然と名づけ、地と名づけ、寂静《じやくじよう》と名づけ、涅槃《ねはん》と名づけ、天と名づけ、阿蘇羅《あそら》(阿修羅)と名づけ、空と名づけ、勝と名づけ、義と名づけ、不実と名づけ、三摩地《さんまじ》と名づけ、悲者と名づけ、慈と名づけ、水天と名づけ、龍と名づけ、薬叉と名づけ、仙と名づけ、三界主と名づけ、光と名づけ、火と名づけ、鬼主と名づけ、有と名づけ、不有と名づけ、分別と名づけ、無分別と名づけ、蘇弥盧《そみろ》(須弥山)と名づけ、金剛と名づけ、常と名づけ、無常と名づけ、真言と名づけ、大真言と名づけ、海と名づけ、大海と名づけ、日と名づけ、月と名づけ、雲と名づけ、大雲と名づけ、人主と名づけ、大人主と名づけ、龍象《りゆうしよう》(僧侶)と名づけ、阿羅漢《あらかん》(聖者)と名づけ、非異と名づけ、非不異と名づけ、命と名づけ、非命と名づけ、山と名づけ、大山と名づけ、不滅と名づけ、不生と名づけ、真如と名づけ、真如性と名づけ、実際と名づけ、実際性と名づけ、法界と名づけ、実と名づけ、無二と名づけ、有相と名づける。

文殊師利よ、私は、この世界において、限りなく無数(五阿僧祇百千)の名称を完成し、もろもろの人々を教化して完成させた。如来は、意識的に努力はしないが、量り知れない種類の真言のかたちあるはたらきの実践をもって、教えを説いたのである。」

(3)—八　『釈摩訶衍論』の説

龍樹の『釈大衍論《しゃくだいえんろん》』(1)に云《いわ》く、

「言説《ごんぜつ》に五種有り、名字《みょうじ》に二種有り、心量《しんりょう》(2)に十種有り、契経《かいきょう》(3)異説《いせつ》の故に。

論じて曰《いわ》く、言説に五つ有り、云何《いかん》が五と為《な》す。一には相言説《そうごんせつ》、二には夢言説《むごんせつ》、三には妄執言説《もうじゅうごんせつ》、四には無始言説《むしごんせつ》、五には如義言説《にょぎごんせつ》なり。『楞伽契経《りょうがかいきょう》』(4)の中に是《かく》の如きの説を作《な》す。大慧《だいえ》、相言説とは、所謂《いわゆる》、色《しき》等の諸相に執着《しゅうじゃく》して而《しか》も生ず。大慧、夢言説とは、本受《ほんじゅ》用《ゆう》(5)虚妄《こもう》の境界を念じて、境界に依《よ》って夢みる。覚め已《おわ》って虚妄の境界に依って不実なりと知って而も生ず。大慧、執着言説とは、本所聞所作《ほんしょもんしょさ》の業《ごう》(6)を念じて而も生ず。大慧、無始言説とは、無始より来《このか》た、戯論《けろん》に執着して、煩悩の種子薫習《しゅじくんじゅう》(7)して而も生ず。『三昧契経《さんまいかいきょう》』(8)の中に是《かく》の如きの説を作《な》す。舎利弗《しゃりほつ》の言《もう》さく、一切の万法《ばんぽう》は、皆悉《ことごと》く言文《ごんもん》なり。言文の相は、即《すなわ》ち義とするに非《あら》ず。如実の義は言説すべからず。今は如来、云何《いかん》が説法したもう。仏の言《のたま》わく、我が説法とは、汝《なんじ》衆生は生《しょう》に在って説くを以ての故に、不可説と説く。この故に、之《これ》を説く。我が所説とは、義語《ぎご》(9)にして文《もん》に非ず。衆生の説とは、文語《ご》にして義に非ず。義語に非ざる者は、皆、悉く空無なり。空無の言は、義を言うこと無し。義を言わざる者は、皆、是れ妄語《もうご》(10)なり。

如義語とは、実空《じっくう》にして不空なり。空、実にして不実なり。二相を離れて、中間《ちゅうげん》にも中《あた》らず、不中の法は、三相を離れたり。処所《しょしょ》を見ず、如如如説《にょにょにょせつ》(11)の故に。

是《かく》の如きの五つが中に、前《さき》の四つの言説は、虚妄《こもう》の説なるが故に、真を談ずること能《あた》わず。後の一つの言説は、如実の説なるが故に、真理を談ずることを得《う》。馬鳴《めみょう》(12)菩薩は前《さき》の四つに拠《よ》るが故に、是《かく》の如きの説を作《な》して離言説相《りごんぜつそう》(13)という。

心量《しんりょう》に十有り、云何《いかん》が十と為《な》す。一には眼識心《げんしんしき》、二には耳《に》識心、三には鼻《び》識心、四には舌《ぜつ》識心、五には身《しん》識心、六には意《い》識心、七には末那《まな》識心(14)、八には阿梨耶《ありや》識心(15)、九には多一《たいっ》識心(16)、十には一一《いちいち》識心(17)なり。是《かく》の如きの十が中に、初めの九種の心は、真理を縁《えん》ぜず。後の一種の心は、真理を縁じて而《しか》も境界と為《な》すことを得《う》。今、前《さき》の九つに拠って、是《かく》の如きの説を作《な》して離心縁相《りしんえんそう》(18)という」と。

〔喩釈〕

喩《ゆ》して曰く、言語・心量等の離・不離の義は、この論に明らかに説けり。顕教の智者、詳《つまび》らかんじて迷いを解け。

【語釈】（1）釈大衍論――『釈摩訶衍論』巻二（大正三二・六〇五下）の文。（2）心量――迷妄の見解。（3）契経――経典。（4）楞伽契経――『入楞伽経』巻三（大正一六・五三〇下）。（5）本受用――過去に経験した。（6）本所聞所作の業――過去に聞いたり、作《な》したりした行為。（7）種子薫習――種子が、薫りのように、はぐくまれて永続的に存在すること。（8）三昧契経――失訳（訳者名欠失）『金剛三昧経』の文（大正九・三七一上）。（9）義語――意味を持つ言葉。（10）妄語――虚偽の言葉。（11）如如如説――三相（空・不空・中）を超越したところの真実の世界。（12）馬鳴――紀元後一世紀から二世紀にかけて活躍したインドの仏教僧。梵語でアシュヴァゴーシャ（Aśvaghoṣa）という。（13）離言説相――言説を離れた相。（14）末那識心――唯識の思想でいう第七識。我痴・我見・我慢・我愛の四煩悩を起こし、我執を生じるので、染汚意《ぜんまい》ともいう。（15）阿梨耶識心――阿頼耶識《あらやしき》心、もしくは蔵識《ぞうしき》心ともいう。唯識説で説かれる八識中の第八識。宇宙万有の展開の根源となる心。（16）多一識心――通常の唯識説では、第八識までを説くが、空海の重視する『釈摩訶衍論』では、さらに第九識・第十識を説く。そこでは、生滅差別を多といい、真如を一というが、多一識心は、生滅門を指している。（17）一一識心――平等一如の真理をさとる智で、真如門にあたる。（18）離心縁相――主観的な思惟の対象を離れている姿。

【要旨】『釈摩訶衍論』の説を例に引く。

龍樹菩薩の著わした『釈摩訶衍論』巻二にいう。

「言説に五種類あり、名称に二種類あり、迷った考え〔心量〕に十種類ある。これは、経典によって、説が異なるからである。

論じていう。言説に五種類ある。その五種類とは何か。第一には、相言説、第二には、夢言説、第三には、妄執言説、第四には、無始言説、第五には、如義言説である。

菩提流支訳の『入楞伽経』巻三の中に、次のような説を説いている。

大慧《だいえ》よ、相言説とは、いわゆる物質などの種々のかたちに執着して生じる。大慧よ、夢言説とは、過去に経験した誤った境地を思い起こすことで、その境地によって夢を見、覚めたのち、誤った境地によったもので真実ではないと知っていても、なお生じる。大慧よ、執着言説とは、過去の聞いたり、なしたりした行為に執着して生じる。大慧よ、無始言説とは、無限の過去からずっと言葉の虚構に執着して、煩悩の種子が潜在的に影響して生じたものである。

『金剛三昧経』の「真性空品」第六の中に、次のような説を説いている。

舎利弗がいうには、あらゆる教えは、みなことごとく言語・文章である。しかし言語・文章の表わす直接の意味は、そのまま真実のものとすることはできない。あるがままの真実は、言説で表現することはできない。(それなのに) 如来は、なぜ説法をしたもうのですか。

仏がお説きになるのは、あなたたち人々は生死の世界にあって説くものであるから、真実を説くことはできないのに対して、如来はこの真実を説くことができる。すなわち、如来が説くところは、真実の語であって、俗の語ではない。人々の説とは、俗な言葉であって、真実ではない。真実の言葉でないものは、みなことごとく空無である。空無の言葉は、真実を表わさず、そのようなものは、みないつわりの言葉である。

如義語とは、真実の空であって、またそれでいて、空でない。また、空は真実であるが、それでいて、真実でない。(有・空の) 二つのすがたを離れて、その中間でもない。このような教えは、(有・空・中の) 三つのすがたを離れている。それは、定まったところがあるわけではなく、有でもなく、空でもなく、中でもないさとりの境地そのものである。

このような五つの言説の中で、前の四つの言説は、いつわりの説であるから、真理を説くことはできない。後の一つ、すなわち如義言説は、あるがままの教えであるから、真理を説くことができる。馬鳴菩薩は、前の四つによるから、このような教えを、言語による表現を離れている〔離言説相〕というのである。

人々が、心に迷いを起こして、種々に事物を考えること〔心量〕に十種類あるというが、その十種類とは何か。

第一には眼識心、第二には耳識心、第三には鼻識心、第四には舌識心、第五には身識心、第六には意識心、第七には末那識心、第八には阿梨耶識心、第九には多一識心、第十には一一識心である。このような十種類の中で、初めの九種類の心は、真理をよりどころとできないが、最後の一つの心、すなわち一一識心は、真理をよりどころとし、しかもこれを境地とすることができる。今、前の九種類の心を意図して、このような教えをなして、心の外の対象を認識するすがたを離れている〔離心縁相〕というのである。」

〔喩釈〕

諭していう。言語や、人々が心に迷いを起こして、種々に事物を考えることなどの、言語による表現や、心の外の対象を認識するすがたを、離れる、離れないという道理については、この『釈摩訶衍論』に明らかに説いている。顕教の賢者は、よく考えて、迷いを払うべきである。

〔3〕―九 『菩提心論』の説〕

『金剛頂発菩提心論《こんごうちょうほつぼだいしんろん》』(1)に云《いわ》く、

「諸仏《しょぶつ》・菩薩《ぼさつ》、昔、因地《いんじ》(2)に在《いま》して、この心(3)を発《おこ》し已《おわ》って勝義《しょうぎ》(4)・行願《ぎょうがん》(5)・三摩地《さんまじ》を戒《かい》として、乃《いま》(6)し成仏《じょうぶつ》に至るまで、時として暫《しばら》くも忘るること無し。惟《ただ》し真言法《しんごんほう》の中にのみ即身成《そくしんじょう》仏《ぶつ》(7)するが故に、是れ三摩地の法を説く。諸教《しょきょう》の中に於いて、闕《けつ》して書《しょ》せず」と。

〔喩釈〕

喩《ゆ》して曰く、この論は、龍樹大聖所造《りゅうじゅだいしょうしょぞう》の千部の論の中の密蔵肝心《みつぞうかんじん》の論なり。この故に、顕密《けんみつ》二教の差別《しゃべつ》・浅深《せんじん》、及び成仏の遅速《ちそく》・勝劣《しょうれつ》(8)、皆《みな》、この中に説けり。

謂《いわ》く、諸教とは、他受用身《たじゅゆうしん》、及び変化身《へんげしん》等《とう》所説の法の諸《もろもろ》の顕教《けんぎょう》なり。是れ三摩地の法を説くとは、自性法身《じしょうほっしん》所説の秘密真言三摩地門、是れなり。所謂《いわゆる》、『金剛頂《こんごうちょう》』十万頌《じゅ》の経等(9)、是れなり。

弁顕密二教論 巻上

【語釈】（１）金剛頂発菩提心論――不空訳と伝えられる『金剛頂瑜伽中発阿耨多羅三藐《あのくたらさんみゃく》三菩提心論』の文（大正三二・五七二下）。（２）因地――菩薩としての修行段階。（３）この心――さとりを求める心（菩提心）。（４）勝義――正しい智慧の心。（５）行願――行と願に基づく大悲の心。（６）乃し――中略することを表わす。（７）即身成仏――この身このままで仏となること。（８）成仏の遅速・勝劣――成仏の遅い・速い、および、成仏の仕方のすぐれていることと、劣っていること。（９）『金剛頂』十万頌の経等――伝承によれば、『金剛頂』十万頌とは、広大な内容を含んだ『金剛頂経《こんごうちょうぎょう》』の広本《こうほん》と伝えられているが、現在それに直接該当するものは遺存しておらず、『金剛頂経』に関連する多くの経軌《きょうき》がそれに該当すると思われる。

【要旨】『菩提心論』の説を例に引く。

不空訳と伝える『金剛頂瑜伽《こんごうちょうゆが》中発《ちゅうほつ》阿耨多羅《あのくたら》三藐三菩提心論《さんみゃくさんぼだいしんろん》』にいう。

「諸仏・菩薩は、昔、修行の段階にあって、このさとりを求める心を起こし、その後に最高の真理を観じることを表わす勝義《しょうぎ》菩提心、行を修《しゅ》し願を起こす行願《ぎょうがん》菩提心、三密《さんみつ》の修行をして本尊を明らかに観じる三摩地《さんまじ》菩提心をその戒めとしたのである。そして成仏に至るまで、少しも忘れてはならない。ただし、真言の教え〔真言法〕の中にのみ、現在のこの肉身のままでさとりを開くこと〔即身成仏〕ができるのであるから、このさとりの境地の教えを説く。これは、他の教えの中には、まったく見ることのできないものである。」

〔喩釈〕

論していう。この論は、龍樹菩薩が造った千部の論のうちで、密教のきわめて重要な論である。したがって、顕教・密教の区別と、その浅深、および成仏の遅速・勝劣については、すべてこの『菩提心論』の中に説かれている。この中でいうもろもろの教えとは、他のためにさとりの楽しみを享受させる仏〔他受用身〕、および仮のすがたを現わした仏〔変化身〕などが説いた教えであり、顕教である。このさとりの境地の教え〔三摩地の法〕を説くとは、かたちを超えた、真理そのものの仏〔自性法身〕が説く、秘密真言の教えのことである。すなわち、『金剛頂経』広本とも呼ばれる）『金剛頂』十万頌（にあたる）経典などがそれにあたる。

弁顕密二教論　巻上

弁顕密二教論　巻下

沙門空海撰

(4) 引証喩釈(二)

(4)—一 『六波羅蜜経』の説

『六波羅蜜経《ろくはらみつきょう》』(1)の第一に云《いわ》く、

「法宝《ほうぼう》(2)は自性《じしょう》、恒《つね》に清浄《しょうじょう》なり、諸仏世尊《しょぶっせそん》、是《かく》の如く説きたもう。客塵煩悩《きゃくじんぼんのう》(3)に覆わるること、雲の能《よ》く日の光明を翳《かく》すが如し。無垢《むく》の法宝は衆徳《しゅとく》を備えて、常《じょう》・楽《らく》・我《が》・浄《じょう》、悉《ことごと》く円満せり。法性《ほっしょう》の清浄なるをば、云何《いかん》が求めん。無分別智《むふんべつち》のみ而《しか》も能く証す。第一の法宝とは、即《すなわ》ち是れ摩訶《まか》般若《はんにゃ》解脱《げだつ》法身《ほっしん》(4)なり。第二の法宝とは、謂《いわ》く、戒・定《じょう》・智慧の諸《もろもろ》の妙功徳《みょうくどく》なり。所謂《いわゆる》、三十七菩提分法《ぼだいぶんぽう》(5)なり。乃至《ないし》、この法を修《しゅ》するを以て、而《しか》も能くかの清浄法身《ほっしん》を証す。第三の法宝とは、所謂、過去無量の諸仏所説の正法《しょうぼう》と、及び我が今の所説となり。所謂、八万四千の諸《もろもろ》の妙法蘊《みょうほううん》(6)なり。乃至、有縁《うえん》の衆生を調伏《ちょうぶく》し純熟《じゅんじゅく》(7)す。而も阿難陀《あなんだ》(8)等の諸の大弟子をして、一たび耳に聞いて、皆《みな》悉く憶持《おくじ》せしむ。摂《せっ》して五分《ごぶん》と為《な》す。一には素怛纜《そたらん》(9)、二には毘奈耶《びなや》(10)、三には阿毘達磨《あびだつま》(11)、四には般若波羅蜜多《はんにゃはらみた》(12)、五には陀羅《だら》尼門《にもん》(13)なり。この五種の蔵《ぞう》を以て有情《うじょう》を教化《きょうけ》し、度《ど》すべき所に随《したが》って、為に之《これ》を説く。

もしかの有情、山林に処《しょ》し、常に閑寂《かんじゃく》に居《こ》して静慮《じょうりょ》(14)を修せんと楽《ねが》うには、彼が為に素怛《そた》纜蔵《らんぞう》を説く。もしかの有情、威儀《いぎ》(15)を習って正法を護持《ごじ》し、一味和合《いちみわごう》(16)にして久住《くじゅう》することを得しめんと楽《ねが》うには、彼が為に毘奈耶蔵《びなやぞう》を説く。もしかの有情、正法を説いて性相《しょうぞう》(17)を分別し、循環研覈《じゅんかんけんかく》(18)して甚深《じんじん》を究竟《くきょう》せんと楽うには、彼が為に阿毘達磨蔵《あびだつまぞう》を説く。もしかの有情、大乗真実の智慧を習って、我法執着《がほうしゅうじゃく》(19)の分別を離れんと楽うには、彼が為に般若波羅蜜多蔵《はんにゃはらみたぞう》を説く。もしかの有情、契経《かいきょう》・調伏《ちょうぶく》・対法《たいほう》・般若を受持《じゅじ》すること能《あた》わず、或いはまた、有情、諸《もろもろ》の悪業の四重(20)・八重(21)・五無間罪《ごむけんざい》(22)・謗方等経《ぼうほうどうきょう》(23)・一闡提《いっせんだい》(24)等の種種の重罪を造れるを銷《しょう》滅《めっ》(25)することを得せしめ、速疾《そくしつ》に解脱《げだつ》し、頓悟《とんご》涅槃《ねはん》すべきには、彼が為に諸の陀羅尼蔵《だらにぞう》を説く。

この五法蔵は、譬《たと》えば乳《にゅう》・酪《らく》・生蘇《しょうそ》・熟蘇《じゅくそ》及び妙醍醐《みょうだいご》(26)の如し。契経は乳の如く、調伏は酪の如く、対法教はかの生蘇の如く、大乗般若は猶《なお》し熟蘇の如く、総持門《そうじもん》は譬えば醍醐の如し。醍醐の味は、乳・酪・蘇の中に微妙《みみょう》第一にして、能《よ》く諸病を除き、諸《もろもろ》の有情をして身心安楽ならしむ。総持門は、契経《かいきょう》等の中に最も第一たり。能く重罪を除き、諸の衆生をして生死《しょうじ》を解脱し、速やかに涅槃安楽の法身《ほっしん》を証せしむ。

また次に、慈氏《じし》(27)我が滅度《めつど》の後に、阿難陀《あなんだ》をして所説の素怛纜蔵《そたらんぞう》を受持《じゅじ》せしめ、その鄔《う》波離《ばり》(28)をして所説の毘奈耶蔵《びなやぞう》を受持せしめ、迦多衍那《かたえんな》(29)をして所説の阿毘達磨蔵《あびだつまぞう》を受持せしめ、曼殊室利《まんじゅしり》菩薩(30)をして所説の大乗般若波羅蜜多を受持せしめ、その金剛手《こんごうしゅ》菩薩(31)をして所説の甚深微妙の諸の総持門を受持せしむべし」と。

〔喩釈〕

喩《ゆ》して曰《いわ》く、今、この経文《きょうもん》に依《よ》らば、仏、五味を以て五蔵に配当して、総持をば醍醐と称し、四味をば四蔵に譬えたまえり。震旦《しんたん》(32)の人師《にんじ》等、醍醐を争い盗んで、各《おのおの》自宗《じしゅう》に名づく。もしこの経を鑑《かんがみ》れば、則《すなわ》ち掩耳《えんじ》の智、剖割《ほうかつ》を待たじ(33)。

【語釈】(1)六波羅蜜経――般若訳『大乗理趣六波羅蜜多経』巻一の文(大正八・八六八中)。(2)法宝――仏・法・僧の三宝の一つ。(3)客塵煩悩――外来的な煩悩の塵《ちり》。

（4）摩訶般若解脱法身――摩訶般若・解脱・法身が、それぞれ順に智・果・理の三徳を表わすという。（5）三十七菩提分法――さとりを得るための以下の行法。四念処《しねんじょ》・四正勤《ししょうごん》・四神足《しじんそく》・五根《ごこん》・五力《ごりき》・七覚支《しちかくし》・八聖道《はっしょうどう》で、合計すると三十七となる。（6）妙法蘊――妙《たえ》なる教えの集まり。（7）純熟――正しく教えを完成させる。（8）阿難陀――釈尊の従弟。十大弟子の一人。常に釈尊につき従ったので、多聞《たもん》第一という。（9）素怛纜――梵語スートラ（sūtra）の音写。経典のこと。（10）毘奈耶――梵語ヴィナヤ（vinaya）の音写。律典のこと。（11）阿毘達磨――梵語アビダルマ（abhidharma）の音写。対法教と直訳することもある。仏教の学匠たちが著わした論書。（12）般若波羅蜜多――梵語プラジュニャー・パーラミター（prajñā-pāramitā）の音写。智度・明度は意訳。完全な智慧を意味する。ここでは、『般若経』に代表される大乗経典をいう。（13）陀羅尼門――梵語ダーラニー（dhāraṇī）の音写。総持・能持と訳すことがあるように、当初は経典の内容を保持することを意味していたが、後には神秘的呪句を含む密教経典全体を指すこととなる。（14）静慮――三摩地の意訳。精神集中の境地。（15）威儀――仏教の作法。規律。（16）一味和合――種々な味がとけ合って一つの味となること。僧団が平和に和合している有り様をいう。（17）性相――本質と特相。（18）循環研覈――問答を重ねて研究すること。（19）我法執着――我執（自我があるという執《とら》われ）と法執（ものに固有の実体があるという執われ）。（20）四重――比尼《びく》（出家仏教者）の最も避けねばならない殺生・偸盗・邪婬・妄語の四戒。四波羅夷《しはらい》罪ともいう。（21）八重――上記の四重に、摩触重境戒・八事成重戒（異性関係）・覆蔵他重罪戒（同輩の重罪を隠すこと）・随順被挙比丘戒（罪の明らかな比丘と行動をともにすること）の四罪を加えたもの。比丘尼（女性の出家者）の根本戒。（22）五無間罪――五逆罪ともいう。⑴父を殺し、⑵母を殺し、⑶阿羅漢を殺し、⑷仏身より血を出し、⑸教団の統一を乱す（破和合僧）。これらは無間《むけん》地獄に堕する因となるので、この名がある。（23）謗方等経――方等《ほうどう》（大乗）の教説を信じないで、中傷・非難すること。（24）一闡提――梵語イッチャンティカ（icchantika）の音写。成仏の可能性をまったく持たない人々。無仏性・寂種ともいう。（25）銷滅――消し去り、滅ぼすこと。（26）乳・酪・生蘇・熟蘇及び妙醍醐――牛乳から順に得られる五種の味。酪は、凝乳でヨーグルトのようなもの。（27）慈氏――弥勒菩薩。（28）鄔波離――釈尊の十大弟子の一人ウパーリ（Upāli）。持律《じりつ》第一といわれるので、戒律の受持者に掲げられている。（29）迦多衍那――カーティヤーヤナ（Kātyāyana）の音写。迦《か》旃延《せんねん》ともいう。釈尊の十大弟子の一人で、論議第一と称されている。（30）曼殊室利菩薩――マンジュシュリー（Mañjuśrī）の音写。短縮形の文殊がよく使用される。智慧を象徴する菩薩なので、般若波羅蜜多蔵と結びつけられる。（31）金剛手菩薩――執金剛・持金剛とも称されるが、いずれも古代インドの武器である金剛杵《しょ》を持つ。これらの尊格グループを重視する密教では、如来の説法の聞き手（対告衆《たいごうしゅ》）として重要な位置を占めている。（32）震旦――中国。（33）掩耳の智、剖割を待たじ――『劉子《りゅうし》』に説く故事。鳴る鐘を盗みながら、自らの耳をふさいでいるという愚かさを説く。

【要旨】『六波羅蜜経』の説を例に引く。

般若訳の『大乗理趣六波羅蜜多経』巻一にいう。

「仏法の宝は、それ自体の本質が常に浄《きよ》らかである、と諸仏・世尊はこのように説いている。

外部から生じた煩悩におおわれることは、雲が日光を隠すようなものである。

けがれのない仏法の宝は、もろもろの徳を具《そな》えて、涅槃の四つの徳〔常・楽・我・浄〕をことごとく完成している。

本来浄らかな教えを、どのようにして求めるのか。それは、区別やとらわれのない智慧〔無分別智〕のみが、よく証明することができるのである。

最初に説く仏法の宝とは、すなわち、偉大な智慧〔摩訶般若〕・真実のさとり〔解脱〕・真理の当体としての仏の存在〔法身〕である。第二の仏法の宝とは、非をふせぎ、悪を止める〔戒〕・思慮分別する意識を静める〔定〕・迷いを破り真実を明かす〔慧〕というもろもろの妙《たえ》なる功徳である。さとりを成就するための、四念処、四正勤・四神足・五根・五力・七覚支・八聖道の行法〔三十七菩提分法〕もそれにあたる。さらに、この教えを修することによって、浄らかな真理の当体としての仏を明らかにすることができるのである。

第三の仏法の宝とは、いわゆる過去における量り知れない仏が説いた真実の教えと、私が今説く教えとである。いわゆる八万四千のもろもろの妙なる多数の教えがそれにあたる。さらに教化の機会のある人々を指導して、目的を達成させるのである。しかも、阿難陀などのもろもろの大弟子に聞かせて、みなことごとく記憶させるのである。

次に、これらの教えを要約して、五種類とする。第一には経〔素怛纜《そたらん》〕、第二には律〔毘《び》奈耶《なや》〕、第三には論〔阿毘達磨《あびだつま》〕、第四には大乗経典〔般若波羅蜜多《はんにゃはらみた》〕、第五には密教経典〔陀羅尼《だらに》門〕である。これらの五種類の教えをもって、人々を教え導き、救うべき方法にしたがって、説法するのである。

もし、ある人が、山林に住まいして、常に静かな生活をして、静かに真理を思うことに専念したいと願うなら、このような人のために経の教えを説く。

もし、ある人が、規律にかなった振る舞いを習い、真実の教えを護持し、他の修行者と仲良く長く暮らしたいと願うなら、このような人のために律の教えを説く。

もし、ある人が、真実の教えを説いて、本体の自性と現象の特相を区別し、問答を繰り返して研究して、深遠なものをきわめつくそうと願うなら、このような人のために論の教えを説く。

もし、ある人が、大乗の真実の智慧を習い、自己への執着と、ものへの執着のはからいを離れたいと願うなら、そのような人のために『般若経』に代表される大乗経典の教えを説く。

もし、ある人が、経・律・論・大乗経典を受持することができず、あるいは、またある人が、もろもろの悪いおこないによって、殺生・偸盗《ちゅうとう》・邪婬《じゃいん》・妄語という男性出家者の四種の罪〔四重〕、もしくは、それら四つの罪と異性と接触する・異性関係に関心を持つ・同輩の重罪を隠すこと・罪の明らかな比丘と行動をともにすることという女性出家者の八種の罪〔八重〕と、〔父殺し・母殺し・高僧殺し・仏身を傷つけ血を流す・教団の和合を破るという重罪〔五無間罪〕と、大乗の教説を非難することと、仏の教えを信じず、成仏の可能性を持たないなどの種々の重罪をつくることを消滅させて、速やかに苦しみからのがれ、機会が熟して直ちにさとりを求めるためには、そのような人のために、まさに密教経典の教えを説くのである。

これらの五つの教えは、たとえば、乳・酪《らく》・生蘇《しょうそ》・熟蘇《じゅくそ》・妙醍醐《みょうだいご》（の五味）のようなものである。経は乳、律は酪、論は生蘇、大乗経典は熟蘇、密教経典は醍醐にあたる。醍醐の味は、乳・酪・蘇の中の最上であり、よくもろもろの病気をいやし、あらゆる人々の身と心を安楽にすることができる。密教経典は、諸経典の中で最高であり、よく重罪を除き、もろもろの人々を生死の苦しみからのがれさせて、速やかに最高のさとりである安らかなさとりの存在を証さしめるのである。

また次に、弥勒《みろく》〔慈氏〕菩薩よ、私が入滅した後には、弟子の阿難陀《あなんだ》に説いてある経の教えを受け保たせ、鄔波離《うばり》に説いてある律の教えを受け保たせ、迦多衍那《かたえんな》に説いてある論の教えを受け保たせ、文殊《もんじゅ》菩薩に説いてある大乗の完全な智慧を受け保たせ、金剛手《こんごうしゅ》菩薩に説いてある深遠ですぐれているもろもろの密教経典を受け保たせるべきである。」

〔喩釈〕

諭《さと》していう。今、この経文によれば、仏は五つの味をもって五つの教えに配当して、密教経典を醍醐と称し、他の四つの味を、それぞれ四つの教えにたとえている。中国の仏教の学僧たちは、争って醍醐をおのおの自分の立場であるとしている。もし、この経典の意図を考えると、例えれば、鳴っている鐘を盗んで、自分の耳をふさいでいるような愚かな振る舞いである。他人は知らないと思っても、ことの真相はかならず誰かに知られてしまうものである。

五蔵・五味 空海の梵語の師匠であった般若三蔵(七三四―?)の訳出した『大乗理趣六波羅蜜多経』十巻では、経・律・論の三蔵に般若波羅蜜多蔵と陀羅尼蔵を加えて、いわゆる五蔵説を説いている。これは、同経が、伝統的な三蔵の上に、『般若経』に代表される般若波羅蜜多蔵と、陀羅尼に象徴される陀羅尼蔵を加えた五蔵を意図していたことを示している。

同経は、この五蔵説に加えて、さらに五味説と五受持者を以下のように説いている。

〔五蔵〕	〔五味〕	〔受持者〕
経	乳	阿難陀
律	酪	鄔波離
論	生蘇	迦多衍那
般若波羅蜜多	熟蘇	曼殊室利菩薩
陀羅尼	妙醍醐	金剛手菩薩

すなわち、経・律・論等の五蔵に対して、乳・酪・生蘇・熟蘇・醍醐という牛乳から順

に精製される五つの味を対比させているが、この五味説は、『涅槃経』の説を意図したものであろう。

これに対し、五受持者は、同経の独創と見てよく、経・律・論の三蔵を、阿難陀・鄔波離・迦多衍那という釈尊の弟子たちに配するとともに、般若波羅蜜多蔵と陀羅尼蔵には、文殊と金剛手という菩薩をあてている。

このうち、文殊は、『般若経』と関係の深い菩薩である。また、金剛手は、執金剛・持金剛と呼ばれる金剛杵を持つ侍衛者から出発したが、次第に重視されるようになり、『大日経』や『金剛頂経』では、如来の説法を直接拝聴する対告衆の地位に上っている。

いずれにしても、陀羅尼蔵が、五味の最高の醍醐と等置されたことは、同経が、陀羅尼蔵、すなわち密教を最高のものと考えていたことを示している。

空海は、師の般若からこの教えを鼓吹されたのであろう。

(4)―二 『楞伽経《りょうがきょう》』の説(二)

『楞伽経』(1)の第九に云《いわ》く、

「我が乗《じょう》たる内証智《ないしょうち》は、妄覚《もうかく》(2)は境界《きょうがい》に非《あら》ず。如来滅世《めっせ》の後、誰《たれ》か持《じ》して我が為に説かん。

如来滅度《めつど》(3)の後、未来にまさに人有るべし。大慧《だいえ》(4)、汝諦《なんじあきら》かに聴《き》け。人有って我が法を持すべし。南大国《なんだいこく》(5)の中に於いて、大徳《だいとく》の比丘《びく》有り、龍樹菩薩《りゅうじゅ》と名づく。能《よ》く有無《うむ》の見《けん》を破《は》して、人の為に我が乗たる大乗無上の法を説くべし」と。

〔喩釈〕

喩《ゆ》して曰《いわ》く、我が乗たる内証智とは、是れ則《すなわ》ち真言秘密蔵《しんごんひみつぞう》を示す。如来明らかに記したまえり。是《かく》の如きの人、説《せつ》通ずべしと。有智《うち》の人、狐疑《こぎ》(6)すべからず。

【語釈】(1)楞伽経——『入楞伽経』巻九の文(大正一六・五六九上)。『入楞伽経』のことを略して『楞伽経』という。(2)妄覚——誤った考えの者。(3)滅度——入滅・涅槃。(4)大慧——『入楞伽経』において、仏の説法の聞き手である大慧菩薩。(5)南大国——この語が何を指すか意見の分かれるところであるが、インドと理解するほか、龍樹と南インドとの関連を示す証左とされることが多い。(6)狐疑——神経質に疑うこと。

【要旨】『楞伽経』の説を例に引く。

菩提流支訳の『入楞伽経』巻九にいう。

「私のさとりに到達するための教えの道である内なるさとりの智慧は、間違った考えを持つ者が入る境地ではない。如来が入滅した後に、誰がこれを説くだろうか。如来が入滅した後も、未来にはかならずそのような人が現われるだろう。大慧よ、よく聞きなさい。次のような人が出て、私の教えを弘めるだろう。インド（の南方）に徳のある僧がおり、龍樹菩薩という。よく有や無という見解を論破して、人のために、私の説く大乗のこの上ない教えを説くだろう。」

〔喩釈〕

諭していう。私のさとりに到達するための教えの道である内なるさとりの智慧とは、すなわち、真言密教の教えを示している。如来は明らかに、このような人がよく説法すると経典に述べている。智慧のある人は、その経典の言葉を疑ってはならない。

(4)―三　『楞伽経』の説(三)

『楞伽』(1)の第二に、また云《いわ》く、

「また次に、大慧、法仏《ほうぶつ》・報仏《ほうぶつ》の説は、一切の法の自相同相《じそうどうそう》(2)の故に、虚妄《こもう》の体相《たいそう》に執着《しゅうじゃく》するを以て、分別《ふんべつ》の心勲習《くんじゅう》(3)するに因《よ》るが故に。大慧、是れを分別虚妄の体相と名づく。大慧、是れを報仏説法の相と名づく。大慧、法仏の説法とは、心《しん》相応の体《たい》を離れたるが故に、内《ない》証聖行《しょうしょうぎょう》の境界なるが故に。大慧、是れを法仏説法の相と名づく。大慧、応化仏《おうけぶつ》の所作《しょさ》、応仏《おうぶつ》の説は、施《せ》・戒《かい》・忍《にん》・精進《しょうじん》・禅定《ぜんじょう》・智慧《ちえ》の故に、陰《おん》・界《かい》・入《にゅう》・解脱《げだつ》(4)の故に、識想《しきそう》(5)の差別《しゃべつ》の行《ぎょう》を建立《こんりゅう》するが故に、諸《もろもろ》の外道《げどう》の無色三摩抜提《むしきさんまばてい》(6)の次第の相を説く。大慧、是れを応仏の所作、応仏説法の相と名づく。また次に大慧、法仏の説法とは、攀縁《へんねん》(7)を離れ、能観《のうかん》・所観《しょかん》を離れたるが故に、所作の相、量の相を離れたるが故に、諸《もろもろ》の声聞・縁覚・外道《げどう》の境界に非《あら》ざるが故に」と。

また第八巻に云《いわ》く、

「大慧、応化仏は化衆生《けしゅじょう》(8)の事《じ》を作《な》すこと、真実相の説法に異なり、内所証《ないしょしょう》の法、聖智《しょうち》の境界を説かず」と。

〔喩釈〕

喩《ゆ》して曰《いわ》く、今、この経に依《よ》らば、三身《さんじん》(9)の説法に各《おのおの》、分斉《ぶんざい》有り。応化仏は内証智の境界を説かざること明らかなり。唯《ただ》し法身《ほっしん》の仏のみ有《いま》して、この内証智を説きたもう。もし後の文《もん》を攬《み》ば、この理、即《すなわ》ち之《これ》を決すべし。

【語釈】（1）楞伽――『入楞伽経』巻二の文（大正一六・五二六中）。（2）自相同相――個別の相と共通の相。（3）勲習――あたかも薫《かお》りのように、習慣となって継続すること。（4）陰・界・入・解脱――陰とは、仏教の存在論の中心となる五蘊《ごうん》。界は、十八界。入は、十二処をさす。解脱は、『大般《だいはつ》涅槃経』などに説く八解《はちげ》脱《だつ》を指す。（5）識想――八識などに見る行相《ぎょうそう》の区別。（6）無色三摩抜提――三摩抜提は、サマーパッティ（samāpatti）の音写で、禅定《ぜんじょう》のことをいう。無色三昧とは、色界《しきかい》における四禅定《しぜんじょう》と、無色界における四無色《しむしき》定《じょう》をいう。（7）攀縁――外界の対象世界に執《と》らわれて、心が平静でないさま。（8）化衆生――衆生を教化すること。（9）三身――法身・報身・応身の三身。

【要旨】『楞伽経』の説を例に引く。

同じく、『入楞伽経』巻二にいう。

「また次に大慧よ、如来の説法は次のようである。まず、他のためにさとりの楽しみを享受させる仏の説は、すべての存在には、自らのすがたと共通のすがたがあるから、いつわりの外観のすがたに執着することによって、区別する心が絶えず生起する。大慧よ、これをいつわりの外観のすがたといい、他のためにさとりの楽しみを享受させる仏の説法のありかたという。

大慧よ、真理の当体である仏の説法とは、心とすがたをともなう作用を離れたものであり、内面的に真理を体得する境地であるために、大慧よ、これをかたちを超えた真理の当体である仏の説法のありかたという。大慧よ、人々を導くために相手に応じて現われる仏のはたらきや教えは、布施・持戒・忍辱・精進・禅定・智慧（の六波羅蜜）や、五蘊・十八界・十二入（もしくは処）・八解脱などのはたらきの差別を説いたり、異教徒の色界における四禅定と、無色界における四無色定を修して、次第に上昇するすがたを説く。

大慧よ、これを、人々を導くために相手に応じて現われる仏のはたらきや説法のすがたという。また次に大慧よ、かたちを超えた真理そのものである仏の説法とは、心の作用を離れ、観《み》る・観られるということを離れているために、また、はたらきのすがたや認識方法を離れているために、もろもろの声聞・縁覚・異教徒の境地とは違うのである。」

また、『入楞伽経』巻八にいう。

「大慧よ、人々を導くために相手に応じて現われる仏が、人々を教え導くことは、真実のすがたをとる説法とは異なって、仏の内なるさとりの教えや、仏の智慧の境地を説くことはない。」

〔喩釈〕

諭していう。今、この経によると、（法身・報身・応身という）三身の説法には、それぞれの範囲がある。人々を導くために相手に応じて現われる仏が、内なるさとりの智慧の境地を説かないことは明らかである。ただ、かたちを超えた真理そのものを表わす仏のみが、この内なるさとりの智慧を説かれるのである。もしこの後にあげる経文を見たなら、この理について容易に理解できるであろう。

(4)―四 『五秘密経』の説

『金剛頂五秘密経《こんごうちょうごひみつきょう》』(1)に説かく、

「もし顕教に於いて修行する者は、久しく三大無数劫《さんだいむしゅこう》を経て、然《しか》して後に無上菩提《ぼだい》を証《しょう》成《じょう》す。その中間《ちゅうげん》に於いて十進九退《じっしんくたい》(2)す。或いは七地《しちじ》(3)を証して、所集《しょじゅう》の福徳《ふくとく》智慧を以て、声聞・縁覚の道果《どうか》(4)に廻向《えこう》(5)して、仍《なお》し無上菩提を証すること能《あた》わず。もし毘盧遮那《びるしゃな》仏自受用身《ぶつじじゅゆうしん》所説の内証自覚聖智《しょうち》の法、及び大普賢金剛薩埵《だいふげんこんごうさった》(6)の他受用身の智に依《よ》らば、則《すなわ》ち現生《げんしょう》(7)に於いて曼荼羅阿闍梨《まんだらあじゃり》(8)に遇逢《あ》い、曼荼羅に入ることを得《え》て、羯磨《こんま》(9)を具《ぐ》足《そく》することを為《な》し、普賢三摩地《さんまじ》を以て金剛薩埵を引入《いんにゅう》してその身中に入る。加持《かじ》の威徳力《いとくりき》に由《よ》るが故に、須臾《しゅゆ》の頃《あいだ》(10)に於いて、当《まさ》に無量の三昧耶《さんまや》、無量の陀羅尼門《だらにもん》を証すべし。不思議の法を以て、能《よ》く弟子の倶生《くしょう》(11)の我執《がしゅう》の種子《しゅじ》を変易《へんにゃく》(12)して、時に応じて身中に一大阿僧祇《いちだいあそうぎ》劫《こう》の所集の福徳智慧を集得《じっとく》しつれば、則ち仏家《ぶっけ》に生在《しょうざい》すと為《な》す。纔《わず》かに曼荼羅を見るときは、則ち金剛界《こんごうかい》の種子を種《う》えて、具《つぶさ》に灌頂受職《かんじょうじゅしき》(13)の金剛名号《みょうごう》(14)を受く。此《こ》れより已後《いご》、広大甚《じん》深《じん》不思議の法を受得《じゅとく》して、二乗十地《じゅうじ》を超越す」と。

〔喩釈〕

喩《ゆ》して曰《いわ》く、顕教所談の言断心滅《ごんだんしんめつ》の境とは、所謂《いわゆる》、法身毘盧遮那《ほっしんびるしゃな》内証智の境界なり。もし『瓔珞経《ようらくきょう》』(15)に依らば、毘盧遮那は是れ理法身、(16)盧遮那は則ち智法身、(17)釈迦をば化身《けしん》と名《な》づく。然《しか》れば則ち、この『金剛頂経』所談の毘盧遮那仏自受用身所説の内証自覚聖智の法とは、此れ則ち理智法身の境界なり。

〔金剛頂瑜祇経〕

また『金剛頂瑜祇経《こんごうちょうゆぎきょう》』(18)に云《いわ》く、

「金剛界の遍照如来《へんじょうにょらい》(19)、五《ご》智所成《ちしょじょう》(20)の四《し》種《しゅ》(21)法身を以て、本有《ほんぬ》金剛界金剛心殿《こんごうしんでん》の中に於いて、自性所成《じしょうしょじょう》の眷属《けんぞく》、乃至《ないし》、微細《みさい》法身の秘密心地《ひみつしんじ》の十地を超過せる身《しん》・語《ご》・心《しん》の金剛とともなりき」等と云云《うんぬん》。

また云《いわ》く、

「諸地《しょじ》の菩薩も能《よ》く見ること有ること無し、倶《とも》に覚知《かくち》せず」と云云。

【語釈】（1）金剛頂五秘密経――不空訳の『金剛頂瑜伽金剛薩埵五秘密修行念誦儀軌《ねんじゅぎき》』の文（大正二〇・五三五中）。（2）十進九退――二種の解釈がある。⑴十人のうち九人が断念する。⑵十の段階を進んで、再び九の段階だけ後退する。ここでは、前者の解釈を採用している。（3）七地――菩薩の十地のうち、第七の遠行地《おんぎょうじ》。第八地の不動地以降は、その信心が堅固であって、退転することはないという。（4）道果――さとりの果報。（5）廻向――違うものに功徳をふり向けること。（6）大普賢金剛薩埵――大普賢は、単なる菩薩としての普賢菩薩ではなく、法身仏摩訶毘盧《まかびる》遮那《しゃな》の展開的な意味を持つ。（7）現生――この生涯。（8）曼荼羅阿闍梨――灌頂《かんじょう》を授けてくれる阿闍梨。（9）羯磨――とくに「こんま」と読む場合は、受戒の時に受ける戒法を指す。（10）須臾の頃――瞬間的な短い時間。（11）倶生――生まれつき。（12）変易――身体とその寿命の長短を思いどおりに、長くも短かくも変化させることができること。（13）灌頂受職――灌頂を受けた証《あかし》。（14）金剛名号――『金剛頂経』による灌頂を受ける際に、最後に「〇〇金剛」という密教の名号を得ること。（15）瓔珞経――姚秦《ようしん》の竺仏念《じくぶつねん》が訳出した『菩薩瓔珞本業経』があるが、そこには三身説は説かれていない。先学は、この文を（窺）基撰の『大乗法苑義林章』巻七（大正四五・三七二中）よりの引用とする。（16）理法身――理法を象徴する法身。（17）智法身――智慧を象徴する法身。（18）金剛頂瑜祇経――金剛智訳と伝えられる『金剛峯楼閣一切瑜伽瑜祇経』の文（大正一八・二五三下）。（19）遍照如来――毘盧遮那如来の意訳。大日如来に同じ。（20）五智所成――法界体性智・大円鏡智・平等性智・妙観察智・成所作智という五仏の司る五智から成り立っていること。（21）四種法身――自性法身・受用法身・変化法身・等流《とうる》法身の四種。

【要旨】『五秘密経』などの説を例に引く。

不空訳の『金剛頂瑜伽金剛薩埵五秘密修行念誦儀軌』に説く。

「もし顕教において修行するものは、無限の期間を経て、その後にこの上ないさとりを得るが、その間で十人のうち九人は退いてしまう。あるいは、十地の中の第七地を修得して集めた福徳と智慧をもって、声聞・縁覚のさとりに振り向けても、この上ないさとりを知覚することはできない。

もし毘盧遮那仏の自らのさとりの境地を享受する仏（自受用身）が説く、内なるさとりを自らさとった仏の智慧の教え、および大普賢金剛薩埵が他のためにさとりの楽しみを享受させる仏〔他受用身〕の智慧によれば、この現世において、灌頂の師〔曼荼羅阿闍梨〕に出会い、曼荼羅に入ることができる。そして密教の戒法を満足して、師が弟子に教えを伝えるときに、普賢三昧耶の印を授けることをもって、弟子に密教の菩薩ともいうべき金剛薩埵を引き入れて、両者を合一せしめる。仏の加護の威力によるために、瞬時において、まさに量り知れない仏の誓願やあらゆることを保持する力〔陀羅尼門〕を得るであろう。そして、不思議な教えをもって、弟子の生まれつきもっている自我意識の種子を自由に変化させて、時に応じて、無限の時間をかけて集めた福徳と智慧を得れば、仏の仲間として生きることができる。さらに、少しでも曼荼羅を見るなら、金剛界の種子を植えて、灌頂を受けた証しとして、金剛の名号を受ける。これより以後は、広大にして深遠な思慮しがたい教えを得て、声聞・縁覚の二乗や十地(の菩薩)を超越するのである。」

〔喩釈〕

諭していう。顕教で説く、言葉で表現することも、心に思うこともできない境地とは、かたちを超えた真理そのものである毘盧遮那仏の内なるさとりの智慧の境地である。もし『瓔珞経』などによれば、毘盧遮那は、真実の道理〔理法身〕、盧遮那は、真実の智慧〔智法身〕、釈迦は、仮のすがた〔化身〕といっている。それなら、この『金剛頂経』に説く、毘盧遮那仏の自らさとりの境地を享受する仏が説くところの内なるさとりを自らさとる仏の智慧の教えとは、真実の道理と智慧の境地なのである。

〔金剛頂瑜祇経〕

また金剛智訳と伝えられる『金剛峯楼閣一切瑜伽瑜祇経』にいう。

「金剛界の大日如来は、(法界体性智・大円鏡智・平等性智・妙観察智・成所作智という)五つの智慧によって成立した(自性・受用・変化・等流という)四種類のかたちを超えた真理そのものとしての存在をもって、本来もっている金剛界の、堅固で壊れない建物の中において、それ自身の本性によって成立した随伴者、さらに、微妙に奥深い真理の秘密の境地である十地を超越した、身・語・心(の三つのはたらき)の最も堅固なものとともにおられるのである。」

またいう。

「十地の諸菩薩も、(このような境地を)よく見ることができず、完全に知ることはできない。」

〔(4)―五　『分別聖位経』の説〕

また『分別聖位経《ふんべつしょういきょう》』(1)に云《いわ》く、

「自受用仏《じじゅゆうぶつ》は、心より無量の菩薩を流出《るしゅつ》す。皆、同一性《どういっしょう》なり。謂《いわ》く、金剛の性《しょう》なり。是《かく》の如きの諸仏菩薩は、自受法楽《じじゅほうらく》(2)の故に、各《おのおの》自証の三密門を説きたもう」と云云。

是《かく》の如き等は、並びに是れ自性自《じしょうじ》用《ゆう》理智法身の境《きょう》なり。この法身等は、自受法楽の故に、この内証智の境界を説きたもう。かの『楞伽《りょうが》』の法身は、内証智の境を説き、応化《おうげ》は説かずと云う文と冥《はる》かに会《かな》えり(3)。此れ則《すなわ》ち顕教の絶離《ぜつり》する所の処《しょ》なり。もし有智《うち》の人、纔《わず》かにこの文を目《み》れば、雲霧《うんむ》(4)忽《たちま》ちに朗《ほが》らかんじて、関鑰《かんやく》(5)自《おのず》ら開けん。井底《せいてい》の鱗《うろくず》(6)、逸《ほしいまま》に巨海《こかい》に泳ぎ、蕃籬《ばんり》(7)の翼《つばさ》、翺《たか》く寥廓《りょうかく》(8)に飛ばん。百年の生盲《しょうもう》(9)、乍《たちま》ちに乳《にゅう》の色を弁《わきま》え、万劫《まんごう》の暗夜、頓《とみ》に日光を褰《かか》げん(10)。

〔分別聖位経〕

『金剛頂分別聖位経』(11)に云《いわ》く、

「真言陀羅尼宗《しんごんだらにしゅう》(12)とは、一切如来秘《ひ》奥《おう》の教《きょう》、自覚聖智修証《しょうちしゅしょう》の法門なり。また是れ一切如来の海会壇《かいえだん》(13)に入って、菩薩の職位《しきい》(14)を受け、三界《さんがい》を超過して、仏の教勅《きょうちょく》(15)を受くる三摩地門《さんまじもん》なり。この因縁を具《ぐ》すれば、頓に功徳広大の智慧を集めて、無上菩提に於いて、皆《みな》退転せず(16)。諸《もろもろ》の天魔・一切の煩悩、及び諸の罪障(17)を離れ、念念に消融《しょうゆう》して仏の四種身を証す。謂《いわ》く、自性身・受用身・変化身・等流身《とうるしん》(18)なり。五智三十七等の不共《ふぐ》(19)の仏の法門を満足す〈此れは、宗の大意を標す〉。

然《しか》も如来の変化身は、閻浮提《えんぶだい》(20)摩竭陀国《まがだこく》(21)の菩提道場に於いて等正覚《とうしょうがく》を成し、地前《じぜん》の菩薩(22)・声聞・縁覚・凡夫の為に三乗の教法を説き、或いは他意趣《たいしゅ》(23)に依《よ》って説き、或いは自意《じい》趣《しゅ》に依って説きたもう。種々の根器《こんき》(24)、種々の方便を以て説の如く修行すれば、人天《にんでん》の果報《かほう》を得《え》、或いは三乗解脱《さんじょうげだつ》の果を得、或いは進み、或いは退いて、無上菩提に於いて三無数大劫に修行し、勤苦《ごんく》してまさに成仏することを得《う》。王宮《おうぐう》(25)に生じ、双樹《そうじゅ》(26)に滅して身《しん》の舎利《しゃり》(27)を遺《のこ》す。塔を起《た》てて供養すれば、人天勝妙《しょうみょう》の果報、及び涅槃の因を感受す〈此れは略して釈迦如来の教《きょう》、及び得益《とくやく》(28)を表わす〉。

報身《ほうじん》の毘盧遮那の色界頂《しきかいちょう》(29)第四禅、阿迦尼吒天宮《あかにたてんぐう》(30)に於いて、雲集《うんしゅう》せる尽虚空遍法界《じんこくうへんほっかい》の一切の諸仏、十地満足の諸大菩薩を証明《しょうみょう》として、身心を驚覚《きょうがく》して、頓に無上菩提を証するには同じからず〈此れは他受用身の説法得益を表わす〉。

自受用仏は、心より無量の菩薩を流出す、皆《みな》同一性なり。謂《いわ》く、金剛の性なり。遍照《へんじょう》如来に対して灌頂の職位《しきい》を受く。彼等の菩薩、各《おのおの》三密門を説いて、以て毘盧遮那、及び一切如来に献《こん》じて、便《すなわ》ち加持《かじ》の教勅《きょうちょく》を請《こ》う。毘盧遮那仏の言《のたま》わく、汝等《なんじら》、将来に無量の世界に於いて、最上乗者《さいじょうじょうしゃ》(31)の為に、現生《げんしょう》に世《せ》・出世間《しゅつせけん》の悉地《しつじ》成就(32)を得せしむべしと。かの諸《もろもろ》の菩薩、如来の勅を受け已《おわ》って仏足を頂礼《ちょうらい》し、毘盧遮那仏を囲繞《いにょう》し已って、各《おのおの》、本方本位《ほんぼうほんい》(33)に還《かえ》って五輪(34)となって、本標幟《ほんひょうじ》(35)を持《じ》せり。もしは見、もしは聞き、もしは輪壇《りんだん》(36)に入りぬれば、能《よ》く有情の五趣輪転《ごしゅりんでん》(37)の生死の業障《ごっしょう》(38)を断じ、五解脱輪《ごげだつりん》(39)の中に於いて、一仏より一仏に至るまで供養承事《くようしょうじ》(40)して、皆、無上菩提を獲得《ぎゃくとく》して、決定《けつじょう》の性《しょう》を成《じょう》ぜしむ。猶《なお》し金剛の沮壊《そえ》(41)すべからざるが如し。此れ即ち毘盧遮那聖衆《しょうじゅ》の集会《しゅうえ》なり。便《すなわ》ち現証窣都婆《げんしょうそとば》塔《とう》(42)となる。一一《いちいち》の菩薩、一一の金剛、各《おのおの》本三昧に住して、自解脱に住す。皆、大悲願力に住して、広く有情を利す。もしくは見、もしくは聞き、悉《ことごと》く三昧を証して、功徳智慧、頓集《とんじゅう》成就す〈此れは自性身、自受用身の説法、及び得益を説く〉」と。

〔喩釈〕

喩《ゆ》して曰《いわ》く、この『経』に、明らかに三身説法の差別浅深、成仏の遅速勝劣を説けり。このかの『楞伽《りょうが》』の三身説法の相と義、合《かな》えり。顕学《けんがく》の智人《ちにん》、皆《みな》法身は説法せずと謂《い》う。この義、然《しか》らず。顕密二教の差別、此《かく》の如し。審《つまび》らかに察し、審らかに察せよ。

【語釈】(1)分別聖位経——不空訳の『略述金剛頂瑜伽分別聖位修証法門』(略称『分別聖

位経』）の文（大正一八・二八八上）。（2）自受法楽――自ら味わうさとりの楽しみ。（3）冥かに会えり――よく合致する。（4）朗らかんじて――晴れて。（5）関鑰――かんぬきと鍵。（6）井底の鱗――井戸の底にいる魚。（7）蕃籬――まがき、かきね。（8）寥廓――大空。（9）生盲――生まれつき眼の不自由な人。（10）褰げん――持ち上げる。（11）金剛頂分別聖位経――『略述金剛頂瑜伽分別聖位修証法門』の文（大正一八・二八七中）。（12）真言陀羅尼宗――密教を総称する名称の一つで、真言宗の名の起源となる。（13）海会壇――諸尊が集会する曼荼羅。（14）菩薩の職位――菩薩の位。（15）教勅――上からの教え。（16）退転――もとの迷いの状態に戻ること。（17）罪障――罪と障り。（18）等流身――仏が教化する対象とまったく同じ姿をとる存在。（19）不共――共通でない。特殊な。（20）閻浮提――ジャンブドヴィーパ（Jambudvipa）の音写。須弥《しゅみ》山《せん》の南方にある国土の名称。現実のインド大陸にあたる。（21）摩竭陀国――中インドのマガダ国。現在のビハール州が中心で、釈尊がこの地方で活動した。（22）地前の菩薩――十地の段階以前にある菩薩。（23）他意趣――相手の心の段階。（24）根器――人の能力・素質。（25）王宮――釈尊の生まれたカピラヴァストゥの王城。（26）双樹――釈尊が涅槃に入ったクシナガラには、いわゆる沙羅《さら》双樹《そうじゅ》の木があったという。（27）舎利――仏舎利。釈迦の遺骨。（28）得益――利益・功徳。（29）色界頂――色界（物質の存在する世界）の最高位。（30）阿迦尼吒天宮――阿迦尼吒とは、アカニシュタ（akaniṣṭha）の音写。色究竟天《しきくきょうてん》のこと。色界十八天の最上位にある。（31）最上乗者――最上の教えによって修行する者。（32）悉地成就――悉地は、梵語シッディ（siddhi）の音写。成就の意味。梵漢を並べて悉地成就という。密教によって得られる果報を指す。(33)本方本位——曼荼羅における諸尊の位置。(34)五輪——金剛界曼荼羅の五仏の五智輪。(35)本幖幟——その尊格を象徴する持物《じもつ》等。いわゆる三昧《さんま》耶形《やぎょう》にあたる。(36)輪壇——曼荼羅。(37)五趣輪転——地獄・餓鬼・畜生・人・天という五趣(五道)に輪廻転生すること。(38)業障——業の障り。(39)五解脱輪——金剛界曼荼羅にあらわれる五仏の五智輪のこと。(40)供養承事——仏・菩薩に供養をささげ、仕えること。(41)沮壊——破壊。(42)現証窣都婆塔——窣都婆は、ストゥーパ(stūpa)の音写。仏塔を指す。現証窣都婆とは、密教世界を象徴する仏塔であり、一種の立体曼荼羅ともいえる。

【要旨】『分別聖位経』の説を例に引く。

また不空訳『略述金剛頂瑜伽分別聖位修証法門』にいう。

「自らさとりの境地を享受する仏は、心中から量り知れない菩薩を流出し、それらは、みな本性は同一である。いうなれば、金剛のような堅固な本性である。このような諸仏・菩薩は、自分がさとった境地を自ら楽しみ味わう〔自受法楽〕ために、おのおのの身・口・意の領域を通して、仏と一体となるとする教えを説くのである。」

このような説は、それ自体の本性、ならびに自らのさとりを享受する真実の道理と智慧としての仏の境地である。このかたちを超えた真理そのものとしての仏などは、自分がさとった境地を自ら楽しみ味わうために、この内なるさとりの智慧の境地を説くのである。このことは、『入楞伽経』に説く、かたちを超えた真理そのものとしての仏は、内なるさとりの智慧の境地を説き、人々を導くために相手に応じて現われる仏は、これを説かないという文とまさに合致する。

もし智慧ある人が少しでもこの文を見れば、迷いの雲や霧はすぐに晴れて、かんぬきと錠〔関鑰〕は、おのずから開くだろう。井戸の中の魚が、自由に大海を泳ぎ、垣根に翼をとられていた鳥が、高く大空に飛び立つようなものであり、生まれながらの眼の不自由な人が〔視力を得て〕乳の色を理解して、非常に永い間の闇夜に、一瞬にして日光を照らすようなものである。

〔分別聖位経〕

また同じ不空訳『略述金剛頂瑜伽分別聖位修証法門』にいう。

「真言陀羅尼宗とは、すべての如来の秘密で奥深い教えであり、自らさとった智慧によって体得される教えである。また、これは、すべての如来が曼荼羅に入って、菩薩の職位を受け、(欲界・色界・無色界という)迷いの世界を超越して、仏の教えを受けるさとりの境地である。このような因縁を具《そな》えれば、速やかに功徳の広大なる智慧を集めるので、この上ないさとりにおいて、もとの迷いの世界に転落することはない。もろもろの仏法を妨げる者〔天魔〕や、すべての煩悩、およびもろもろの罪や障りを離れ、刻々に消し去って、仏の四種類の身体を体得する。その四種類とは、自性身・受用身・変化身・等流身である。また、五智・三十七尊などの仏にのみ具わっている功徳を完成するのである〈これは、真言密教の教えの大綱を示している〉。

しかも、如来が人々を導くために相手に応じて現われる仏としての身体は、閻浮提《えんぶだい》(インド)の摩竭陀《まがだ》国のさとりを得る場〔菩提道場〕において、さとりを成就し、十地以前の菩薩・声聞・縁覚・仏の教えを知らない人間のために、(声聞・縁覚・菩薩という)さとりにいたる三つの道の教えを説き、あるいは、相手の段階にしたがった説法によって説き、あるいは、自分の気持ちによる説法によって説かれたのである。したがって、それぞれの立場において種々の適切な方法をもって教えのとおり修行すれば、人・天の世界に生まれる報いを得、あるいは、(声聞・縁覚・菩薩という)三乗のそれなりの報いを得、あるいはさらに、進んだり退いたりして、この上ないさとりにおいて永遠に修行をし、後に成仏することができる。〔たとえば、釈尊は、〕迦毘羅《かびら》城の王宮に生まれ、拘尸那掲羅《くしながら》の沙羅双《さらそう》樹《じゅ》のもとで入滅して、その身骨を残した。塔を建ててその骨を供養すれば、人・天の世界における最もすぐれた報い、および涅槃の原因を受けることができる〈これは、釈迦如来の教え、および、それから得られる功徳を簡略に表わしている〉。

これらのことは、願と行とに報われて得る仏身〔報身〕である毘盧遮那仏が、物質世界〔色界〕の最上天である第四禅の阿迦尼吒《あかにた》天宮において群がる、虚空に行き渡るほどに、全宇宙にみなぎるあらゆる仏たちや、十地を満たした諸大菩薩を証明者として、身心を目覚めさせて、速やかにこの上ないさとりを体得することと同じではない〈これは、他のためにさとりの楽しみを享受させる仏〔他受用身〕の説法の功徳を表わしている〉。

自らのさとりの境地を享受する仏〔自受用仏〕は、その心から量り知れない菩薩を流出するが、それらはみな同一の本性を有しており、金剛のような堅固な本性である。大日如来に対して、灌頂《かんじょう》の職位《しきい》を受けるところの彼ら菩薩は、おのおの身・口・意の三つの領域において仏と一体になるとする教えを説いて、大日如来およびすべての如来に献じて、仏の加護を祈念する教えを請い願う。

大日如来がお説きになるには、あなたたちは、将来、量り知れない世界において、最高のさとりに到達する教えの道によって修行する者のために、現世に、俗世界と浄《きよ》らかな世界のさとりの果報を成就させるだろう。

かのもろもろの菩薩は、如来の示唆を受けた後に、仏の足を礼拝し、毘盧遮那仏を右回りに敬礼して、おのおのの曼荼羅の位置に戻って、五仏を象徴する五輪において、仏のさとりの徳を表わしている。もし、人々が、見たり聞いたり、または曼荼羅に入ったならば、地獄・餓鬼・畜生・人・天の五趣に輪廻する生死の悪業を断じ、金剛界五智如来が住する五大月輪《がちりん》〔五解脱輪〕の中において、一仏一仏すべてを供養し仕えて、みなこの上ないさとりを得て、生まれつき持っている本性を成就することができる。それは、たとえば、堅固な金剛が壊れないようなものである。これが、実に大日如来をはじめとするほとけたちの集まりである。すなわち、理想世界を象徴する仏塔〔現証窣都婆塔〕となる。実に一つ一つの菩薩、一つ一つの金剛が、おのおの本来の瞑想の境地に住して、自らの迷いを離れた境地に住するのである。みな大いなるあわれみの願いの力を持って、広く人々を利する。あるいは、見たり聞いたりして、ことごとく瞑想の境地を体得して、功徳と智慧を速やかに集めて成就するのである〈これは、それ自体の本性をその存在とする仏〔自性身〕と、自らのさとりの境地を享受する仏〔自受用身〕の説法、および、その功徳を説いている〉。」

〔喩釈〕

諭していう。この『分別聖位経』に、明らかに（自性身・受用身・変化身という）三身の説法の区別とそれらの浅深関係、成仏の遅速・勝劣を説いている。先にあげた『入楞伽経』に説く三身の説法の様相と、教義的に合致している。顕教を学んでいる智慧ある人は、かたちを超えた真理そのものとしての仏身は説法しないというが、そのような理由はない。顕教と密教の区別は、上に述べたごとくである。よくよく考慮すべきである。

(5) 引証注解

〔(5)―一『瑜祇経』の説〕

『金剛頂一切瑜祇経《こんごうちょういっさいゆぎきょう》』(1)に云《いわ》く、

「一時、薄伽梵《ばがぼん》(2)金剛界遍照如来〈此れは総句を以て、諸尊の徳を歎《たん》ず〉、五智所成《ごちしょじょう》の四種法身《ししゅほっしん》を以て〈謂《いわ》く、五智とは、一には大円鏡智《だいえんきょうち》(3)、二には平等性智《びょうどうしょうち》(4)、三には妙観察智《みょうかんざっち》(5)、四には成所作《じょうしょさ》智《ち》(6)、五には法界体性智《ほっかいたいしょうち》(7)、即《すなわ》ち是れ五方の仏なり。次いでの如く、東・南・西・北・中に配して之《これ》を知れ。

四種法身とは、一には自性身《じしょうしん》、二には受用身《じゅゆうしん》、三には変化身《へんげしん》、四には等流身《とうるしん》なり。この四種身に竪《しゅ》・横《おう》(8)の二義を具《ぐ》せり。横は、則《すなわ》ち自利《じり》、竪は、則ち利他《りた》なり。深義《じんぎ》は、更《さら》に問え〉、本有《ほんぬ》金剛界〈此れは性徳《しょうとく》(9)法界体性智を明かす〉、自在大三昧耶《じざいだいさんまや》(10)〈此れは則ち妙観察智〉、自覚本初《ほんしょ》(11)〈平等性智〉、大菩提心普賢満月《だいぼだいしんふげんまんがつ》〈大円鏡智〉、不壊《ふえ》金剛光明心殿《こうみょうしんでん》の中に於いて〈謂《いわ》く、不壊金剛とは、総じて諸尊《しょそん》の常住《じょうじゅう》の身《しん》を歎ず。光明心とは心の覚徳《かくとく》(12)を歎ず。殿とは身心互いに能住《のうじゅう》・所住《しょじゅう》となることを明かす。中とは語密《ごみつ》、また離辺《りへん》の義なり。此れは是れ、三密《さんみつ》なり。かの五辺《ごへん》・百非《ひゃくひ》を離れて、独《ひと》り非中《ひちゅう》の中《うち》に住す。等覚《とうがく》・十地《じゅうじ》も見聞《けんもん》すること能《あた》わず。所謂《いわゆる》、法身自証の境界なり、また是れ、成所作智なり。三密の業用《ごうゆう》(13)、皆此れより生ず。已上《いじょう》五句は、総じて住処《じゅうしょ》を明かす。住処の名は、則ち五仏の秘号妙徳なり。密意《みっち》知んぬべし〉、自性所成の眷属《けんぞく》、金剛手《こんごうしゅ》等の十六大菩薩(14)及び四摂行《ししょうぎょう》の天女使《てんにょし》(15)、金剛内外《ないげ》八供養(16)の金剛天女使とともなり。各に本誓加持《ほんぜいかじ》(17)を以て、自ら金剛月輪《がちりん》に住し、本三摩地《ほんさんまじ》の幖幟《ひょうじ》(18)を持《じ》せり。皆《みな》以て微細法身秘密心地《みさいほっしんひみつしんじ》の十地を超過せる身語《しんご》心《しん》の金剛なり〈此れは、三十七の根本自性法身の内眷属智《ないけんぞくち》(19)を明かす〉。各《おのおの》五智の光明峯《こうみょうぶ》杵《しょ》(20)に於いて、五億倶胝《くてい》(21)の微細金剛を出現して、虚空法界《ほっかい》に遍満せり。諸地《しょじ》の菩薩も能《よ》く見ること有ることなく、倶《とも》に覚知《かくち》せず。熾燃《しねん》(22)の光明自在の威力《いりき》有り〈此れは、三十七尊の根本の五智に各《おのおの》恒沙《ごうじゃ》(23)の性徳《しょうとく》を具することを明かす。もし次第に約すれば、出現の文《もん》(24)有り。本有《ほんぬ》に拠らば、倶時《くじ》(25)に是《かく》の如きの諸徳を円満す〉。常に三世《さんぜ》に於いて、不壊《ふえ》の化身《けしん》にして有情《うじょう》を利楽《りらく》して、時として暫《しばら》くも息《や》むこと無し〈謂《いわ》く、三世とは三密なり。不壊というは金剛を表わす、化とは業用《ごうゆう》なり。言《いわ》く、常に金剛の三密の業用を以て、三世に亘《わた》って自他の有情をして妙法《みょうほう》の楽《らく》を受けしむ〉。金剛自性(26)〈阿閦仏《あしゅくぶつ》の印〉と光明遍照(27)〈宝光仏の印〉と清浄《しょうじょう》不壊(28)〈清浄法界身の印〉と種種の業用〈羯磨智身《かつまちしん》の印〉と方便加持(29)〈方便受用身の印〉とを以て、有情を救《く》度《ど》し(30)〈大慈悲の徳なり〉、金剛乗《こんごうじょう》を演《の》べたもう〈説法の智徳〉。唯一の金剛〈円満壇《えんまんだん》の徳智慧《とくちえ》なり〉能く煩悩を断ず〈利智の徳なり。已上《いじょう》の九句は、即ち是れ五印四徳《ごいんしとく》なり。一一《いちいち》の仏印に、各《おのおの》四徳を具す。自受用《じじゅゆう》の故に、常恒《じょうごう》(31)に金剛智慧の一乗《いちじょう》を演説したもう〉。この甚深《じんじん》秘密心地、普賢自性、常住法身を以て、諸《もろもろ》の菩薩を摂《しょう》す〈此れは自性法身の自眷属《じけんぞく》を摂することを明かす。また通じて他を摂す。自らを挙げて他を兼ねるなり〉。唯《ただ》し、この仏刹《ぶっせつ》(32)は、尽《ことごと》く金剛自性清浄を以て成《じょう》する所の密厳華厳《みつごんけごん》(33)なり〈謂《いわ》く、密とは金剛の三密なり、華とは開敷覚華《かいふかくげ》(34)なり。厳とは種種の徳を具す。言《いわ》く、恒沙の仏徳、塵数《じんじゅ》(35)の三密を以て身土《しんど》を荘厳《しょうごん》する、是れを曼荼《まんだ》羅《ら》と名づく。また金剛は智を表わし、清浄は理を表わし、自性は二に通ず。言《いわ》く、かの諸尊に各《おのおの》自然《じねん》の理智を具す〉。諸《もろもろ》の大悲行願《だいひぎょうがん》円満するを以て、有情の福智《ふくち》資糧《しりょう》の成就する所なり〈謂《いわ》く、上に称する所の恒沙の諸尊に、各《おのおの》普賢行願の方便を具す〉。五智の光照《こうしょう》、常に三世に住するを以て、暫《しばら》くも息《や》むこと有ること無き平等の智身《ちしん》なり〈五智とは、五大所成(36)の智なり。

一一の大に各《おのおの》智印を具せり。三世とは、三密・三身なり。暫くも息むこと無きとは、此《かく》の如きの諸尊は、業用無間《ごうゆうむけん》(37)なり。この仏業《ぶつごう》を以て、自他を利楽す。平等智身とは、智とは心の用《ゆう》、身とは心の体《たい》なり。平等とは普遍なり。言《いわ》く、五大所成の三密智印、その数無量なり。身及び心智《しんち》、三種世間に遍満遍満し、仏事を動作《ごんさ》して刹那も休まず。此《かく》の如きの文句、一一の文、一一の句、皆是れ如来の密号なり。二乗・凡夫は、但し句義をのみ解《げ》して、字義を解することを能《あた》わず。但し、字相を解して、字の密号を知ることを得ず。之《これ》を覧《み》ん智人《ちにん》、顕句義《けんくぎ》を以て秘意(38)を傷《やぶ》ることなかれ。もし薩埵《さった》(39)の釈経《しやくきよう》を見ば、この義知んぬべし。怪しむことなかれ、怪しむことなかれ〉」と。

【語釈】（1）金剛頂一切瑜祇経――金剛智訳と伝えられる『金剛峯楼閣一切瑜伽瑜祇経』の文（大正一八・二五三下）。（2）薄伽梵――バガヴァーン（bhagavān）の音写。世尊と訳す。（3）大円鏡智――明らかな鏡のようにすべてを映し出す智慧。（4）平等性智――すべてを平等に知る智慧。（5）妙観察智――すべてを正しく観察する智慧。（6）成所作智――なすべきことをなす智慧。（7）法界体性智――さとりの世界をその本質とする智慧。（8）竪・横――タテとヨコ。（9）性徳――本性上の徳性。（10）自在大三昧耶――自由自在なる偉大な誓い。（11）自覚本初――ものの本源をさとること。（12）覚徳

──さとりの功徳。（13）業用──作用。働き。（14）十六大菩薩──金剛界曼荼羅において、阿閦等の四方四仏に対して、さらに四方から取り囲む菩薩たち。東方の阿閦如来の四《し》親《しん》近《ごん》である薩《さつ》・王《おう》・愛《あい》・喜《き》の四菩薩、南方の宝生如来の四親近である宝《ほう》・光《こう》・幢《とう》・笑《しょう》の四菩薩、西方の阿弥陀如来の四親近である法《ほう》・利《り》・因《いん》・語《ご》の四菩薩、北方の不空成就如来の四親近である業《ごう》・護《ご》・牙《げ》・拳《けん》の四菩薩の計十六大菩薩。（15）四摂行の天女使──もろもろの衆生を摂取して、密教に引き入れる鉤《こう》・索《さく》・鎖《さ》・鈴《れい》の四菩薩。この経では「天女使」とあるが、この菩薩を女尊とすることは日本では比較的少ない。（16）金剛内外八供養──金剛界の大日如来と、その眷属である四仏が、互いに供養するために出生する嬉《き》・鬘《まん》・歌《か》・舞《ぶ》の四菩薩（内《ない》の四供養）と、香《こう》・華《け》・燈《とう》・塗《ず》の四菩薩（外《げ》の四供養）との計八菩薩。（17）本誓加持──その尊格の誓いに基づく仏の加護。（18）本三摩地の幖幟──その尊格の誓いの境地を象徴するもの。（19）内眷属智──内なる随伴者の智慧。（20）光明峯杵──光を放つ五鈷《ごこ》金剛杵。（21）五億俱胝──俱胝は、コーティ（koṭi）の音写。コーティは数の単位をいうが、千万、億など諸説がある。（22）熾燃──燃えさかるさま。（23）恒沙──ガンジス河の砂。無数なもののたとえ。（24）出現の文──そのような説文。（25）俱時──同時。（26）金剛自性──金剛のように堅固な本性。（27）光明遍照──光があまねく照らすこと。（28）清浄不壊──清らかで、壊れないこと。（29）方便加持──救いの手だてという加護。（30）救度──救済。（31）常恒──永遠に。（32）仏刹──仏の国土。（33）密厳華厳──すばらしく荘厳された仏国土の名。教理的には、三密無尽の万徳で荘厳されている。（34）開敷覚華──さとりの花が開くこと。（35）塵数──塵の数。無限の数のたとえ。

（36）五大所成――地・水・火・風・空という世界を構成する五大要素から成り立っていること。（37）業用無間――働きが間断なく続くこと。（38）秘意――秘密の意図。（39）薩埵――金剛薩埵、すなわち密教の修行者をいう。

【要旨】『瑜祇経』の説を引用して、注解を加える。

金剛智訳と伝える『金剛峯楼閣一切瑜伽瑜祇経』にいう。

「ある時、世尊である金剛界大日如来〈これは総句として諸尊の徳を讃嘆したものである〉は、五つの智慧からなる四種類の、かたちを超えた真理を象徴する仏身（四種法身）をもって〈五智とは、第一には、鏡のようにすべてを映し出す智慧（大円鏡智）、第二には、すべてを平等に知る智慧（平等性智）、第三には、すべてを正しく観察する智慧（妙観察智）、第四には、なすべきことをなす智慧（成所作智）、第五には、さとりの世界をその本質とする智慧（法界体性智）である。すなわち、これらは五つの方角に配される仏である。東・西・南・北・中に配して、このことを知りなさい。

四種法身とは、第一には、さとりの本性としての仏身（自性身）、第二には、さとりの果報を受ける仏身〔受用身〕、第三には、釈尊の姿をとって現われた仏身〔変化身〕、第四には、衆生教化のため、それぞれの形をとって現われる仏身〔等流身〕である。この四種類の身体に、縦・横の二つの意味がある。横は、自らを利すること〔自利〕であり、縦は、他を利すること〔利他〕である。深い意味は、さらに問うがよい〉、本来存在している金剛界〈これは、大日如来の本質である法界体性智を明かす〉の、自由自在な誓い〈これは妙観察智である〉の、自らの本源のさとり〈平等性智〉の、さとりを得ようと願う心が完全な満月〈大円鏡智〉のような、壊れない金剛光明心殿の中において〈先の文章に説明を加えると、壊れない金剛とは、諸尊の常に変わらない身体を讃嘆し、光明心とは、心のさとりの功徳を讃嘆する。殿とは、身心が互いに住するものと住されるものとなることを表わす。中とは、言葉のはたらきであり、また、両極端を離れる教えである。これは、三密に通じ、有《う》・無・亦《やく》有亦無・非有非無・非非有非非無の五つの執着〔五辺〕や、永遠の否定〔百非〕を離れて、ただ否定・肯定を超越した世界に住する。仏と等しい位や十地にある菩薩も見聞きすることができない。いわゆる、かたちを超えた真理そのものとしての仏が自らさとった境地であり、この点では成所作智である。三密のはたらきは、すべてこれから生じる。以上の五句は、すべて密教の拠《よ》り所を明らかにする。これらは、五仏の秘密の名称であり、すぐれた徳である。以上の秘密の意味を知るべきである〉、自らの本性からなる随伴者である、手に金剛杵を持つ者〔金剛手〕などの十六大菩薩、および鉤・索・鎖・鈴の、人々を導く四つの実践〔四摂行〕を表わす四摂菩薩と嬉・鬘・歌・舞の内の四供養と、香・華・燈・塗の外の四供養からなる八供養菩薩とともにいる。

以上の尊格は、おのおのの誓いと祈念をもって、自ら堅固な曼荼羅中の月輪に住し、さとりの境地を表わす象徴を持っている。いずれも、微妙にして奥深い真理の、秘密の心の十地を超越した、身・語・心の堅固なるものである〈以上は、三十七尊の、根本的な本性の存在である内なる随伴者の智慧を示している〉。先の曼荼羅では、おのおのの五智の金剛杵において、五億の微妙にして奥深い、堅固なるものを出現して、広大無辺の宇宙に行き渡るのである。もろもろの修行段階の菩薩は見ることはできず、さとることもできない。そこでは、燃えるような光明に、自在の威力がある〈これは三十七尊の根本の五智に、おのおのガンジス河の砂の数のように量り知れない、善悪・迷悟の性質を具《そな》えていることを示している。これを順次に出現すると解釈すれば、そのような説文をあげることができる。もし、これを本来具えていると解釈すれば、このようなもろもろの徳を同時に満たしていることとなる〉。常に三世に向いて、壊れることのない化身をもって、人々に利益を与え、喜びを与えて、少しも休むことはない〈三世とは、三密のことであり、壊れないとは金剛を表わし、相手に応じて現われるとは、はたらきである堅固なる身・語・心の三つのはたらきをもって、三世にわたって自己と他者の区別なく、人々に尊い教えの楽しみを受けさせるのである〉。

堅固なる自己の本性〈阿閦仏の印〉と、あまねく照らす光明〈宝光仏の印〉と清らかで壊れない〈清浄法界身の印〉、種々のはたらき〈羯磨智身の印〉と、仏の加護を祈念する手立て〈方便受用身の印〉とをもって人々を救い〈大いなるあわれみの徳である〉、真言密教〈金剛乗〉を説いているのである〈説法の智慧の徳である〉。唯一の金剛〈完全な曼荼羅の徳の智慧である〉はよく煩悩を断つことができる〈するどい智慧〔利智〕の徳である。以上の九句とは、五つの印と四つの徳である。一つ一つの仏の印に、おのおの四つの徳を具えている。自らさとりの境地を享受するために、常に堅固なる智慧である唯一の教えを説いているのである〉。

この深遠なる秘密の境地は、普賢である毘盧遮那の本性である常住の真理そのものとしての仏の身体をもって、もろもろの菩薩を含んでいる〈これは自らの本性そのものとしての仏が、自己の随伴者を含んでいることを明らかにしている。また、さらに他の随伴者をも含んでいる。つまり、自己を説くことによって、他も兼ねているのである〉。ただ、この仏国土は、ことごとく堅固なる自己の本性が、浄《きよ》らかであることによって成るところの、密厳・華厳の世界である〈密とは、堅固なる三つのはたらきであり、華とは、開いた花〔すなわち真理のさとり〉である。厳とは、種々の徳を具えることである。いうなれば、ガンジス河の砂のように量り知れない仏の徳と、無数である三つのはたらきをもって、肉体と国土とを飾る。これを曼荼羅という。また、金剛は智を表わし、清浄は理を表わし、自性は、この二つに通じている。いうなれば、諸尊におのおの自然の理と智を具えているのである〉。

もろもろの大いなるあわれみの願いと実践を満足することによって、人々の功徳と智慧の大いなる蓄積が成就することとなる〈上に説いたところのガンジス河の砂の数のように量り知れない諸尊に、おのおの普賢菩薩の願いと実践の手立てを具えているのである〉。五つの智慧の輝きは、常に三世に住して少しも休むことのない、平等で完全な智慧である〈五つの智慧とは、地・水・火・風・空という五つの要素〈五大〉から成る智慧である。一つ一つの要素におのおの智慧の印を具えている。三世とは、三つのはたらき、三つの身体である。少しも休むことがないとは、このような諸尊は、はたらきに絶え間がないことである。この仏のはたらきをもって、自己と他者を救い、喜びを与える。平等なる智慧と身体のうち、智とは、心の作用、身とは、心の本体である。平等とは、普遍のことである。つまり、五つの要素から成る三つのはたらきの智慧の印の数は、量り知れない。身体および心の智慧は、三種類の世間に限りなく遍満し、仏のなすべき活動〈仏事〉をなして、一瞬たりとも休まない。このような文句、すなわち一つ一つの文、一つ一つの句は、みないずれも如来の秘密の称号である。声聞・縁覚や仏の教えを知らない人は、ただ句の意味のみを解釈して、文字の深遠な意味を解釈することはできない。ただ文字の形態のみを解釈して、その秘密の称号を知ることはできない。これらを見る智慧ある者は、顕教としての意味をもって、その秘密の意味を損なってはならない。もし、密教の菩薩である金剛薩埵の教えを説く経典を見たなら、この意味を知ることができるだろう。決して怪しんではならない〉。」

〈(5)—二 『大日経』の説〉

『大毘盧遮那経《だいびるしゃなきょう》』(1)に曰《いわ》く、

「一時、薄伽梵《ばがぼん》(2)、如来加持《かじ》広大金剛法界宮《ほっかいぐう》に住したもう。一切の持金剛者《じこんごうしゃ》(3)、皆 悉《ことごと》く集会《しゅうえ》せり。その金剛を名づけて、虚空無垢《こくうむく》執金剛《しゅこんごう》、乃至《ないし》、金剛手秘密主《こんごうしゅひみつしゅ》と曰《い》う。是《かく》の如きを上《じょう》首《しゅ》(4)として、十仏刹微塵数《じゅうぶつせつみじんじゅ》(5)等の持金剛衆と倶《とも》なりき。及び普賢《ふげん》菩薩、妙吉祥《みょうきつしょう》菩薩(6)、乃至、諸大菩薩、前後に囲繞《いにょう》して、而《しか》も法を演説したもう。所謂《いわゆる》、三時(7)を越えたる如来の日、加持(8)の故に、身・語・意平等句(9)の法門なり〈此れは自性身の説法を明かす〉。

時に、かの菩薩は、普賢を上首とし、諸執金剛《しゅこんごう》には、秘密主を上首とす。毘盧遮那如来、加持の故に、身無尽荘厳蔵《しんむじんしょうごんぞう》(10)を奮迅示現《ふんじんじげん》(11)したもう。是《かく》の如く語意平等の無尽荘厳蔵を奮迅示現したもう〈此れは受用身の説法を明かす〉。毘盧遮那仏の身、或いは語、或いは意より生ずるに非《あら》ず。一切処《いっさいしょ》に起滅辺際《きめつへんざい》(12)不可得《ふかとく》なり。而《しか》も毘盧遮那の一切の身業《しんごう》、一切の語業《ごごう》、一切の意業《いごう》は、一切処、一切時に有情界に於いて真言道句《しんごんどうく》の法を宣説《せんぜつ》したもう〈此れは変化身の説法を明かす〉。また執金剛、普賢、蓮華手《れんげしゅ》(13)菩薩等の像貌《ぞうみょう》(14)を現じて、普《あまね》く十方に於いて真言道の清浄句《しょうじょうく》の法を宣説したもう〈此れは等流身の説法を明かす。等とは、金剛・蓮華手を挙げ、兼ねて外《げ》金《こん》剛部《ごうぶ》(15)の諸尊を等ずるなり。この『経』の四種法身に、また竪横《しゅおう》の二義を具《ぐ》す。文勢(16)知んぬべし〉」と。

また云《いわ》く(17)、

「爾《そ》の時に、毘盧遮那世尊《せそん》、執金剛秘密主に告げたまわく。もし大覚《だいかく》世尊の大智灌頂地《だいちかんじょうじ》(18)に入りぬれば、自ら三三昧耶《さんさんまや》(19)の句に住することを見る。秘密主、薄伽梵、大智灌頂に入りぬれば、即《すなわ》ち陀羅尼形《だらにぎょう》(20)を以て仏事《ぶつじ》を示現す。爾《そ》の時に大覚世尊、随《したが》って一切の諸《もろもろ》の衆生の前に住して、仏事を施作《しさ》し、三三昧耶の句を演説したもう。仏の言《のたま》わく、秘密主、我が語《ご》輪《りん》(21)の境界《きょうがい》を観ずるに、広長《こうちょう》(22)にして遍《あまね》く無量の世界に至る清浄門《しょうじょうもん》なり。その本性の如く、随類《ずいるい》の法界《ほっかい》(23)を表示する門なり。一切衆生をして、皆《みな》歓喜を得せしむ。また今の釈迦牟尼《むに》世尊の、無尽の虚空界に流遍《るへん》して、諸《もろもろ》の刹土《せつど》(24)に於いて仏事を動作《ごんさ》するが如し〈この文は、大日尊の三身、諸《もろもろ》の世界に遍じて仏事を作《な》すこと、また釈迦の三身の如くなることを明かす。釈迦の三身、大日の三身、各各不同なり。応《まさ》に之《これ》を知るべし〉」と。

【語釈】(1)大毘盧遮那経——善無畏・一行共訳『大毘盧遮那成仏神変加持経』巻一の文(大正一八・一上)。(2)薄伽梵——バガヴァーン(bhagavān)の音写。世尊と訳し、世の尊敬を受ける者の意味。(3)持金剛者——金剛杵《しょ》を持つ者。執金剛、金剛手も同じ意味。(4)上首——筆頭。(5)十仏刹微塵数——十仏刹は、十仏国土。微塵数は、微細な塵の数で、無限の数を指す。(6)妙吉祥菩薩——文殊菩薩。(7)三時——過去・現在・未来。(8)加持——神仏などの聖なるものが加護を与え、我々がそれを感得すること。(9)身・語・意平等句——身・口・意の三密が平等である状態。(10)身無尽荘厳蔵——かぎりない身業の荘厳。(11)奮迅示現——雄々しく示し、現わすこと。(12)起滅辺際——生滅の際限。(13)蓮華手菩薩——蓮華を手にする菩薩で、内容的には観音と同体とする。(14)像貌——像の姿・形。(15)外金剛部——曼荼羅の最外部に位置する部分。外金剛部は、正確には、金剛界曼荼羅の一部の名称であるが、空海は、『大日経』に説く胎蔵曼荼羅にも適用している。(16)文勢——文脈。(17)また云く……——同経の巻六「百字果相応品」の文（大正一八・四〇中）。(18) 大智灌頂地――如来の第十一地である等覚位。(19) 三三昧耶――身・口・意の三密が平等であること。(20) 陀羅尼形――陀羅尼という形態。(21) 語輪――真言・陀羅尼によって表わされる教え。(22) 広長――広大、長遠。(23) 随類の法界――随類とは、仏・菩薩が衆生の種類にしたがって形を表わし、教えを垂れること。随類の法界とは、衆生の世界を指す。(24) 刹土――国土。

【要旨】『大日経』の説を例に引く。

善無畏・一行共訳の『大毘盧遮那成仏神変加持経』にいう。

「ある時、世尊は、如来の神秘的加護力によって作られた広大で堅固なる宮殿に住しておられた。そこには、すべての堅固な金剛杵を持つ者（持金剛者）が、ことごとく集まっていた。かれらの名称は、虚空無垢執金剛をはじめとして、金剛手秘密主に至るまでの（十九人の）者たちであった。このような者を上席として、十の仏国土を無限にしたように多くの金剛杵を持して、随従する者とともに如来はいらっしゃった。そして、普賢菩薩・文殊菩薩、さらにもろもろの大いなる菩薩に前後を取り囲まれて、教えを説かれるのである。

過去・現在・未来の三時を超越した日輪のごとき〔毘盧遮那〕如来は、仏と行者とが神秘的に感応し合うことによって、身・語・意の三つのはたらきは、平等であるという状態にあられたのである〈これは、それ自体の本性を、その存在とする仏〔自性身〕の説法を明らかにしたものである〉。

その時に、それらの菩薩たちは、普賢菩薩を上席とし、もろもろの金剛杵を持つ者では、金剛手秘密主を上席としていた。毘盧遮那如来は、仏と行者とが感応し合うことによって、如来の身体から尽きることのない荘厳を雄々しく示現され、同様に、如来の言葉と心から尽きることのない荘厳を雄々しく示現されたのである〈これは、さとりの楽しみを享受する仏〔受用身〕の説法を明らかにしたものである〉。

〔普賢菩薩や執金剛秘密主たちは〕毘盧遮那仏の身体、あるいは言葉、あるいは心から生ずるものでない。すべてのところに、出現したり滅したりして、そのあるところがわからないものである。しかも、毘盧遮那仏のすべての身体のはたらき、すべての言葉のはたらき、すべての心のはたらきは、すべてのところ、すべての時に、人間界において、真言の句による教えを説いておられるのである〈これは、相手に応じて現われる仏〔変化身〕の説法を明らかにしたものである〉。

また、執金剛秘密主・普賢菩薩・蓮華手菩薩などのかたちを現わして、広く十方において、真言の清浄な教えを説いておられるのである〈これは、人間や天人や獣畜のかたちで現われる仏〔等流身〕の説法を明らかにしたものである。文中で「等」とは、金剛手・蓮華手を代表的に挙げて、兼ねて外金剛部〔最外院〕の諸尊を含んでいる。この『大日経』に説く四種類の真理そのものとしての仏の身体にも、縦・横の二つの道理を具《そな》えており、詳しくは、文脈を考察すべきである〉。

また『大日経』の「百字果相応品」にいう。

「その時に、毘盧遮那世尊は、執金剛秘密主に説かれた。もし偉大なさとりを開いたかたの灌頂の位に入ったならば、自ら、人々の身・口・意の三つのはたらきが、仏のそれと平等になること〔三三昧耶句〕に住することができる。秘密主よ、世尊から灌頂を受け終わった位に入ったならば、仏の教えを真言に象徴することで、仏のはたらきを現わすのである。その時、偉大な世尊は、あらゆる人々の前で、仏のはたらきを行なって、人々の身・口・意の三つのはたらきが、仏のそれと平等になることを説かれるのである。

仏がおっしゃるには、秘密主よ、私の真言の境地を観ずるに、広大で、量り知れない世界に至る浄《きよ》らかな教えの門である。それは、おのおのの本性に応じて有情世界を明らかにする。さらにあらゆる人々に、歓喜を与える。また、釈迦牟尼世尊が、尽きることのない虚空の世界に遍満して、もろもろの国土において、仏のはたらきを行なうようなものである〈この文は、大日如来の三種の身体が、もろもろの世界に遍在して、仏のはたらきをなすことは、釈迦の三種の身体のようであることを示したものである。ただし、釈迦の三種の身体と、大日如来の三種の身体とは、それぞれ同じものではない。そのことを十分に知っておくべきである〉。」

四種法身　空海は、『大日経』巻一の「入真言門住心品」冒頭の経文を引用して、そこに、自性身・受用身・変化身・等流身という四種身の説を読み込んでいる。

その概要を示すと、次のようになる。

(1)薄伽梵……（中略）、三時を越えたる如来の日、加持の故に、身・語・意平等句の法門なり。〈自性身〉

(2)毘盧遮那如来、加持の故に、身無尽荘厳蔵を奮迅示現したもう。〈受用身〉

(3)毘盧遮那の一切の身業、……（中略）……有情界に於いて真言道句の法を宣説したもう。〈変化身〉

(4)執金剛、普賢、蓮華手菩薩等の像貌を現じて、普く十方に於いて真言道の清浄句の法を宣説したもう。〈等流身〉

これらは、一部に多少の無理があるとはいえ、空海の非凡な発想を表わすものとして興味深い。

もっとも、『大日経』そのものには、明確な四種身の思想は見られず、漢訳の密教経軌で明確にそれを説くのは、不空訳の『金剛頂瑜伽十八会指帰』（略称『十八会指帰』）と『略述金剛頂瑜伽分別聖位修証法門』（略称『分別聖位経』）である。

これらは、いずれも自性・受用・変化・等流の四種身を説くが、なかでも『分別聖位経』は、「梵本入楞伽偈頌品にいわく」として、その直接の典拠を『（入）楞伽経』に求めている。

ともあれ、自性身をはじめとする四種身説は、不空三蔵によって密教経典、とくに『金剛頂経』系の経軌において重視され、密教教義の重要な一翼を形成するのであるが、不空では、まだ「四種身」であって、それらを「法身」とは規定していなかった。それを明確に「四種法身」と読みかえたのは、不空以後に中国で撰述されたと考えられる『金剛峯楼閣一切瑜伽瑜祇経』（略称『瑜祇経』）である。

この経典は、愛染明王、五大虚空蔵、瑜祇塔などが同経にしか典拠を見出し得ない特異な経典であるが、不空訳の諸経軌に適宜改変を加えて、中国で撰述された可能性が強い。
空海は、同経を改めて請来するなど、強い関心を示しており、それを用いて後の四種法身の体系を組み立てたのであろう。

〈5〉―三 **『守護経』の説**

『守護《しゅご》国界陀羅《こっかいだら》尼経《にきょう》』(1)の第九に云《いわ》く、
「仏、秘密主《ひみつしゅ》に告げて言《のたま》わく。善男子《ぜんなんし》、この陀羅尼は、毘盧遮那世尊、色究竟天《しきくきょうてん》(2)にして、天帝釈《てんたいしゃく》(3)、及び諸《もろもろ》の天衆《てんじゅ》の為に已《すで》に広く宣説《せんぜつ》したまえり。我今、この菩提樹下《ぼだいじゅげ》金剛道場《こんごうどうじょう》(4)に於いて、諸《もろもろ》の国王(5)、及与《および》汝等《なんじら》が為に、略してこの陀羅尼門を説く」と。

【語釈】（1）守護国界陀羅尼経――般若・牟尼室利共訳『守護国界主陀羅尼経』巻九の文（大正一九・五六五下）。（2）色究竟天――阿迦尼吒天《あかにたてん》と同じ。色界に属する四つの天（四《し》禅天《ぜんてん》）のうち最上に位置する天。（3）天帝釈――帝釈天と同じ。古代インドのインドラ神が仏教に入って、天部として崇められたもの。（4）金剛道場――釈尊がさとりを開いたブッダガヤーの金剛宝座を指す。(5)国王——国王が登場するのは、同経が中国で訳出された際に挿入されたものと考えられる。拙著『中国密教の研究』大東出版社、昭和五十四年参照。

【要旨】『守護経』の説を例に引く。

般若・牟尼室利《むにしり》共訳『守護国界主陀羅尼経』巻九にいう。

「仏が秘密主に告げておっしゃった。正しい信仰を持つ者よ、この陀羅尼は、毘盧遮那世尊が、物質世界の最上の天〔色究竟天〕において、帝釈天、およびもろもろの天のために、すでに広く説いたのである。私は今、このインド・マガダ国の菩提樹の下の金剛道場において、多くの国王およびあなたたちのために、要約して、この密教経典を説くのである。」

〔5〕—四　『大智度論』の説

『智度論《ちどろん》』(1)の第九に云《いわ》く、

「仏に二種の身有り。一には法性身《ほっしょうしん》(2)、二には父母生身《ぶもしょうじん》(3)なり。この法性身は、十方《じっぽう》虚空に満《み》ちて、無量無辺なり。色像端政《しきぞうたんせい》(4)にして、相好荘厳《そうごうしょうごん》せり。無量の光明、無量の音声《おんじょう》あり。聴《ちょう》法《ほう》の衆も、また虚空に満てり〈これは衆もまた法性身なり。生死《しょうじ》の人の所見に非《あら》ざることを明かす〉。常に種種の身《しん》、種種の名号《みょうごう》を出《い》だし、種種の生処《しょうじょ》にして、種種の方便を以て衆生を度《ど》す。常に一切を度して須臾《しゅゆ》も息《や》む時なし。是《かく》の如きは、法性身の仏なり。能《よ》く十方の衆生を度し、諸《もろもろ》の罪報を受くる者は、是れ生身《しょうじん》の仏なり。生身の仏は次第に説法すること、人の法の如し」と。

また云く、

「法身《ほっしん》(5)の仏は、常に光明を放って常に説法したもう。而《しか》るを罪を以ての故に見ず、聞かざること、譬《たと》えば日出《いっ》れども盲者は見えず、雷霆《らいてい》(6)地を振《はら》えども聾者《ろうじゃ》は聞かざるが如し。是《かく》の如く法身は、常に光明を放って常に説法したまえども、衆生は無量劫《むりょうこう》の罪垢《ざいく》厚重なること有って、見ず聞かざること、明鏡浄水の面《おもて》を照らすときは、則《すなわ》ち見、垢翳《くえい》(7)不浄なるときは、則ち所見無きが如し。是《かく》の如く衆生の心清浄《しょうじょう》なるときは、則ち仏を見、もし心不浄なるときは則ち仏を見ず」と。

また云く、(8)

「『密迹金剛経《みっしゃくこんごうきょう》』(9)の中に説くが如し。仏に三密有り、身密・語密・意密なり。一切の諸《もろもろ》の天人は皆解《さと》らず、知らず」と〈上来《じょうらい》の経論《きょうろん》等の文は、並びに是れ顕密の差別、法身説法の証《しょう》なり。披《ひら》き鑑《み》ん智者、詳《つまび》らかんじて之《これ》が謎を解け〉。

【語釈】（1）智度論――『大智度論』巻九の文（大正二五・一二一下）。（2）法性身――法身と同じ。さとりそのものを本質とする仏身。（3）父母生身――父母から授かったこの身。生身、肉身ともいう。（4）色像端政――姿や形が端正であること。（5）また云く、「法身の……」――『大智度論』巻九の文（大正二五・一二六中）。（6）雷霆――雷。（7）垢翳――あかと、くもり。（8）また云く、「『密迹……』――『大智度論』巻十の文（大正二五・一二七下）。（9）密迹金剛経――『大宝積経《だいほうしゃくきょう》』巻十、竺法護《じくほうご》訳の「密迹金剛力士会」（第三の三）の取意の文（大正三一・五三中）。

【要旨】『大智度論』等の説を例に引く。

鳩摩羅什訳の『大智度論』巻九にいう。

「仏に二種類ある。第一にはさとりそのものをその本性とする仏身（法性身）、第二には父母から授かったままの仏身（父母生身）である。前者は、十方の虚空に満ちて、量りしれず限りない。そのすがた・かたちは端正で、美しく飾られている。量りしれない光明や声がある。教えを聞く人々もまた、虚空に満ちあふれている〈これは、教えを聞く人々もまた真理そのものの身体であり、迷いの世界の人が見るものではないことを、示したものである〉。常に種々の身体、種々の称号を出生して、種々の場所において、種々の手立てをもって、人々を救う。常にすべてを救って、一瞬も休むことはない。このようなものは、真理そのものを身体とする仏である。よく十方の人々を救い、もろもろの罪の報いを受ける者は、生まれながらの身体としての仏である。このような仏が、順次に教えを説くことは、この世における人が教えを説くのと同じである。」

また、同じ『大智度論』巻九にいう。

「真理そのものとしての仏は、常に光明を放って、常に説法している。しかし、見る人の側に罪があれば、見ることも聞くこともできないことは、たとえば、日が出ても、眼の不自由な人には見えず、雷震で地が震えても、耳が不自由な人は聞くことができないのと同じである。このような真理そのものとしての仏は、常に光明を放って、常に説法するといっても、人々は、量りしれない昔からの罪が厚く重なって、見ることも聞くこともできない。たとえば、くもりのない鏡をもって、浄《きよ》らかな水の面を照らせば見えるが、鏡が汚れて浄らかでない時は、水の面を見ることができないようなものである。このように、人々の心が浄らかである時、仏を見ることができるが、心が浄らかでない時は、仏を見ることはできないのである。」

また『大智度論』巻十にいう。

「竺法護訳の『大宝積経』巻十「密迹金剛力士会」の中に説くように、仏に三つの重要なはたらきがある。すなわち、身密・語密・意密である。あらゆる天人たちは、いずれもそれを理解できず、知ることもできない。」〈今まであげてきた経典・論書の文は、顕教と密教との区別、とくに真理そのものとしての仏が説法するという証明である。この点について、賢者は、詳しく考えて、自分の迷いを解くべきである。〉

(6) 顕密二教の特質

問う。もし所談の如くならば、法身、内証智の境を説きたもうをば名づけて秘密と曰《い》い、自外《じげ》(1)をば顕《けん》と曰《い》う。何《いかん》が故にか、釈尊所説の経《きょう》等に秘密蔵の名有るや。またかの尊《そん》の所説の陀羅尼門をば、何《いずれ》の蔵《ぞう》にか摂《せっ》するや。

答う。顕密の義、重重無数《むしゅ》なり。もし浅《せん》を以て深《じん》に望むれば、深は則《すなわ》ち秘密、浅略は則ち顕なり。所以《ゆえ》に外道《げどう》(2)の経書にも、また、秘蔵の名有り。如来の所説の中にも顕密重重なり。もし仏、小教《しょうきょう》(3)を説きたもうを以て、外人《げにん》の説に望むれば、即《すなわ》ち深密《じんみつ》の名有り。大を以て小に比すれば、また顕密有り。一乗は三を簡《えら》ぶ(4)を以て、秘の名を立つ。総持《そうじ》(5)は多名《たみょう》(6)に択《えら》んで、密号を得《う》。法身の説は深奥《じんのう》なり。応化の教は浅略なり。所以に秘と名づく。

所謂《いわゆる》、秘密に、且《しばら》く二義有り。一には衆生秘密、二には如来秘密なり。衆生は無明妄想《むみょうもうぞう》を以て、本性《ほんしょう》の真覚《しんかく》を覆蔵《ふくぞう》するが故に、衆生自秘《じひ》と曰《い》う。応化の説法は、機に逗《かな》って薬を施す。言《ごん》は虚《むな》しからざるが故に。所以《ゆえ》に他受用身《たじゅゆうしん》は、内証を秘してその境を説きたまわず。則ち等覚《とうがく》(7)も希夷《きい》(8)し、十地《じゅうじ》も離絶《りぜつ》せり。是れを如来秘密と名づく。

是《かく》の如く、秘の名、重重無数なり。今、秘密と謂《い》うは、究竟最極法身《くきょうさいごくほっしん》の自境《じきょう》を以て秘蔵と為《な》す。また応化の所説の陀羅尼門は、是れ同じく秘蔵と名づくと雖《いえど》も、然《しか》も法身の説に比すれば、権《ごん》(9)にして実(10)に非ず。秘に権・実有り。応《まさ》に随《したが》って摂すべきのみ。

弁顕密二教論　巻下

【語釈】(1)自外――それ以外。(2)外道――仏教以外の異教徒。(3)小教――小乗の教え。（4）簡ぶ——選別する。（5）総持——陀羅尼。（6）多名——多名句。文章。（7）等覚——仏と等しい位（等覚位）にある菩薩。五十二の修行位のうち、最後から二つ目。（8）希夷——踏み込めない。（9）権——仮のもの。（10）実——真実。

【要旨】 最後に、結論として、顕密という比較にも数種の例があることを明らかにしている。

問う。

もし今までの説のとおりならば、真理そのものとしての仏の、内なるさとりの智慧の境地を説いたものを、秘密といい、それ以外を顕教という。ではなぜ、釈尊が説いた経典などに、秘密蔵の名があるのか。また釈尊が説く陀羅尼などの密教経典を、どの部類に配すればいいのだろうか。

答える。

顕教・密教の意味・分類には、数多くの解釈がある。もし浅いと深いという解釈をあてはめたならば、深は秘密であり、浅は顕である。だから、異教の経典や論書にも、秘密の名がある。これとは別に、如来が説くところの中にも、顕・密は、重なりあっている。もし仏が小乗の教えを説くことによって、異教徒の説に対すれば、深密ということができる。さらに、大乗の教えをもって、小乗と比べれば、また顕・密の区別が可能となる。唯一の教え〔一乗〕は、声聞・縁覚・菩薩の教え〔三乗〕から選び分けたものであるので、秘密の名で呼ぶことができる。陀羅尼は、普通の文章から区別して、秘密の称号を得ることもできる。真理そのものとしての仏の説は、奥深いが、相手に応じて現われる仏の説は、浅いものである。したがって秘密という。

いわゆる秘密には、二つの意味がある。一つには人々における秘密、二つには如来における秘密である。人々は、根本的な無知の妄想によって、本性としての真のさとりが覆い隠されているために、自らを秘密としているのである。相手に応じて現われる仏の説法は、その素質に応じて、薬を与える。言葉は、虚しいものではないためである。それゆえに、他のためにさとりの楽しみを享受させる仏は、内なるさとりを秘して、その境地を説かない。その場合、さとり直前の菩薩も、聞くことも見ることもできず、十地の位にある菩薩もかけ離れている。これを如来の秘密という。

このような秘密の名は、重なりあって限りがない。今、秘密というのは、究極の真理そのものとしての仏の、自らの境地をもって、秘密の教えとするのである。また相手に応じて現われる仏〔応化〕が説く密教経典を、同じように秘密の教えというが、これを真理そのものの仏〔法身〕の説と比べれば、仮〔権〕であって、真実〔実〕ではない。秘という概念にも、仮のものと、真実のものとがあるが、時により、場所に応じて理解すべきである。

顕密　顕・密を比較・対比することが、この『弁顕密二教論』の主旨であることは、その題名から疑う余地はない。具体的な対比の視点、とくに四つの観点については、本文の解説の個所に詳しいが、同論の巻末には、「顕密」というとらえ方にもいくつかの相違があることを述べている。

(1)外道〔異教〕と仏教における顕密対比
(2)小乗と大乗における顕密対比
(3)三乗と一乗における顕密対比
(4)多名句と陀羅尼における顕密対比
(5)応化身の教えと法身の教えにおける顕密対比

これら五種の各対比において、前者が顕、後者が密の立場にあることは論をまたないが、とくに(5)の顕密対比が本論の主題であるといえよう。

弁顕密二教論 巻下

解説　衆生は「聖なる」マンダラの中にいる

立川武蔵

一

空海の主要著作は二つのグループに分けることができる。第一のグループは『秘《ひ》蔵宝《ぞうほう》鑰《やく》』(『十住心論《じゅうじゅうしんろん》』の要約)および『弁顕密二教論』であり、第二は『即身成仏義』、『声字実相義』、『吽字《うんじ》義《ぎ》』および『般若心経秘《ひ》鍵《けん》』である。この『空海コレクション』の1巻には第一のグループの著作が収められ、2巻には第二のグループが収められている。

第一のグループの著作のテーマは時間である。行為は時間の函数であり、迷いから悟りへと至ろうとする宗教実践としての行為は時間を「軸」にして語ることができる。迷いから悟りに至る宗教実践の行程は均質な一本道ではなくて、きわめて複雑である。この複雑な行程を空海はひと続きの歩みとして捉え、その歩みを整然としたシステムの中で述べ伝えようとした。

第二グループは、悟りに至った者が見ることのできた世界の全体的構造を述べている。第一グループに較べて第二グループの著作は、迷いから悟りへという行程に関するというよりも、迷いと悟りとは本来は一体のものであり、衆生はもともと「聖なる」マンダラ世界の中にいる、あるいはマンダラそのものであると主張している。空海は、第一グループにおいて行為（実践）を時間の観点から捉え、第二グループにおいてその行為すなわち悟りへの歩みが成立する世界が如来の智慧に照らされた世界であるというのである。

二

『秘蔵宝鑰』は空海が自身の大著『十住心論《じゅうじゅうしんろん》』（『秘密曼荼羅十住心論』）の精要として著したものであるが、この二著は天長七（八三〇）年に各宗の宗旨を述べたものを差し出すようにという朝廷の命に従って提出された。したがって、空海は『秘蔵宝鑰』あるいは『十住心論』が自らの真言宗の教学を語るものと考えていたといえよう。

空海はいう。「十種にして金場《こんじょう》に入る」つまり、一〇種の心を順次に歩んで悟りの世界に入るというのである。この一〇種の心（十住心）は、迷いの世界から悟りへと進む心の階梯を示すが、世間一般および諸宗派の立場を一〇に分類した結果の表示でもある。すなわち、十住心は空海による諸宗派の評価とランキング（教相判釈）を示したものでもある。悟りへと進む一〇種の心の階梯と一〇種の評価・ランキングとは空海にとって別のものではなかった。というのは、仏教の歴史全体が低次の教説から高次のそれへと進んだと空海は捉えたのである。一人の修行者が低次の理解から高次の理解へと階梯を追って進むように、仏教もその全歴史をかけて最高教理である密教への道筋を見せたと空海は考えた。

『十住心論』によれば、一〇種の心（十住心）とは以下の通りである。

第一住心　異生羝羊心《いしょうていようしん》

（凡夫は自分が迷っていることもわからない。雄羊のようにただ性と食を思いつづけるのみである。）

第二住心　愚童持《ぐどうじ》斎心《さいしん》

（外的条件によって食を節するようになる。穀が播かれて芽が出るように、他者に施す心も芽ばえる。）

第三住心　嬰童無《ようどうむ》畏《い》心《しん》

（天界に生まれてしばらくの蘇息を得る。おさな児や仔羊が母に従うように。）

第四住心　唯蘊無《ゆいうんむ》我《が》心《しん》

（ただ物〈法〉のみが実在することを理解して、個我〈我人〉の存在を否定する。声聞乗の教えはこのようなものである。）

第五住心　抜業因種心《ばつごういんじゅしん》

（因縁の教えを修して、無明をとり除く。このように迷いの世界を除いて、ただ独り悟りを得る。）

第六住心　他縁大乗心《たえんだいじょうしん》

（衆生に悲の心〈苦しみをとり除く心〉を起こすことによって大悲の心が初めて起きる。一切を幻影と観じて、識のみが存在し、対象は存在しない。）

第七住心　覚心不生心《かくしんふしょうしん》

（あらゆる仕方で戯論〈人を悟りへと導かない言葉〉を否定し、一心に空を観ずるならば、心は空寂となり、相《すがた》なく、安楽となる。）

第八住心　一道無為心《いちどうむいしん》

（一切は一如でありもともと清浄で、主観と客観は融合している。このような心の本性を知るのを報身としての大日如来という。）

第九住心　極無自性心《ごくむじしょうしん》

（水に定まったかたちなどはなく、風にあって波が立つのみである。法界は際限がなく、この段階が究極ではないという戒めによってさらに進む。）

第十住心　秘密荘厳心《ひみつしょうごんしん》

（顕教は塵を払うだけであるが、真言密教は庫を開く。秘宝はたちまちに現われて、あらゆる価値が証しされるのである。）

三

十住心とは、第一住心より始めて第十住心に至る迷いから悟りへの道筋であり、また仏教が自らの歴史をもって示した道でもあった。第一住心は個体が生物学的生命体の要求に従っているのみの段階であり、他者への配慮も見られない段階である。第二では他者への思いやりが生まれて、倫理道徳的気づかいが生まれているが、仏教の示す悟りへの本道にはまだ入っていない。第三の天界に生まれようとする心は、非仏教すなわちヒンドゥー教に属する。つまり、空海はヒンドゥー教あるいはバラモン教を仏教より低次のものと考えたのである。以上の第一から第三住心までは、いわば世間一般の道であり、第四から仏教者の道が始まる。

第四住心は声聞、第五が独覚、第六が唯識の立場（法相宗）、第七が空の立場（三論宗）、第八が『法華経』に基く天台宗、第九が『華厳経』に基く華厳宗の立場を示している。第四から第九までが、顕教つまり密教以外の仏教である。

第十住心が密教つまり空海の真言宗の立場である。「真言密教は法身の説であり、（中略）無数の塵ほどもいる仏は吾が心の仏であり、マンダラに出現する大海の滴ほどの菩薩たちも我が身である」と空海はいう。第四住心から第九までの立場と第十住心との違いは、密教が法身仏の説法であり、仏はすなわち吾が心であると主張するのに対して、顕教は法身仏以外の仏が他に対して行なう説法であり、仏はそのまま吾が心であるとはいわないことである。

もっとも空海の主張する十住心の体系にあっては、第十住心のみが価値あるものであって他の心は捨てさるべきものとは考えられていない。それぞれの心がそれぞれの価値を有しており、一〇の心が統一体としてあると考えられているのである。

それにしても、第九から第十への歩みはひとつの飛躍あるいは超越である。それはいかにして可能なのか。この問題には『弁顕密二教論』が答えてくれるであろう。

四

『弁顕密二教論』(『二教論』)は、タイトルが示すように顕教と密教との相違を論ずることをテーマとしているが、この書の中で空海は密教の特質を語る多くの箇所を『釈摩訶衍《しゃくまかえん》論《ろん》』、『楞伽経』、『大智度論』、『大日経』などから引用している。著者は密教の特質を経典をして語らしめているのである。

八世紀末の日本では、従来の仏教とは異なったかたちの新しい仏教がインド、中国には伝えられていることがわかっていた。その新しい形態の一部はすでに日本にも伝えられていたからだ。二年余の留学を終えて、空海はその新しいかたちの仏教を持ち帰り「密教」あるいは「密蔵」と呼んだ。注意すべきは、空海が「密教」という語を「顕教」という語と対にして用いたことである。空海の時代には「密教」といえば空海の真言宗の仏教を意味した。やがて、円仁、円珍などの努力によって天台宗も密教を導入し、「台密」つまり天台の密教と呼ばれるようになった。因みに真言宗の密教は空海の活動の場であった東寺に因んで「東密」と呼ばれる。

今日では、われわれはいわゆる「密教」がインド、ネパール、チベット、さらにはバリなどに伝えられ、それらの地域のほとんどで現在も生き残っていることを知っている。またヒンドゥー教、ボン（ポン）教にも「密教」あるいは「タントリズム」と呼ぶことのできる形態が現在に至るまで存在しているという事実がある。このような事情の反映もあってか、最近では「密教」という語は真言宗における用法よりも曖昧、広義に用いられるようになった。つまり、空海の真言密教以外、例えばチベットの「ガクルク」（真言系仏教）に対しても「チベット密教」という呼び方もなされるのである。

そもそも空海が密教と名づけた仏教は、世界の「密教」の中でどのような特質を有するのか。インド、チベット、アンコール、バリなどに存在した、あるいは存在する「密教」と空海の「真言密教」はどのような共通点を持ち、どのような相違点を有するのか。今日、真言密教が世界の思想に貢献できるとするならば、それはどのように可能なのか。このような問題に直面するわれわれにもっとも示唆的な著作が『二教論』である。

五

『二教論』の冒頭にいう。「それ仏に三身（法身・応身・化身）がある。教はすなわち二種である。応身と化身の開説（解説）を顕教と名づける。言葉（言）が表面的（顕）・略的であり、相手の器（機）に合わせている。法身仏（法仏）の談話を密蔵という。言葉が深奥（奥）であり、真実というすがたを採った教え（実説）である」。ようするに、密教は法身仏が自らに語っている真実の言葉であるが、顕教は法身仏以外の仏つまり応身および化身が菩薩などに対して行なう説法であるというのである。密教では真実の智そのものである法身仏が言葉というすがたを見せて輝くのであるから、誰かが他の者に対して発した言葉ではない。一方、顕教では説法する仏とそれを聞く者たちとは別であり、その際の言葉は他者を導くための方便にすぎない。顕教と密教の相違は、仏が三身の位態の中、どの位態で言葉を発するかということに尽きる。

ならば、空海にとって三身とは何であったのか。『二教論』において三身がどのように説明されているのか。

初期インド大乗仏教において仏の三様態（三身）が考えられた。法そのものを身体とした仏（法身仏）、自らの修行の報い（悟り）を享受する身体を有する仏（応身仏）、および受肉した身体を有する仏（化身仏）の三位態である。おおざっぱな言い方をすれば、この三位態はキリスト教の父、精霊、子の三位に似ている。キリスト教分派においてこれらの三位の関係がさまざまに考えられたように、仏教においてもこの三位態の関係は学派によって種々に考えられた。

『二教論』において、空海は三身の中の法身を「自受用法性仏《じじゆゆうほつしよう》」(法身が自らの本性のままに活動する位態)、応身を「他受用身《たじゆゆうじん》」(他者に益を受用させる身体を有する仏)と考える。この場合、応身は菩薩に法を説く仏であり、化身は声聞などに説法する仏である。しかし、空海はこの三身は位態が異なるのみであって、顕教において考えられるように三身それぞれが別のものではない。真言密教の立場にあっては、すべてが法身仏の活動に他ならないのであるゆえに、応身も化身も結局は法身の働きであるということになる。このように考えてくると、法身仏・応身仏・化身仏という三身仏を統轄する第四の位態における仏を考えようとする気運が生まれてくるのは当然であろう。事実、真言宗においては今述べたような意味での四身説が生まれている。もっともこの四身説は法・応・化の三身が別々のものではないことを強調するための理論的要請にすぎない。

六

すでに述べたように、空海は『二教論』において種々の経典より引証をしているが、一方では華厳宗、天台宗、法相宗、三論宗の論書を引用し、それぞれの立場が密教に較べるならば低次のものであるという。

例えば、華厳教学の概論『五教章』から数箇所を引用した後、空海は「華厳の立場では悟りの境地（果分）を直接に表示することはできない」と主張している。さらに、空海は天台宗の教学の中核である「空・仮・中の三真理（三諦）」がほんの入口にすぎないと述べている。このような調子で空海は他宗派の教理を批判していくのであるが、その際の彼の批判の根拠は「密教は自受用法性仏の言葉である」という確信である。

しかし、この根拠はいかにして可能であろうか。空海はその密教の根拠を『金剛頂経』などの経典の中に見出そうとしている。『二教論』は空海がかの「密教の根拠」を諸経典の中に探した結果なのである。

それでもなお、われわれは問わねばならない。経典におけるかの「密教の根拠」はそもそもどのようにして可能なのであろうか。『秘蔵宝鑰』に述べられる第十住心秘密荘厳心においては無数の仏は吾が心の仏であり、マンダラに現われる菩薩たちは我が身であった。ということは、ここでは一般的・世間的立場から究極的立場への飛躍がなされているということである。第一住心から第九住心までの歩みをそのまま続けても第十住心の立場に至ることはないからである。

ではその飛躍は、どのようになされるのか。空海は『二教論』においても『秘蔵宝鑰』においても、このような飛躍についてそれとして語ってはいないように思われる。彼は経典からの引用によってその飛躍を示唆するのみである。

この飛躍をもしわれわれの現代の言葉で語るならば、それは「すべてに対して聖なるものの価値を与えること」である。密教はすべてのものが大日如来の働きであるという立場に立つのである。否、「価値を与えること」という表現は正しくないであろう。というのは、われわれの側から世界に対して聖なるものとしての価値を与えるのではないからだ。聖なる価値はわれわれの行為を俟たずして存在するといわねばならない。

だが、マンダラは人間の行為なくしてはあり得ない。人間の行為があってこそ如来の行為は可能だからだ。ならば、密教における人間の行為は、顕教における行為（実践）とどのように異なるのか。『秘蔵宝鑰』と『弁顕密二教論』は、如来の働きの中に捨身するようにわれわれをうながすのみである。

本書は「ちくま学芸文庫」のために、新たに編まれ、訳注を施したものである。

オリンピア　村川堅太郎
古代ギリシア世界最大の競技祭とはいかなるものであったのか。遺跡の概要から競技精神の盛衰まで、綿密な考証と卓抜な筆致で迫った名著。（橋場弦）

古代地中海世界の歴史　本村凌二／中村るい
メソポタミア、エジプト、ギリシア、ローマ——古代に花開き、密接な交流や抗争をくり広げた文明を一望に見渡し、歴史の躍動を大きくつかむ！

大衆の国民化　ジョージ・L・モッセ／佐藤卓己／佐藤八寿子訳
ナチズムを国民主義の極致ととらえ、フランス革命以降の国民主義の展開を大衆的儀礼やシンボルから考察した、ファシズム研究の橋頭堡。（板橋拓己）

英霊　ジョージ・L・モッセ／宮武実知子訳
第一次大戦の大量死を人々はいかに超克したか。仲間意識・男らしさの称揚、英霊祭祀等が「戦争体験の神話」を構築する様を緻密に描く。（今井宏昌）

ヴァンデ戦争　森山軍治郎
仏革命政府へのヴァンデ地方の民衆蜂起は、大量殺戮をもって弾圧された。彼らは何を目的に行動したか。凄惨な内戦の実態を克明に描く。（福井憲彦）

増補 十字軍の思想　山内進
欧米社会にいまなお色濃く影を落とす「十字軍」の思想。人々を聖なる戦争へと駆り立てるものとは？その歴史を辿り、キリスト教世界の深層に迫る。

インド洋海域世界の歴史　家島彦一
陸中心の歴史観に異を唱え、海から歴史を見る重要性を訴えた記念碑的名著。世界を一つにつなげた文明の交流の場、インド洋海域世界の歴史を紐解く。

向う岸からの世界史　良知力
「歴史なき民」こそが歴史の担い手であり、革命の主体であった。著者の思想史から社会史への転換点を示す記念碑的作品。（阿部謹也）

イギリス社会史 1580-1680　キース・ライトソン／中野忠／山本浩司訳
変わらないと思われていた社会秩序が崩れていく激動の百年を描き切ったイギリス社会史不朽の名著。近代的格差社会の原点がここにある。

『歎異抄』講義　阿満利麿

参加者の質問に答えながら碩学が一字一句解説した『歎異抄』入門の決定版。読めばなぜ南無阿弥陀仏と称えるだけでいいのかが心底納得できる。

道元禅師の『典座教訓』を読む　秋月龍珉

「食」における禅の心とはなにか。道元が禅寺の食事係である典座の心構えを説いた一書を現代人の日常の視点で読み解き、禅の核心に迫る。（竹村牧男）

原典訳 アヴェスター　伊藤義教訳

ゾロアスター教の聖典『アヴェスター』から最重要部分を精選。原典から訳出した唯一の邦訳である。比較思想に欠かせない必携書。（前田耕作）

書き換えられた聖書　バート・D・アーマン　松田和也訳

キリスト教の正典、新約聖書。聖書研究の大家がそこに含まれる数々の改竄・誤謬を指摘し、書き換えられた背景とその原初の姿に迫る。（筒井賢治）

カトリックの信仰　岩下壮一

神の知恵への人間の参与とは何か。近代日本カトリシズムの指導者・岩下壮一が公教要理を詳説し、キリスト教の精髄を明かした名著。（稲垣良典）

十牛図　上田閑照　柳田聖山

禅の古典「十牛図」を手引きに、自己と他、自然と人間、自身への関わりを通し、真の自己への道を探る。現代語訳と詳注を併録。（西村惠信）

原典訳 ウパニシャッド　岩本裕編訳

インド思想の根幹であり後の思想の源ともなったウパニシャッド。本書では主要篇を抜粋、梵我一如、輪廻・業・解脱の思想を浮き彫りにする。（立川武蔵）

世界宗教史（全8巻）　ミルチア・エリアーデ

宗教現象の史的展開を膨大な資料を博捜し著された人類の壮大な精神史。エリアーデの遺志にそって共同執筆された諸地域の宗教の巻を含む。

世界宗教史 1　ミルチア・エリアーデ　中村恭子訳

人類の原初の宗教的営みに始まり、メソポタミア、古代エジプト、インダス川流域、ヒッタイト、地中海地域、初期イスラエルの諸宗教を収める。

世界宗教史2
ミルチア・エリアーデ
松村一男 訳
20世紀最大の宗教学者のライフワーク。本巻はヴェーダの宗教、ゼウスとオリュンポスの神々、ディオニュソス信仰等を収める。（荒木美智雄）

世界宗教史3
ミルチア・エリアーデ
島田裕巳 訳
仰韶、竜山文化から孔子、老子までの古代中国の宗教と、バラモン、ヒンドゥー、仏陀とその時代、オルフェウスの神話、ヘレニズム文化などを考察。

世界宗教史4
ミルチア・エリアーデ
柴田史子 訳
ナーガールジュナまでの仏教の歴史とジャイナ教から、ヒンドゥー教の総合、ユダヤ教の試練、キリスト教の誕生などを収録。（島田裕巳）

世界宗教史5
ミルチア・エリアーデ
鶴岡賀雄 訳
古代ユーラシア大陸の宗教、八―九世紀までのキリスト教、ムハンマドとイスラーム、イスラームと神秘主義、ハシディズムまでのユダヤ教など。

世界宗教史6
ミルチア・エリアーデ
鶴岡賀雄 訳
中世後期から宗教改革前夜までのヨーロッパの宗教運動、宗教改革前後における宗教、魔術、ヘルメス主義の伝統、チベットの諸宗教を収録。

世界宗教史7
ミルチア・エリアーデ
奥山倫明／木塚隆志／深澤英隆訳
エリアーデ没後、同僚や弟子たちによって完成された最終巻の前半部。メソアメリカ、インドネシア、オセアニア、オーストラリアなどの宗教。

世界宗教史8
ミルチア・エリアーデ
奥山倫明／木塚隆志／深澤英隆訳
西・中央アフリカ、南・北アメリカの宗教、日本の神道と民俗宗教。啓蒙期以降ヨーロッパの宗教的創造性と世俗化などを収録。全8巻完結。

回教概論
大川周明
最高水準の知性を持つと言われたアジア主義者の力作。イスラム教の成立経緯や、経典などの要旨が的確に記された第一級の概論。（中村廣治郎）

神社の古代史
岡田精司
古代日本ではどのような神々が祀られていたのか。《祭祀の原像》を求めて、伊勢、宗像、住吉、鹿島など主要な神社の成り立ちや特徴を解説する。

中国禅宗史　小川　隆

唐代から宋代において、禅の思想は大きく展開した。各種禅語録を思想史的な文脈に即して読みなおす試み。〈禅の語録〉全二〇巻の「総説」を文庫化。

原典訳 チベットの死者の書　川崎信定訳

死の瞬間から次の生までの間に魂が辿る四十九日の旅――中有（バルドゥ）のありさまを克明に描き、死者に正しい解脱の方向を示す指南の書。

インドの思想　川崎信定

多民族、多言語、多文化。これらを併存させるインドという国を作ってきた考え方とは。ヒンドゥー教や仏教等、主要な思想を案内する恰好の入門書。

旧約聖書の誕生　加藤　隆

旧約聖書は多様な見解を持つ文書を寄せ集めて作られた書物である。各文書が成立した歴史的事情から旧約を読み解く。現代日本人のための入門書。

神道　トーマス・カスーリス　衣笠正晃訳　守屋友江監訳

日本人の精神構造に大きな影響を与え、国の運命をも変えてしまった「カミ」の複雑な歴史を、米比較宗教学界の権威が鮮やかに描き出す。

ミトラの密儀　フランツ・キュモン　小川英雄訳

東方からローマ帝国に伝えられ、キリスト教と覇を競った謎の古代密儀宗教。その全貌を初めて明らかにした、第一人者による古典的名著。（前田耕作）

生の仏教 死の仏教　京極逸蔵

アメリカ社会に大乗仏教を根付かせた伝道師による、世界一わかりやすい仏教入門。知識としてではなく、心の底から仏教が理解できる！（ケネス田中）

空海コレクション1　空海　宮坂宥勝監修

主著『十住心論』の精髄を略述した『秘蔵宝鑰』、及び顕密を比較対照して密教の特色を明らかにした『弁顕密二教論』の二篇を収録。（立川武蔵）

空海コレクション2　空海　宮坂宥勝監修

真言密教の根本思想『即身成仏義』『声字実相義』『吽字義』及び密教独自の解釈による『般若心経秘鍵』と『請来目録』を収録。（立川武蔵）

空海コレクション3 秘密曼荼羅十住心論（上）　福田亮成校訂・訳

日本仏教史上最も雄大な思想書。無明の世界から抜け出すための光明の道を、心の十の発展段階（十住心）として展開する。上巻は第五住心までを収録。

空海コレクション4 秘密曼荼羅十住心論（下）　福田亮成校訂・訳

下巻は、大乗仏教から密教へ。第六住心の唯識、第七中観、第八天台、第九華厳を経て、第十の法身大日如来の真実をさとる真言密教の奥義までを収録。

修験道入門　五来重

国土の八割が山の日本では、仏教や民間信仰と結合して修験道が生まれた。霊山の開祖、山伏の修行等を通して、日本人の宗教の原点を追う。（鈴木正崇）

鎌倉仏教　佐藤弘夫

宗教とは何か。それは信念をいかに生きるかということだ。法然・親鸞・道元・日蓮らの足跡をたどり、鎌倉仏教を「生きた宗教」として鮮やかに捉える。

観無量寿経　佐藤春夫訳・注　石田充之解説

我が子に命狙われる「王舎城の悲劇」で有名な浄土仏教の根本経典。思い通りに生きることのできない我々を救う究極の教えを、名訳で読む。（阿満利麿）

道教とはなにか　坂出祥伸

「道教がわかれば、中国がわかる」と魯迅は言った。伝統宗教として現在でも民衆に根強く崇拝されている道教の全貌とその究極的真理を詳らかにする。

増補 日蓮入門　末木文美士

多面的な思想家、日蓮。権力に挑む宗教家、内省的な理論家、大らかな夢想家など、人柄に触れつつ遺文を読解き、思想世界を探る。（花野充道）

反・仏教学　末木文美士

人間は本来的に、公共の秩序に収まらないものを抱えた存在だ。〈人間〉の領域＝倫理を超えた他者／死者との関わりを、仏教の視座から問う。

禅に生きる 鈴木大拙コレクション　鈴木大拙　守屋友江編訳

静的なイメージで語られることの多い大拙。しかし彼の仏教は、この世をよりよく生きていく力を与えるアクティブなものだった。その全貌に迫る著作選。

文語訳聖書を読む　鈴木範久

明治期以来、多くの人々に愛読されてきた文語訳聖書。名句の数々とともに、日本人の精神生活と表現世界を豊かにした所以に迫る。文庫オリジナル。

内村鑑三交流事典　鈴木範久

近代日本を代表するキリスト者・内村鑑三。その多彩な交流は、一個の文化的山脈を形成していた。事典形式で時代と精神の姿に迫る。文庫オリジナル。

ローマ教皇史　鈴木宣明

二千年以上、全世界に影響を与え続けてきたカトリック教会。その組織的中核である歴代のローマ教皇に沿って、キリスト教全史を読む。（藤崎衛）

空海入門　竹内信夫

空海が生涯をかけて探求したものとは何か――。稀有な個性への深い共感を基に、著作の入念な解釈と現地調査によってその真実へ迫った画期的入門書。

釈尊の生涯　高楠順次郎

世界的仏教学者による釈迦の伝記。パーリ語経典や漢訳仏伝等に依拠し、人間としての釈迦の姿を生き生きと描き出す。貴重な図版多数収録。（石上和敬）

キリスト教の幼年期　エチエンヌ・トロクメ　加藤隆訳

キリスト教史の最初の一世紀は、幾つもの転回点を持つ不安定な時代であった。この宗教が自らの独自性を発見した様子を歴史の中で鮮やかに描く。

原始仏典　中村元

釈尊の教えを最も忠実に伝える原始仏教の諸経典の数々。そこから、最重要な教えを選りすぐり、極めて平明な注釈で解く。（宮元啓一）

原典訳 **原始仏典（上）**　中村元編

原パーリ文の主要な聖典を読みやすい現代語訳で。上巻には「偉大なる死」（大パリニッバーナ経）「本生経」「長老の詩」などを抄録。

原典訳 **原始仏典（下）**　中村元編

下巻には「長老尼の詩」「アヴァダーナ」「百五十讃」「ナーガーナンダ」などを収める。ブッダのことばに触れることのできる最良のアンソロジー。

ほとけの姿　西村公朝

選択本願念仏集　法然　石上善應訳・注・解説

一百四十五箇条問答　法然　石上善應訳・解説

龍樹の仏教　細川巌

阿含経典1　増谷文雄編訳

阿含経典2　増谷文雄編訳

阿含経典3　増谷文雄編訳

バガヴァッド・ギーターの世界　上村勝彦

邪教・立川流　真鍋俊照

ほとけとは何か。どんな姿で何処にいるのか。千体を超す国宝仏の修復、仏像彫刻家、僧侶として活躍した著者ならではの絵解き仏教入門。（大成栄子）

全ての衆生を救わんと発願した法然は、ついに、念仏すれば必ず成仏できるという専修念仏を創造し、本書を著した。菩薩魂に貫かれた珠玉の書。

人々の信仰をめぐる百四十五の疑問に、法然が分かりやすい言葉で答えた問答集を、現代語訳して文庫化。これを読めば念仏と浄土仏教の要点がわかる。

第二の釈迦と讃えられながら自力での成仏を断念した龍樹は、誰もが仏になれる道の探求に打ち込んでいく。法然・親鸞を導いた究極の書。（柴田泰山）

ブッダ生前の声を伝える最古層の経典の集成。第1巻は、ブッダの悟りの内容を示す経典群、人間の肉体と精神を吟味した経典群を収録。（立川武蔵）

第2巻は、人間の認識（六処）の分析と、ブッダ最初の説法の記録である実践に関する経典群、祇園精舎を訪れた人々との問答などを収録。（佐々木閑）

第3巻は、仏教の根本思想を伝える初期仏伝資料と、ブッダ最後の伝道の旅、沙羅双樹のもとでの〈大いなる死〉の模様の記録などを収録。（下田正弘）

宗派を超えて愛誦されてきたヒンドゥー教の最高経典が、仏教や日本の宗教文化、日本人の思考に与えた影響を明らかにする。（前川輝光）

女犯の教義と髑髏本尊の秘法のゆえに、徹底的に弾圧、邪教法門とされた真言立川流の原像を復元し、異貌のエソテリズムを考察する。貴重図版多数。

増補 チベット密教　ツルティム・ケサン／正木晃

インド仏教に連なる歴史、正統派・諸派の教義、個性的な指導者、性的ヨーガを含む修行法。真実の姿を正確に分かり易く解説。（上田紀行）

密教　正木晃

謎めいたイメージが先行し、正しく捉えづらい密教。その歴史・思想から、修行や秘儀、チベットの性的ヨーガまでを、明快かつ端的に解説する。

増補 性と呪殺の密教　正木晃

性行為を用いた修行や呪いの術など、チベット密教に色濃く存在する闇の領域。知られざるその秘密に分け入り、宗教と性・暴力の関係を抉り出す。

大嘗祭　真弓常忠

天皇の即位儀礼である大嘗祭は、秘儀であるがゆえ多くの謎が存在し、様々な解釈がなされてきた。歴史的由来や式次第を辿り、その深奥に迫る。

正法眼蔵随聞記　水野弥穂子訳

日本仏教の最高峰・道元の人と思想を理解するうえで最良の入門書。厳密で詳細な注、わかりやすく正確な訳を付した決定版。（増谷文雄）

空海　宮坂宥勝

現代社会における思想・文化のさまざまな分野から注目をあつめている空海の雄大な密教体系！　空海密教研究の第一人者による最良の入門書。

一休・正三・白隠　水上勉

乱世に風狂一代を貫いた一休。武士道を加味した禅をとなえた鈴木正三。諸国を行脚し教化につくした白隠。伝説の禅僧の本格評伝。（柳田聖山）

東方キリスト教の世界　森安達也

ロシア正教ほか東欧を中心に広がる東方キリスト教。複雑な歴史と多岐にわたる言語に支えられて発展した、教義と文化を解く貴重な書。（浜田華練）

治癒神イエスの誕生　山形孝夫

「病気」に負わされた「罪」のメタファから人々を解放すべく闘ったイエス。古代世界から連なる治癒神の系譜をもとに、イエスの実像に迫る。

近現代仏教の歴史　吉田久一

幕藩体制下からオウム真理教まで。社会史・政治史を絡めながら思想史的側面を重視し、主要な問題を網羅した画期的な仏教総合史。（末木文美士）

沙門空海　渡辺照宏／宮坂宥勝

日本仏教史・文化史に偉大な足跡を残す巨人・弘法大師空海にまつわる神話・伝説を洗いおとし、真の生涯に迫る空海伝の定本。（竹内信夫）

自己愛人間　小此木啓吾

思い込みや幻想を生きる力とし、自己像に執着しつづける現代人の心のありようを明快に論じた精神分析学者の代表的論考。（柳田邦男）

戦争における「人殺し」の心理学　デーヴ・グロスマン／安原和見訳

本来、人間には、人を殺すことに強烈な抵抗がある。それを兵士として殺戮の場＝戦争に送りだすにはどうするか。元米軍将校による戦慄の研究書。

決断の法則　ゲーリー・クライン／佐藤佑一監訳

時間的制約があり変化する現場で、人はいかに意思決定を行うか。消防隊員、チェスチャンピオンらの調査から、人の隠れた能力を照射する。（本田秀仁）

ひきこもり文化論　斎藤環

「ひきこもり」にはどんな社会文化的背景があるのか。インターネットとの関係など、多角的にその特質を考察した文化論の集大成。（玄田有史）

精神科医がものを書くとき　中井久夫

高名な精神科医であると同時に優れたエッセイストとしても知られる著者が、研究とその周辺について記した一七篇をまとめる。（斎藤環）

隣の病い　中井久夫

表題作のほか「風景構成法」「阪神大震災後四カ月」「現代ギリシャ詩人の肖像」など、著者の豊かで多様な世界を浮き彫りにする。（藤川洋子）

世に棲む患者　中井久夫

アルコール依存症、妄想症、境界例など「身近な」病を腑分けし、社会の中の病者と治療者との微妙な関わりを豊かな比喩を交えて描き出す。（岩井圭司）

「つながり」の精神病理　中井久夫

社会変動がもたらす病いと家族の移り変わりを中心に、老人問題を臨床の視点から読み解き、精神科医としての弁明を試みた珠玉の一九篇。（春日武彦）

「思春期を考える」ことについて　中井久夫

表題作の他「教育と精神衛生」などに加えて、豊かな視野と優れた洞察を物語る「サラリーマン労働」や「病跡学と時代精神」などを収める。（滝川一廣）

「伝える」ことと「伝わる」こと　中井久夫

精神が解体の危機に瀕した時、それを食い止めるのが妄想である。解体か、分裂か。その時、精神はよりましな方として分裂を選ぶ。（江口重幸）

私の「本の世界」　中井久夫

精神医学関連書籍の解説、『みすず』等に掲載の年間読書アンケート等とともに、大きな影響を受けたヴァレリーに関する論考を収める。（松田浩則）

モーセと一神教　ジークムント・フロイト　渡辺哲夫訳

ファシズム台頭期、フロイトはユダヤ民族の文化基盤ユダヤ教に対峙する。自身の精神分析理論を揺るがしかねなかった最晩年の挑戦の書物。

悪について　エーリッヒ・フロム　渡会圭子訳

私たちはなぜ生を軽んじ、自由を放棄し、進んで悪に身をゆだねてしまうのか。人間の本性を克明に描き出した不朽の名著、待望の新訳。（出口剛司）

ラカン入門　向井雅明

複雑怪奇きわまりないラカン理論。だが、概念や理論の歴史的変遷を丹念にたどれば、その全貌を明快に理解できる。『ラカン対ラカン』増補改訂版。

引き裂かれた自己　R・D・レイン　天野衛訳

統合失調症とは、苛酷な現実から自己を守ろうとする決死の努力である。患者の世界に寄り添い、反精神医学の旗手となったレインの主著、改訳版。

素読のすすめ　安達忠夫

素読とは、古典を繰り返し音読すること。内容の理解は考えない。言葉の響きやリズムによって感性を耕し、学びの基礎となる行為を平明に解説する。

言葉をおぼえるしくみ　今井むつみ　針生悦子

認知心理学最新の研究を通し、こどもが言葉や概念を覚えていく仕組みを徹底的に解明。さらにその仕組みを応用した外国語学習法を提案する。

ハマータウンの野郎ども　ポール・ウィリス　熊沢誠／山田潤訳

イギリス中等学校〝就職組〟の闊達でしたたかな反抗ぶりに根底的な批判を読みとり、教育の社会秩序再生産機能を徹底分析する。（乾彰夫）

着眼と考え方　現代文解釈の基礎〔新訂版〕　遠藤嘉基　渡辺実

書かれた言葉の何に注目し、拾い上げ、結びつけ、考えていけばよいのか――59の文章を実際に読み解きながら解説した、至高の現代文教本。（読書猿）

着眼と考え方　現代文解釈の方法〔新訂版〕　遠藤嘉基　渡辺実

伝説の参考書『現代文解釈の基礎』の姉妹編、待望の復刊！　70の文章を読解し、言葉を「考える」ための、一生モノの力を手に入れよう。（読書猿）

新編　教室をいきいきと①　大村はま

教室でのことばづかいから作文学習・テストまで。創造的で新鮮な授業の地平を切り開いた著者が、とっておきの工夫と指導を語る実践的な教育書。

新編　教えるということ　大村はま

ユニークで実践的な指導で定評のある著者が、教師の仕事のあれこれや魅力のある教室作りについて、きびしくかつ暖かく説く、若い教師必読の一冊。

日本の教師に伝えたいこと　大村はま

子どもたちを動かす迫力と、人を育てる本当の工夫に満ちた授業とは。実り多い学習のために、すべての教育者に贈る実践の書。（苅谷剛彦）

大村はま　優劣のかなたに　苅谷夏子

現場の国語教師として生涯を全うした、はま先生。遺されたことばの中から60を選りすぐり、先生の人となり、思想、仕事に迫る、珠玉のことば集。

増補　教育の世紀　苅谷剛彦

教育機会の平等という理念の追求は、いかにして学校を競争と選抜の場に変えたのか。現代の大衆教育社会のルーツを20世紀初頭のアメリカの経験に探る。

ちくま学芸文庫

空海《くうかい》コレクション 1

二〇〇四年十月十日 第一刷発行
二〇二三年四月十日 第十一刷発行

著　者 空海（くうかい）
監　修 宮坂宥勝（みやさか・ゆうしょう）
訳注者 頼富本宏（よりとみ・もとひろ）
発行者 喜入冬子
発行所 株式会社 筑摩書房
東京都台東区蔵前二―五―三 〒一一一―八七五五
電話番号 〇三―五六八七―二六〇一（代表）
装幀者 安野光雅
印刷所 株式会社精興社
製本所 株式会社積信堂

ISBN4-480-08761-3 C0115